"十三五"国家重点出版物出版规划项目

国家自然科学基金应急项目系列丛书

构建安全韧性雄安新区：理论与策略

黄 弘 钟茂华 王 凯 朱 伟 等/著

科学出版社
北 京

内 容 简 介

河北雄安新区的设立是千年大计、国家大事，必须用最先进的理念加强公共安全设计。本书在国家自然科学基金委员会 2017 年第 4 期应急管理项目“安全韧性雄安新区构建的理论方法与策略研究”支持下，对由清华大学等 9 家单位组成的项目团队的研究成果进行学术总结。本书围绕安全韧性城市理念，剖析雄安新区公共安全现状与发展趋势，提出安全韧性雄安新区构建顶层设计思路，并从综合防灾、安全生产、公共卫生、社会安全、社区安全、生态安全、水安全等角度开展分析，形成系列核心观念、理论方法与政策建议，支撑新区安全保障体系建设。

本书适合从事公共安全、防灾减灾工作的各级政府和企事业单位决策管理者、科技工作者、高校师生和其他各界人士阅读。

图书在版编目（CIP）数据

构建安全韧性雄安新区：理论与策略 / 黄弘等著. —北京：科学出版社，2021.4

（国家自然科学基金应急项目系列丛书）

“十三五”国家重点出版物出版规划项目

ISBN 978-7-03-063848-9

Ⅰ. ①构… Ⅱ. ①黄… Ⅲ. ①公共安全-社会管理-研究-雄安新区 Ⅳ. ①D672.23

中国版本图书馆 CIP 数据核字（2019）第 300309 号

责任编辑：陶 璇 / 责任校对：贾娜娜

责任印制：张 伟 / 封面设计：蓝正设计

科 学 出 版 社 出版

北京东黄城根北街 16 号

邮政编码：100717

http://www.sciencep.com

北京虎彩文化传播有限公司印刷

科学出版社发行 各地新华书店经销

*

2021 年 4 月第 一 版 开本：720×1000 B5

2021 年 4 月第一次印刷 印张：15 1/2

字数：310 000

定价：186.00 元

（如有印装质量问题，我社负责调换）

本书课题组名单

（按照本书的目录排名）

本书顾问

范维澄　中国工程院院士、清华大学公共安全研究院院长，教授
闪淳昌　国务院应急管理专家组组长，教授
周宏春　国务院发展研究中心原副巡视员，研究员

课题总协调人

清华大学　黄弘

总课题

安全韧性雄安构建顶层设计研究

承担单位

清华大学

课题主持人

黄弘

课题组成员

范维澄、翁文国、刘奕、李楠、陈涛、刘晓栋、李瑞奇、倪晓勇、周诗伟、孙潇潇

课题一

面向自然灾害应对的雄安防灾能力提升策略研究

承担单位

中国城市规划设计研究院、清华大学

课题主持人

王凯

课题组成员

陈志芬、陆新征、王成坤、田源、殷会良、王川涛、邹亮、高均海

课题二

雄安新区韧性安全生产风险管控与综合监管能力提升策略研究

承担单位

清华大学

课题主持人

钟茂华

课题组成员

申世飞、方东平、符泰然、郑昕、郭红领、倪顺江、杨漪、孟洋洋、李丹辰

课题三

雄安新区公共卫生应急管理能力提升对策研究

承担单位

清华大学、中国疾病预防控制中心

课题主持人

陈涛

课题组成员

袁宏永、黄全义、苏国锋、陈建国、钟少波、李群、许真、牛艳、王玉井

课题四

韧性雄安社会安全新态势与社会治理创新模式研究

承担单位

清华大学、中国人民公安大学

课题主持人

周睿

课题组成员

张辉、杨锐、疏学明、陈鹏、胡啸峰、丁宁、尹德春、袁得嵛、李勇男、张炜佶

课题五

基于动态风险评估的雄安新区安全韧性社区构建路径研究

承担单位

北京城市系统工程研究中心、同济大学

课题主持人

朱伟

课题组成员

韩传峰、王亚飞、赵鹏霞、马英楠、孟令鹏、王晶晶、田萃、孙荣、王海艳

课题六

雄安新区生态安全态势分析与保障机制研究

承担单位

国务院发展研究中心、中国环境科学研究院

课题主持人

吴平

课题组成员

高世楫、常纪文、高敏、罗上华、林浩曦、罗启亮、谭静远、陈云谦、侯春飞、张乐、刘伟玲、杨荣金、刘成程

课题七

雄安新区水安全及其治理策略研究

承担单位

国务院发展研究中心、中国水利水电科学研究院

课题主持人

李维明

课题组成员

何凡、谷树忠、薛秀清、许杰、朱永楠、姜珊、何国华

总　　序

为了对当前人们所关注的经济、科技和社会发展中出现的一些重大管理问题快速做出反应，为党和政府高层科学决策及时提供政策建议，国家自然科学基金委员会于 1997 年特别设立了管理科学部主任基金应急研究专款，主要资助开展关于国家宏观管理及发展战略中急需解决的重要的综合性问题的研究，以及与之相关的经济、科技和社会发展中的“热点”与“难点”问题的研究。

应急管理项目设立的目的是为党和政府高层科学决策及时提供政策建议，但并不是代替政府进行决策。根据学部对于应急管理项目的一贯指导思想，应急研究应该从“探讨理论基础、评介国外经验、完善总体框架、分析实施难点”四个主要方面为政府决策提供支持。每项研究的成果都要有针对性，且满足及时性和可行性要求，所提出的政策建议应当技术上可能、经济上合理、法律上允许、操作上可执行、进度上可实现和政治上能为有关各方所接受，以尽量减少实施过程中的阻力。在研究方法上要求尽量采用定性与定量相结合、案例研究与理论探讨相结合、系统科学与行为科学相结合的综合集成研究方法。应急管理项目的承担者应当是在相应领域中已经具有深厚的学术成果积累，能够在短时间内（通常是 9~12 个月）取得具有实际应用价值成果的专家。

作为国家自然科学基金专项项目，管理科学部的应急管理项目已经逐步成为一个为党和政府宏观决策提供科学、及时的政策建议的项目类型。与国家自然科学基金资助的绝大部分（占预算经费的 97%以上）专注于对经济与管理活动中的基础科学问题开展理论方法研究的项目不同，应急管理项目面向国家重大战略需求中的科学问题，题目直接来源于实际需求并具有限定性，要求成果尽可能贴近实践应用。

应急管理项目要求承担课题的专家尽量采用定性与定量相结合的综合集成方法，为达到上述基本要求，保证能够在短时间内获得高水平的研究成果，项目的承担者在立项的研究领域应当具有较长期的学术积累和数据基础。

自 1997 年以来，管理科学部对经济、科技和社会发展中出现的一些重大管理问题做出了快速反应，至今已启动 101 个项目，共 833 个课题，出版相关专著 57 部。已经完成的项目取得了不少有影响力的成果，服务于国家宏观管理和决策。

应急管理项目的选题由管理科学部根据国家社会经济发展的战略指导思想和方针，在广泛征询国家宏观管理部门实际需求和专家学者建议及讨论结果的基础上，形成课题指南，公开发布，面向全国管理科学家受理申请；通过评审会议的形式对项目申请进行遴选；组织中标研究者举行开题研讨会议，进一步明确项目的研究目的、内容、成果形式、进程、时间节点控制和管理要求，协调项目内各课题的研究内容；对每一个应急管理项目建立基于定期沟通、学术网站、中期检查、结题报告会等措施的协调机制以及总体学术协调人制度，强化对于各部分研究成果的整合凝练；逐步完善和建立多元的成果信息报送常规渠道，进一步提高决策支持的时效性；继续加强应急研究成果的管理工作，扩大公众对管理科学研究及其成果的社会认知，提高公众的管理科学素养。这种立项和研究的程序是与应急管理项目针对性和时效性强、理论积累要求高、立足发展改革应用的特点相称的。

为保证项目研究目标的实现，应急管理项目申报指南具有明显的针对性，从研究内容到研究方法，再到研究的成果形式，都具有明确的规定。管理科学部将应急管理项目的成果分为四种形式，即专著、政策建议、研究报告和科普文章，本丛书即应急管理项目的成果之一。

希望此套丛书的出版能够对我国管理科学政策研究起到促进作用，对政府有关决策部门发挥借鉴咨询作用，同时也能对广大民众有所启迪。

国家自然科学基金委员会管理科学部

2020 年 9 月

前　言

设立河北雄安新区，是以习近平同志为核心的党中央深入推进京津冀协同发展做出的一项重大决策部署，是千年大计、国家大事，对于集中疏解北京非首都功能、探索人口经济密集地区优化开发新模式、调整优化京津冀城市布局和空间结构、培育创新驱动发展新引擎，具有重大现实意义和深远历史意义。

随着工业化、信息化、城镇化、市场化、国际化快速推进，各种变革调整速度之快、范围之广、影响之深前所未有，公共安全面临着一些突出矛盾和问题。近年来，城市公共安全事件频发，城市公共安全保障与治理面临着巨大的挑战和考验。千年大计，安全为本，安全是城市的生命，是现代化城市的第一要素，是建设新区必须坚守的红线和底线。雄安新区在规划、建设、运行、发展过程中将面临从普通县城到现代新型城区的巨大转变，伴随着城市管理机制、体制的深刻变化，同时也会面临更多、更复杂的公共安全新问题。例如，大部制、管理扁平化、线上线下融合等给新区的公共安全管理模式带来挑战；建设过程中大量密集的拆迁、施工、人口迁移等引发多种事件交叉和耦合风险大幅增大；地下空间的高效利用增加隐蔽性风险；人口的大量聚集和快速流动造成传染性疾病、重大食物中毒等突发公共卫生事件的压力骤增；智慧化、智能化背景下万物互联、虚拟社会、社交网络等引发的非传统安全风险增加；以大清河水系和白洋淀为代表的自然环境，在新型城镇化进程中也将面临来自生态和资源安全的压力；等等。因此，在雄安新区规划、建设伊始，必须将城市公共安全摆在更加突出的位置，用最先进的理念对相关问题进行探讨和研究，加强城市公共安全设计。

安全韧性城市是城市安全发展的前沿理念和最新范式，是指具有吸收未来的对其社会、经济、技术系统和基础设施的冲击和压力，仍能维持基本的相同的功能、结构、系统和身份的城市。把雄安新区建设成为安全韧性城市，对于保障新区安全发展与运行、引领推进我国城市安全发展具有重要意义。

为探讨在雄安新区打造坚实的城市安全保障体系的相关问题，推动学术界为雄安新区安全发展建言献策，国家自然科学基金委员会管理科学部设立2017年第

4 期应急管理项目“安全韧性雄安新区构建的理论方法与策略研究”，以清华大学作为牵头单位，联合国务院发展研究中心、中国城市规划设计研究院、北京城市系统工程研究中心、中国人民公安大学、中国疾病预防控制中心、同济大学、中国环境科学研究院、中国水利水电科学研究院等单位组成研究团队，形成了“1 个总课题+7 个子课题”的项目组织与研究模式。经过一年的研究，形成了超过 100 万字的研究报告，提交政策建议 30 余份，获领导批示多项，相关成果被中央电视台等主流媒体报道，在国内外高水平期刊、会议上发表学术论文 30 余篇，相关成果为《河北雄安新区规划纲要》等雄安新区规划文件提供了重要支撑。

本书由项目研究团队在项目研究成果的基础上凝练而成，全书共 8 章，从雄安新区公共安全顶层设计、面向自然灾害的防灾能力提升、安全生产风险综合监管、公共卫生应急管理、社会安全风险治理、安全韧性社区构建、生态安全格局研究、水安全及治理等方面系统阐述安全韧性雄安新区构建的理论方法与相关问题，并给出相关政策建议。

本书是集体智慧的结晶。书稿写作分工如下：第 1 章由黄弘、李瑞奇、孙潇潇、周诗伟撰写，第 2 章由王凯、陈志芬、陆新征、王成坤、田源撰写，第 3 章由钟茂华、孟洋洋撰写，第 4 章由陈涛、袁宏永、王玉井、牛艳撰写，第 5 章由周睿、陈鹏、胡啸峰、张炜佶撰写，第 6 章由朱伟、赵鹏霞、王亚飞撰写，第 7 章由吴平、林浩曦撰写，第 8 章由李维明、何凡、许杰、薛秀清撰写。本书的大纲由黄弘、李瑞奇设计，课题协调和最终的形成过程中李瑞奇做了大量细致的工作。在此，谨对上述参与撰写的全体人员表示衷心的感谢。

本书的研究成果在形成的过程中，得到了国家自然科学基金委员会、河北雄安新区管理委员会、应急管理部、国家卫生健康委员会、自然资源部、生态环境部等有关部门的大力支持，在此深表感谢。

由于本书涉及的内容是一个较为新兴的课题，其中还有许多方面的研究有待进一步深入和完善，不足之处在所难免，敬请读者不吝指正。

作　者

2020 年 4 月

目　录

第1章　安全韧性雄安构建顶层设计研究

1.1　引　言

1.1.1　雄安新区公共安全问题的重要性

2017年4月1日，中共中央、国务院决定设立河北雄安新区。这是以习近平同志为核心的党中央做出的一项重大的历史性战略选择，是继深圳经济特区和上海浦东新区之后又一具有全国意义的新区，是千年大计、国家大事。

安全是城市的生命，是现代化城市的第一要素。近些年，城市公共安全事件多发，城市公共安全保障与治理面临着巨大的挑战和考验。2012年7月21日，北京市遭遇特大暴雨灾害，城市道路、桥梁多处受损，79人死亡，160.2万人受灾①；2014年12月31日，上海市黄浦区外滩发生拥挤踩踏事故，造成36人死亡，49人受伤②；2015年8月12日，天津市滨海新区危化品仓库发生火灾爆炸事故，造成165人遇难、798人受伤，直接经济损失68.66亿元③；2015年12月20日，深圳市光明新区渣土受纳场滑坡，33栋建筑被掩埋或受损，造成73人死亡、4人失踪④。

党和国家高度重视城市安全的建设：十九大明确提出“树立安全发展理念，弘扬生命至上、安全第一的思想，健全公共安全体系，完善安全生产责任

---

① 北京防汛抗旱指挥部“7·21”特大自然灾害情况通报会。

② 《“12·31”外滩陈毅广场拥挤踩踏事件调查报告》。

③ 《天津港“8·12”瑞海公司危险品仓库特别重大火灾爆炸事故调查报告》。

④ 《广东深圳光明新区渣土受纳场“12·20”特别重大滑坡事故调查报告》。

制，坚决遏制重特大安全事故，提升防灾减灾救灾能力”①；中央城市工作会议上，习近平总书记强调“要把安全放在第一位，把住安全关、质量关，并把安全工作落实到城市工作和城市发展各个环节各个领域”②；中共中央办公厅、国务院办公厅印发了《关于推进城市安全发展的意见》，要求“加强城市安全源头治理”“健全城市安全防控机制”“提升城市安全监管效能”“强化城市安全保障能力”；《中共中央 国务院关于进一步加强城市规划建设管理工作的若干意见》指出“加强城市安全监管”“形成全天候、系统性、现代化的城市安全保障体系”。

安全是建设雄安新区必须坚守的红线和底线，因此必须在充分调研雄安新区现状基础上，深入分析雄安新区公共安全面临的新形势、新挑战，并用最先进的理念进行雄安新区公共安全顶层设计，保证千年大计不留历史遗憾，打造我国城市安全发展的样板工程。

1.1.2 雄安新区自然环境与社会经济概况

雄安新区目前规划范围包括雄县、容城县、安新县三县行政辖区（含白洋淀水域），任丘市鄚州镇、苟各庄镇、七间房乡和高阳县龙化乡，规划面积 1 770 平方千米。雄安新区地处京津保三角区域，与北京、天津、保定和河北省省会石家庄的距离分别为 105 千米、105 千米、30 千米和 155 千米。新区现有大广、京港澳、荣乌等高速公路和京广铁路、京广高铁、津保高铁等轨道交通，与京津石基本形成半小时通勤圈。雄县、安新县、容城县三县总面积 1 562 平方千米，其中雄县 695 平方千米，安新县 738.6 平方千米，容城县 314 平方千米。

自然条件方面，雄安新区属北温带半湿润气候区，年平均气温 11.9℃，年平均降水量 522.9 毫米。新区位于冀中平原中部，属太行山东麓北段山前倾斜平原，主要由拒马河、唐河、潴龙河冲洪积扇及扇间洼地构成。在水文地质特征上，自西向东呈一定的规律性。地下水径流方向与各水系流向大体一致，从西、北、南三个方向汇集于白洋淀。白洋淀是大清河水系重要的水利枢纽，白洋淀多年平均水资源总量为 4 124 万立方米，淀内水生生物包括浮游生物、底栖动物、鱼类和水生植物。同时有鸟类 19 科 26 种，具有良好的食物链结构，是华北地区重要的水产品基地。

在地质构造上，雄安新区位于渤海湾冀中坳陷中区，是牛驼镇突起、高阳低

---

① 习近平. 决胜全面建成小康社会 夺取新时代中国特色社会主义伟大胜利——在中国共产党第十九次全国代表大会上的报告. 北京：人民出版社，2017：49.

② 新华网. 中央城市工作会议在北京举行. 2015-12-22.

凸起、任丘-雁翎三个基岩块体的结合部，也是饶阳凹陷、保北凹陷、霸州凹陷的交会带。整个区域构造呈凹凸间互、高低错落、张弛有致的地质构造格局。区域属海河流域，大清河中游，地处滹沱河和永定河冲洪积扇相挟持的低洼地区。地势自西向东倾斜，海拔高程6.51~10.8米。区域内地势较为平缓，无地面塌陷和六级及以上震点，无地裂缝及易发区，也未处于地下水超采漏斗区和油田采空区，地质条件明显优于周边其他区域，适宜开展城市建设。区域气象条件良好，不易出现极端恶劣天气等气象灾害。

社会经济方面，截至 2016 年末，安新县、雄县和容城县的人口数量分别为39.3万、38万和27万，三县人口结构以农村人口为主，人口密度相对周边区域较低；民族组成以汉族为主，还包括满族、回族、蒙古族、壮族、朝鲜族等16个少数民族。2016 年，雄县生产总值完成 101.14 亿元，安新县生产总值完成 40.01 亿元，容城县生产总值完成 59.4 亿元①。目前三县的产业结构层次偏低，都是以第二产业为主，还处于产业结构从“二三一”到“三二一”的转变过程中。

总体来说，雄安新区区位优势明显，交通便捷通畅，生态环境优良，地质条件稳定，资源环境承载能力较强，自然环境与社会经济现有开发程度较低，发展空间充裕，具备高起点、高标准开发建设的基本条件。

1.1.3　雄安新区规划建设目标

《河北雄安新区规划纲要》中提出的雄安新区规划建设目标如下。

到2035年，基本建成绿色低碳、信息智能、宜居宜业、具有较强竞争力和影响力、人与自然和谐共生的高水平社会主义现代化城市。城市功能趋于完善，新区交通网络便捷高效，现代化基础设施系统完备，高端高新产业引领发展，优质公共服务体系基本形成，白洋淀生态环境获得根本改善。有效承接北京非首都功能，对外开放水平和国际影响力不断提高，实现城市治理能力和社会管理现代化，“雄安质量”引领全国高质量发展作用明显，成为现代化经济体系的新引擎。

到21世纪中叶，全面建成高质量高水平的社会主义现代化城市，成为京津冀世界级城市群的重要一极。集中承接北京非首都功能成效显著，为解决“大城市病”问题提供中国方案。新区各项经济社会发展指标达到国际领先水平，治理体系和治理能力实现现代化，成为新时代高质量发展的全国样板。彰显中国特色社会主义制度优越性，努力建设人类发展史上的典范城市，为实现中华民族伟大复兴贡献力量。

---

① 项目组实地调研收集。

1.2 雄安新区公共安全基础现状

1.2.1 雄安新区历史灾情

1. 地震

依据《中国地震动参数区划图》（GB18306-2015），雄安新区所处区域地震动峰值加速度为 0.1g，对应设防烈度为 7 度。

雄安新区所处区域的断裂主要是太行山山前断裂带、徐水南断裂、牛东断裂和高阳断裂。

雄安新区及周边 50 千米范围区域内历史有记录的破坏性地震（4.7 级以上）共有 9 次，其中 5.5 级以上的有 4 次，分别表示如下：

（1）1624 年保定 5.5 级地震（震中烈度为 7 度）。

（2）1658 年涞水 6 级地震（震中烈度为 7~8 度）。

（3）1679 年雄县 5.5 级地震。

（4）1923 年高碑店 5.5 级地震（震中烈度为 8 度）。

依据《建筑抗震设计规范》（GB 50011-2010），可忽略发震断裂带错动对地面建筑的影响。

2. 洪水

雄安新区囊括白洋淀整个水域，地属白洋淀蓄滞洪区及周边分洪区，承担着大清河南支的防洪、滞洪任务，现状防洪能力仅 10~20 年一遇。

白洋淀是华北地区最大的淡水湖泊，淀区总面积 366 平方千米，周边滞洪区共涉及 229 个村，49.88 万人，耕地 51.6 万亩（1 亩≈666.67 平方米）。白洋淀自中华人民共和国成立后调洪运用始终以保卫天津和下游安全为目的。1949~1963 年先后 7 次分洪，1954 年，十方院水位达到 11.44 米；1956 年，达到 11.46 米；尤其是 1963 年，十方院水位高达 11.58 米，淹没面积 1 270 平方千米，滞蓄洪水 41.72 亿立方米，发挥了巨大的缓洪滞洪作用①。

3. 暴雨

雄安新区可汇集唐河、府河、漕河、拒马河等九条从南、西、北三个方向过来的上游河水，然后从白洋淀东面经赵王新河、大清河汇入海河，流域内全

---

① 项目组实地调研收集。

年 70%左右的雨水集中在 7 月、8 月、9 月的主汛期，暴雨具有发生时间急、降水量大且集中等特点。上游太行山区源短流急，易导致下游河水泛滥、河道决口、水库垮坝、农田积水、房屋倒塌、城市内涝等灾害，历次暴雨天气对工农业生产、城市安全运行和人民财产安全造成严重威胁。平原渍涝风险也不容忽视，强降水致使道路损毁、作物倒伏、房倒屋塌等严重经济损失和人员伤亡的个例也在历史上多次出现。

4. 大风

雄安新区有正式气象记录以来出现的最大风速是 24.00 米/秒（1977 年 3 月 31 日），理论上 10 年一遇、20 年一遇、100 年一遇的最大风速分别为 19.87 米/秒、23.56 米/秒、25.12 米/秒。尽管气候变化和探测环境质量下降导致雄安新区年平均风速有减小的趋势，但极端大风出现的频次变化不大，大风对高层建筑、电力设施、通信设施、交通运输、农牧业生产等造成破坏的现象也是屡见不鲜。

例如，2006 年 6 月 29 日，雄县出现大风天气，果树受灾面积 3 900 亩，落果率 70%以上，12 000 棵树木折断，直接经济损失 800 多万元。2012 年 6 月 21 日傍晚，雄县遭受风雹灾害，一些树木被拦腰刮折甚至连根拔起，很多通信线杆被刮断，活动房、彩钢屋顶、大型广告牌被刮翻，农作物受灾面积 352 公顷，经济作物受灾面积 56 公顷，树木折断 3 218 棵，严重倒损房屋 203 间，部分电力、通信设施损毁，共造成 6 179 人受灾，直接经济损失共计约 280 万元。2013 年 7 月 31 日晚，雄县遭受大风灾害，农作物受灾面积达 3 707 公顷，成灾面积 2 447 公顷，受灾人口 45 450 人，约造成直接经济损失 1 709 万元。与雄安新区毗邻的霸州褚河港乡 1969 年 8 月 29 日 19 时 30 分左右遭受龙卷风袭击，宽度约 600 米，自西向东，移动的长度 30 多千米，15 分钟内 1 400 间房屋倒塌，其中有 1 106 间全部扫平，重伤 240 人，轻伤 523 人，死亡 98 人①。

5. 冰雹

冰雹虽然出现的次数不多但发生时间短、来势猛、强度大、破坏性强，易给当地农牧业生产带来重大影响。例如，2003 年 7 月 4 日凌晨，雄县有 15 个村受灾较严重。农作物受灾面积 57 700 亩，成灾面积 31 240 亩，全县直接经济损失 727 万元。2012 年 7 月 22 日凌晨，安新县遭受冰雹袭击，受灾人口 29 000 人，受灾面积 1 294 公顷，成灾面积 1 230 公顷，直接经济损失 636 万元。2013 年 6 月 25 日傍晚，雄县境内 9 个乡镇局部有冰雹出现，农作物受灾严重，灾害造成农作物受灾面积 1 962 公顷，受灾人口 23 076 人，造成直接经济损失 320 万元。2015 年

① 项目组实地调研收集。

8 月 18 日中午，安新县遭受冰雹袭击，受灾人口 55 185 人，受灾面积 4 507.4 公顷，成灾面积 2 647 公顷，绝收面积 892.5 公顷，直接经济损失 2 874 万元，农业经济损失 1 180 万元①。

6. 雷暴

雷暴是夏季常见的天气现象，在防雷基础设施不完善、公众防雷电意识薄弱和基本常识缺乏的地区时常造成相当严重的经济损失和人员伤亡。2005 年 8 月 25 日雄县有 1 名村民遭雷击死亡，两人受伤；2007 年 7 月 7 日容城县供电公司遭受雷击，7 月 18 日容城县公安局发生雷击事故致使 110 指挥中心瘫痪，8 月 5 日安新县邮政局通信塔遭受雷击；2009 年 8 月 1 日雄县一存放原料的库房遭雷击引起火灾，造成直接经济损失约 20 万元①。

7. 重大安全生产事故

雄安新区历史上未发生重大安全生产事故，但新区规划区域存在重大危险源单位。目前，雄安新区及周边区域共有重大危险源单位 15 家，其中 4 个烟爆企业（1 个一级，2 个四级）。另外，天然气长输管线是影响较大的危险源，新区现有保霸线、徐离线、陕二线、陕三线等，规划的蒙西线、京石邯复线也从新区经过。2018 年 11 月 18 日，安新县湘联鞭炮厂发生爆炸，致 1 人死亡。

8. 重大传染病疫情

雄安新区重大传染病疫情主要受区域重大传染病形势影响，具有代表性的为 2003 年“非典”疫情与 2009 年“甲流”疫情。其中，2009 年 9 月 11 日确诊的雄县第二中学、雄县第二小学 3 例甲型 H1N1 流感是河北省最早发现的本土甲型 H1N1 流感。

9. 突发社会安全事件

雄安新区历史上未发生涉恐安全事件，社会安全态势平稳。由于产业分布及经济发展状况等原因，当前，雄安新区在人员密集场所管理、交通安全管理、消防管理等方面存在较大压力。

10. 生态安全及水安全事件

白洋淀是华北平原最大淡水湿地，是雄安新区最重要、最突出的生态与水环境基础。自 20 世纪 70 年代以来，由于水资源开发利用不合理、城市生活污水和

---

① 项目组实地调研收集。

工业污水的排放、养殖业与羽绒业等产业污染、淀区居民生活垃圾处理等，白洋淀水体不断遭到污染与破坏，富营养化现象严重，多发死鱼、死植事件。自 2016 年以来，经多方综合整治，白洋淀水质及生态环境得到了一定的改善，但白洋淀生态环境综合治理与生态修复任务仍然艰巨。

1.2.2 雄安新区公共安全管理现状

以雄县、安新县、容城县三县为例。

目前，在公共安全管理方面，三县政府均下设应急管理办公室，协调处置各类突发事件；气象、水利、安监、公安、消防、卫计等部门为公共安全管理主体，对各自职责范围内的公共安全事件进行管理。目前，三县均已根据本县实际情况，制定了主要突发事件的应急预案，形成了较为健全的责任体系，监管机制逐渐完善，安全形势总体稳定，但安全基础相对薄弱，尚不足以与现代化城市安全管理需求相匹配，需要进一步改进、提升。

三县面临的主要自然灾害风险为洪涝、暴雨、地震等。管理机制方面，三县设立气象灾害防御指挥部、抗旱防汛指挥部等指挥部门，由县政府领导任主要负责人。监测预警方面，在三县设有地震监测站、国家级气象监测站，行政村设有灾害信息员，气象部门依托国家突发事件预警信息发布系统发布灾害预警信息，通知灾害信息员，但由于技术和资金等原因，尚缺少综合预警信息发布机制，预警信息也不能覆盖全部人口。预案体系方面，三县根据各自情况，制定了气象灾害应急预案、防汛抗旱应急预案、地震应急预案等，但三县近年未发生重大灾情，应灾经验欠缺。应急保障方面，三县设有物资储备库和应急避难场所，相关部门定期开展宣传教育活动，但各部门间尚缺少物资储备合力。

三县均设有安全生产监督管理局（一级局，正科级），所辖乡镇设有安全生产监督管理所。三县针对所辖区域内的燃气公司、液化气站、烟花爆竹制售点等危险源形成了安全生产监管台账，形成了包括危险化学品事故应急预案、烟花爆竹事故应急预案等在内的预案体系。三县安监部门按照上级部门要求对民众开展安全教育活动，但尚未形成体系；三县安监部门针对学校防火防震、建筑施工的防坠落、危险化学品的防泄漏等重点领域开展应急演练活动，但对于近些年曾发生触电事故、电梯坠落事故等小灾亡人事故，管控力度尚显不足。三县设有消防大队，与公安部门共同承担消防相关工作，但警力资源（尤其是专业化队伍）较为欠缺。交通事故情况总体稳定，但非法运营的三轮车带来了一定的风险隐患。

三县的公共卫生日常工作目前主要由三县的县医院、疾病预防控制中心、妇幼保健所、各乡镇卫生院承担，县医院为院前急救及传染病定点医院，并依托该院储备公共卫生应急药品。此外，三县均编制了突发公共卫生事件应急预案，并开展每年 1 次的公共卫生应急培训演练，但在卫生应急领域，信息化手段应用极少，没有公共卫生信息应急平台，在监测预警方面还有待加强。另外，近些年三县均未发生较大疫情，因此在重大疫情处置应对方面存在经验不足的问题。

社会安全方面，由三县公安局主要承担人口管理和治安维护的相关工作，针对涉恐事件也建立了相应的应急预案，中共中央、国务院设立河北雄安新区的通知发布后，公安部门将流动人口管理和群体性事件预防作为重点工作。宣教方面，公安部门也依托学校开展安全课，举办逃生演练。但三县存在警力资源不足的现象，还存在管控难以全面覆盖、人防技防存在安全防范漏洞、监控设备运转维护不到位等问题。

从上面的分析中，可以看出三县在公共安全管理方面还存在着如下不足：近些年未遭受较大突发事件，应对经验相对不足；各类突发事件由不同部门分别处置，部门之间缺少公共安全治理合力；公共安全基础相对薄弱，人力资源、物资储备、财政支持、基础设施运转维护等方面存在不足，信息化水平不高，远不能满足新区建设发展要求；三县受限于行政等级、地理位置、发展基础等条件，未与北京、天津及河北邻近地区形成公共安全区域协同管理机制。

1.3 雄安新区安全发展新形势与新挑战

1.3.1 国外城市安全发展总体形势与经验

雄安新区的规划、建设需要坚持世界眼光，从发达国家相关实践中汲取经验。发达国家的城市化进程较早，在城市发展的过程中，也面临着诸多风险隐患。由于城市规模不断扩张，人口愈加聚集，资源日渐集成，城市运行系统中任何一个环节出现故障都极易被放大，甚至酿成事故或灾难，错综复杂的国际安全形势也给国外城市安全发展带来了新的挑战。美国、英国、日本、欧盟等发达国家和地区都异常重视城市安全管理能力的提升，针对城市安全问题的新类型、新趋势和新特点，结合巨灾应对经验，在长期的城市安全管理实践中努力提高城市安全管理的科学化、规范化、系统化水平。

发达国家的公共安全管理体系呈现出一些共性，具有一定借鉴意义。

（1）注重在事前、事中、事后全过程中进行安全管理，并突出预防准备的重要性，关注业务持续性能力，体制上配置综合性管理的安全部门，对安全管理各领域、各环节的工作机制进行部署，注重区域性、地方性立法工作，以法律形式保障实施。

（2）注重安全科技的研发投入，依据新技术趋势、新市场需求布局安全科技研发领域，积极与科研院所及相关企业开展合作，打通产学研合作创新链条，为安全科技研发提供资金、数据、政策、应用环境等方面的支撑，缩短成果转化周期。

（3）注重社会力量的参与，通过政府购买服务等方式发挥市场的竞争优势与调节力量，注重引导居民自治组织开展应对公共安全事件的预防、响应、恢复的相关准备工作，形成社区级的公共安全风险管控模块，注重城市居民安全文化的养成。

1.3.2　我国城市安全发展总体形势与经验

雄安新区的安全发展形势根植于我国城市安全发展实际。目前，我国正经历人类有史以来规模最大、速度最快的城市化进程。随着社会和经济建设的迅速发展，我国城市化水平不断提高，城市数量猛增，并形成了以经济为纽带的若干城市群落。伴随着城市快速发展，城市人口急速膨胀，越来越多的城市安全问题开始影响人们的生活，城市安全已经成为城市研究中的一个重要问题，并与国计民生息息相关。当前，我国正处于经济与社会转型期，城市发展迅速，工业发达，导致安全事故的危险因素与潜在隐患逐渐增多，公共安全事件多发，形势严峻。

当前，我国已建立起以“一案三制”为核心的应急管理体系，但不断扩大的城市规模、日趋复杂的城市系统及城市治理现代化的任务给城市安全发展提出了新的挑战与要求，具体包括：快速城市化进程中风险累积加速，网络风险、新技术风险、生态环境风险等非常规风险愈发突出，城市常规风险与非常规风险耦合加剧；应急管理部的组建体现出“大部制”安全管理体制改革思路，与之相匹配的、科学规范的权责体系和工作机制需要进一步厘清与探索；公共安全管理法治保障能力需要进一步加强，法律法规、应急预案体系需要进一步适应公共安全管理机制、体制的新需求；公众对新时期高危害性突发事件高频发生的新态势准备不足，风险防范意识与能力有待提升；城市公共安全工作中，社会资源的力量尚未充分释放；城市公共安全管理科技发展方向与应用水平需要进一步顺应大数据时代的特点；等等。

为着力防范化解城市安全重大风险，保障人民群众生命财产安全，提高城市安全治理体系和能力的现代化水平，打造共建共治共享的城市安全社会治理格局，我国城市安全工作的主要着力点应包括：强化城市设施防灾能力建设，提升建筑结构稳定性，优化交通路网结构，建设智慧互联、冗余互补的城市生命线网络；突出“预防为主”的工作原则，加强风险评估和监测，建立区域、城市、社区等不同空间尺度下的风险地图与实时监控网络；推进城市安全标准化建设，依据具体行业特点制定具有较强可操作性的标准规范，打造城市安全专项及综合示范样板工程，以标准化建设推进制度化建设；加强社会动员和参与，拓宽企业、居民自治团体、非政府组织与非营利组织等社会力量参与城市安全管理与建设的渠道，培育全民安全文化；加强城市安全风险防控科技创新能力，重视城市安全基础研究投入与成果转化，充分利用新一代信息技术，提高城市安全管理数字化、网络化、智能化水平；等等。

1.3.3 雄安新区安全发展风险研判

雄安新区的规划建设需要经历一个从无到有的过程，在建设、运行、发展阶段将面临从农村到城市的巨大转变，伴随着人口迁移和聚集、建筑物密度增多、产业结构调整、区域影响力增强等现象，灾害要素及承灾载体密度将增大，带来更多、更复杂的公共安全新问题。因此对雄安新区公共安全的风险识别要针对新区发展的全过程进行，既要考虑既有安全问题与建设过程中带来的安全问题，又要考虑新区建成后可能出现的安全问题；既要考虑自然灾害、事故灾难、公共卫生事件、社会安全事件等危害严重的传统突发事件，又要考虑生态安全事件、水安全事件等日渐突出的新型安全风险。

新区各类自然灾害的发生频率和之前一段时间相比，不会有太大变化。但是新区的建立，带来了大量人口和城市建筑，导致自然灾害的承灾载体发生变化，复杂的城市基础设施结构也会导致次生、衍生灾害风险增加，成灾机理也会变得更加复杂、难以预测。城市化进程中，保障受灾群众生活的要求也会变得更高，是要重点考虑的问题。

新区建设阶段，会伴随着大量的建设任务，因此安全生产方面会伴随着艰巨的防控任务。新区建成后，城市生命线运行风险加剧，区域风险将高度聚集。此外，在新区建设过程中和运行阶段出现的一些新特点会给安全管理带来更多隐患：人员密集场所数量增加，企业数量增长、生产经营活动活跃；建筑物密集，建设项目多，施工强度大；地下管线、地铁线路纵横交错，运行强度大；机动车数量越来越多，交通安全隐患增加；城乡接合部等区域非法违法生产经营建设行为大量存在。

新区是疏解北京非首都功能集中承载地，北京将推动符合新区定位的非首都功能向新区疏解转移，引导北京人口随功能疏解有序向新区转移。随着新区城镇化建设进程的加快，传染性疾病暴发和传播、重大食物中毒、各种动物疫病等突发公共卫生事件发生的概率较高。

随着新技术、新产业、新业态不断涌现，金融安全、信息安全、网络空间安全等风险不断增加：一是随着雄安新区逐渐成为国内外聚焦关注的重点目标，群体性事件、舆情风险和恐怖主义威胁的防范需求日益紧迫；二是新型犯罪的侵害对象范围进一步加大，电信诈骗犯罪侵害群众面广量大，涉众型经济犯罪导致大量受害者损失惨重；三是传统犯罪在网络和新媒体的作用下危害进一步加大；四是新区迁转过程中伴随着新型社会治理、城乡规划、旧城改造、社区建设、流动人口管理、过渡性住房、出租屋等特有的问题。

新区建成后，城市公共安全管理部门集中管理形成的合力有利于重大突发事件的应对，但给精细化管理带来了诸多问题。此外，不同类别突发事件之间的耦合、放大作用导致的综合性、系统性风险给新区公共安全管理带来了新的挑战。

具体而言，新区建设和运行过程中，需要格外关注对下列情况的风险管控。

建设过程中的公共安全问题：大量的建设任务给建设过程中的施工安全、生产安全、运输安全提出了更高的要求。

管廊安全：新区将会成为绿色智慧新城，会加强对新能源的使用力度，建设综合管廊，对这些关键基础设施的防护尤为重要。

地下交通安全：新区建成后会存在大量的地下交通网络，承担重要的输运功能，地下交通安全对于城市正常运转是必不可少的保障。

地下工程消防：受空间限制，地下工程具有疏散空间小、疏散路径少的特点，一旦发生火情易发生较大影响，必须注重对地下工程进行消防规划。

人防：人民防空工程是现代国防的重要组成部分，新区由于地位的特殊性，易成为敌对势力的攻击重点，必须提高人防设施建设标准。

网络安全事件：信息化水平的提高会伴随着网络舆情、网络金融、信息安全等方面新型风险，需要加以注意。

防恐：新区易成为恐怖袭击目标，需要加强流动人口管控，加强人员密集场所安全监控、保障力度，减少涉恐事件安全风险。

群体性事件：新区建设伴随着土地规划、人员迁移、产业调整，需要保障好人民群众的利益，注意舆情疏导，预防群体性事件的发生。

新能源的安全问题：新区将会使用较多的新能源，但各类新能源生产运输环节风险、新能源汽车电池自燃事故给新区公共安全管理带来了新的挑战。

智能化社会面临的问题：新区管理将更加注重智慧化、智能化建设，智能化设备的使用与维护、个人隐私保护、网络金融安全等问题值得关注。

1.4 安全韧性城市的概念与国际趋势

1.4.1 安全韧性城市概念解析

在传统的城市减灾理念中，人们试图提高城市系统应对突发事件的稳定性，追求一种“安全防御”的状态（Ahern，2011）。然而，这样的设计并不能真正地做到万无一失，一旦灾害的强度超过阈值，就可能引起防灾措施的失效，甚至产生连锁效应，造成严重的后果。2005 年 8 月，卡特里娜飓风袭击了美国东南部，造成了空前的损失，新奥尔良市防洪堤坝被冲毁，城市大面积淹没在洪水中，居民被迫大规模疏散，导致社会结构的破坏，严重影响了城市复建（Campanella，2006）。近些年来，人们更加关注城市在突发事件应对方面所体现出来的内在属性，韧性这一概念得到了越来越多的关注。

韧性的词源是拉丁语“resilio”，原义是“回弹至初始状态”，后来法语和英语先后引入了这个词语（邵亦文和徐江，2015）。最初，韧性是物理学和机械学领域的概念，用来指物体或材料在外力作用下发生形变后恢复的能力（一般译为“弹性”）。加拿大学者 Holling（1973）在生态学范畴中引入了韧性的概念，用以描述生态系统复原稳态的能力。此后，在工程学领域和社会学领域的研究中，韧性的概念被不断推广，在网络结构分析（Henry and Ramirez-Marquez，2012）、社会组织分析（McManus et al.，2007）、疾病应对分析（Dale et al.，2014）等诸多领域得到了应用。

随着韧性概念应用范围的推广和人们对系统认识角度的变化，韧性概念的内涵也在应用中得到了发展。在工程学领域，对韧性的认识的主要观点有工程韧性、生态韧性、演进韧性三种（邵亦文和徐江，2015）。每一次概念的修正都体现了人们对韧性这一概念的新的思索。工程韧性是三种观点中最早被提出的，它与传统的物理学、机械学上的概念更加相似，因此被称作工程韧性。工程韧性是指系统在受到干扰的影响后恢复至平衡状态或稳定状态的能力（Holling，1973）。Holling（1996）对韧性的定义提出了改动，认为韧性更应该强调系统在结构改变之前能吸收多大量级的干扰，并且强调了系统多稳态的存在，由于这种韧性描述源于生态学领域的研究，因此被称作生态韧性。随着对系统认识的进一步加深，Walker 等（2004）提出了适应性循环理论，进而产生了演进韧性的概念，在这种理论下，系统不存在稳定状态，韧性强调系统在不断变化的环境下适应、转换的能力。

系统安全是维持系统功能的重要保证，韧性理念与此高度契合，系统的安全韧性即系统为维持其功能而在安全方面具备的韧性水平。城市是经济社会与自然环境密切耦合而形成的复杂系统，建设安全韧性城市也受到了越来越多的关注。目前，对于城市安全韧性的概念，尚无公认的标准或定义。Mileti（1999）将安全韧性定义为一个地区在无巨大外界帮助下，经历极端自然事件而不经历毁灭性的损失、不损害生产力和生活质量的能力。联合国国际减灾战略署（United Nations International Strategy for Disaster Reduction，UNISDR）将安全韧性定义为暴露于灾害下的系统、社区或社会为了达到并维持一个可接受的运行水平而进行抵抗或发生改变的能力（UNISDR，2005）。一些对于城市安全韧性的典型表述总结见表 1-1。

表 1-1　城市安全韧性概念典型表述

作者	年份	定义	韧性理念
Wildavsky	1991	安全韧性是应对未期的风险，在变形之前回弹的能力	工程韧性
Mileti	1999	安全韧性是指一个地区在无巨大外界帮助下，经历极端自然事件而不经历毁灭性的损失、不损害生产力和生活质量的能力	生态韧性
Pelling	2003	安全韧性是处理和适应危险压力的能力	生态韧性
UNISDR	2005	安全韧性是指暴露于灾害下的系统、社区或社会为了达到并维持一个可接受的运行水平而进行抵抗或发生改变的能力	生态韧性
Cutter 等	2008	安全韧性是指一个社会系统对灾害响应和恢复的能力，包括系统吸收影响、应对极端事件的内在条件和重组、改变、学习以应对威胁的能力	演进韧性
Desouza 和 Flanery	2013	安全韧性是指城市系统面对改变时吸收、适应和反应的能力	演进韧性
Meerow 等	2016	城市安全韧性是指一个城市系统及其组成部分跨时空尺度组成的社会生态和社会技术网络在面对干扰时，维持或迅速恢复期望功能的能力，以及适应当前和未来变化的快速转型能力	演进韧性

从表 1-1 中可以看出，城市安全韧性的关注点也经历了由从灾害中恢复能力转变为城市系统自身的抵抗与重组能力，再转变为城市系统不断适应和学习的能力的过程，反映出了韧性概念由工程韧性到生态韧性再到演进韧性的变化过程，体现出城市应对不确定性的能力。

安全韧性城市是具有良好的安全韧性特性以应对公共安全事件影响的城市，通过对城市安全韧性概念演进过程的分析，可以看出，安全韧性城市的构建应贯穿“规划-建设-运行”全过程，覆盖预防准备、监测预警、救援处置、恢复重建全流程，并注重城市学习和适应能力的提升。

综上所述，可将安全韧性城市的概念表述如下：安全韧性城市是指城市自身能够有效应对来自外部与内部的对其经济社会、技术系统和基础设施的冲击和压力，能在遭受重大灾害后维持城市的基本功能、结构和系统，并能在灾后迅速恢复、进行适应性调整、可持续发展的城市。安全韧性城市可以最大限度地减少公众的伤亡损失，维护社会的安全稳定。

1.4.2　国际安全韧性城市行动与规划

近年来，安全韧性城市的建设受到了发达国家和国际组织的高度重视，发达国家不少城市或地区制定了各自的安全韧性计划，一些国际组织也发起了国际行动为安全韧性城市建设提供支持。

国家层面，日本基于应对重大突发事件的经验，提出"国土强韧化"规划，并于2014年出台《国土强韧化基本计划》，通过设立长期目标、优化政策制定、整合资源配置、改善基础设施与环境等方式提升国家整体安全韧性水平，旨在保证"国土、社会经济及日常生活在应对灾害或事故时不会受到致命的破坏而瘫痪，并且能够快速恢复"。"国土强韧化"规划分为国家层面规划和地区层面规划，分别由内阁和地方政府制定相应的行动方案（東京都，2016）。

除了日本之外，美国在2010年《国家安全战略》、2014年《国土安全报告》中均提出增强国家韧性，强调建设一个安全韧性的国家，使整个国家具有预防、保护、响应和恢复能力；英国制定了国家韧性计划，由首相担任部长级韧性小组组长，旨在提高英国遭受突发紧急情况时的应对和恢复能力；澳大利亚在2011年实施了《灾害韧性国家战略》，旨在提高民众应对野火、洪涝、暴风等灾害的能力。

城市规划方面，美国纽约《一个更强大、更具韧性的纽约》城市计划是国际安全韧性城市规划中的典型代表（Bloomberg，2013），该计划重点关注气候变化带来的风暴潮、洪灾、极端高温等灾害的影响，从沿岸保护、建筑、交通、通信等子系统进行安全韧性强化，如进行大规模的防洪改造、多样化出行方式等。

荷兰鹿特丹的《鹿特丹气候防护计划》强调"与水共生"，通过防洪工程建设、漂浮屋建设、水环境治理等措施提升鹿特丹对水的适应能力、消减灾害风险；英国伦敦《管理风险和增强韧性》规划为应对洪水、干旱、极端天气等风险，通过优化管理部门架构、绘制风险地图、扩大绿化面积等方法提高城市安全韧性。此外，新加坡、芝加哥、德班、基多、开普敦等城市的安全韧性提升计划提供了各自的经验。

国际行动方面，美国洛克菲勒基金会发起的"全球100韧性城市"项目是构建安全韧性城市相关的国际行动的典型代表。该项目依据不同城市的城市功能、面临的挑战，从城市防灾、社会发展、城市管理等不同角度为城市制定安全韧性计划，以提升城市应对环境风险的能力，并提供资源支持，如提供风险评估技术、聘任首席韧性官等，我国湖北黄石、四川德阳、浙江海盐、浙江义乌四座城市获得了该项目的支持。此外，联合国国际减灾战略发起的“让城市更具韧性：我的城市准备就绪”、洛克菲勒基金会与宜可城—地方可持续发展协会共同推进的“亚洲城市应对气候变化弹性网络”等国际行动得到了众多城市的参与。

分析国际安全韧性城市规划建设特点，可总结出如下经验。

（1）重视风险态势分析预判，提高规划时间跨度。城市安全韧性的提升涉及成本与效益的权衡，为达到经济合理的安全韧性水平，需进行城市风险态势分析研判，明确城市主要风险所在，如洛克菲勒基金会“全球 100 韧性城市”行动对每个入选城市都要分别进行风险评估，针对性制定安全韧性计划；同时，提高风险预判的时间跨度，才能保证相关措施的长期合理性，如纽约城市计划的风险评估覆盖 21 世纪中叶之后，保证了计划的科学性与长效性。

（2）从大系统工程视角出发，强化城市功能保障。城市建设是一项系统性工程，城市功能的维系既依赖于经济社会，又依赖于自然环境，不能“头痛医头，脚痛医脚”，需要从整体上把握城市发展节奏。国内外安全韧性城市提升计划都是从“经济社会-自然环境”大系统视角出发，内容涉及基础设施、城市管理与资源环境等方面，以便整体提高城市各项功能的自适应能力。

（3）注重城市内环境建设，优化系统适应能力。城市的适应能力是城市安全韧性的重要内涵，城市的环境涉及自身的内环境与面临的外部环境，需要强化城市内环境对外部环境的适应能力。例如，鹿特丹城市计划通过建设水广场、漂浮屋提升城市应对洪涝灾害的适应能力，纽约城市计划亦重视渡船在风暴潮灾害中的作用，提升城市交通系统的适应能力。

（4）建设安全韧性城市应当坚持安全发展、改革创新、依法监管、源头防范、系统治理五项原则，重点把握好安全与发展、继承与创新、治标与治本这三个关系，始终把人民群众生命安全放在第一位。在提高基础设施安全配置标准的基础上，要重点加强对城市高层建筑、大型综合体、隧道桥梁、管线管廊、轨道交通、燃气、电力设施及电梯、游乐设施等的检测维护，构建系统性、现代化的城市安全保障体系，建立源头治理、动态监控、应急处置相结合的长效机制。

为了应对国内的形势需求，并与国际发展趋势接轨，我国公共安全学界也提出了安全韧性城市的建设框架。雄安新区恰逢其时，将构建安全韧性雄安纳入新区规划、建设、运行全链条进行设计实施，是基于对习近平总书记提出的新区建设总体定位及“四个坚持”具体要求的深刻理解，贯彻落实“先谋后动、规划引领”指导方针，按照“安全发展”先进理念，借鉴“韧性城市”国际经验的一项重大举措。

1.5　安全韧性城市的构建及其对雄安新区安全发展的启示

1.5.1　安全韧性表征模型和特征分析

科学理论为实践提供指导。当前，公共安全学界具有共识性的理论模型为范维澄等（2009）提出的公共安全三角形模型，该模型以突发事件、承灾载体、应急管理作为三条边，以灾害要素作为连接三条边的节点，揭示了公共安全科学的基础要素。笔者将公共安全三角形模型应用于安全韧性城市研究领域，在此基础上构建出城市安全韧性三角形模型（图 1-1），以公共安全事件、城市承灾系统、安全韧性管理作为三条边，通过抵御、吸收、恢复、适应、学习的响应过程连接各条边。

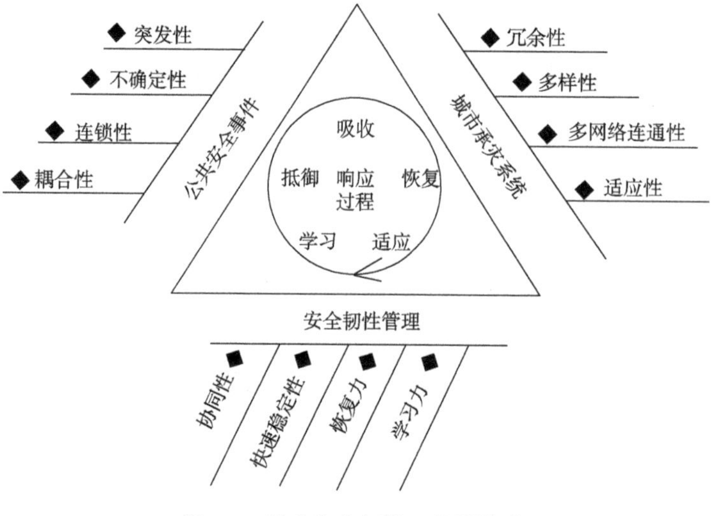

图 1-1　城市安全韧性三角形模型

公共安全事件是给城市系统带来冲击的直接因素，具有突发性、不确定性、连锁性、耦合性的特点，包括自然灾害、事故灾难、公共卫生事件、社会安全事件等各类可能在城市中发生的突发事件；城市承灾系统是公共安全事件的作用载体，既包括建筑、基础设施等城市物理实体，也包括人及由人的行为产生的经济社会和信息社会；安全韧性管理是对由公共安全事件和城市承灾系统构成的城市灾害体系施加的人为干预作用，可以减弱公共安全事件对城市承灾系统造成的影响，增强城市的安全韧性，涉及领导协调、资源保障、应急处置等诸多方面的内容；响应过程贯穿于城市安全韧性构建与提升的各个阶段，包含抵御、吸收、恢复、适应、学习等，是安全韧性管理的关键环节。城市承灾系统面对安全事件风险会经历上述响应过程，安全韧性管理将优化这个过程，使得遭遇的风险最小。

从城市安全韧性三角形模型出发，分析城市承灾系统结构特点与安全韧性管理重点环节，安全韧性城市应具备如下特征。

（1）冗余性：城市的各子系统及其耦合环节具备一定的安全裕度，在系统发生变化时能够保持正常功能。

（2）多样性：城市的各类系统要素具有较高丰富度，以应对不同形式的突发事件干扰。

（3）多网络连通性：城市要素结构与功能广泛连通，在应对安全事件时具有整体弹性。

（4）适应性：城市承灾系统要素具备根据外界环境的变化而灵活调整并适应的能力。

（5）协同性：城市在调整自身时能够整合相关资源，并顾及尽量多利益相关者的情况。

（6）快速稳定性：城市在安全事件影响下能快速反应并提供良好、稳定的内环境的能力。

（7）恢复力：城市承灾系统在遭遇破坏后，能迅速恢复自身结构、功能的能力。

（8）学习力：城市在经历安全事件干扰后能学习相关经验，调整自身结构与功能，以更好地应对未来安全事件的能力。

其中，冗余性、多样性、多网络连通性、适应性主要体现为城市承灾系统的结构特点，协同性、快速稳定性、恢复力、学习力是安全韧性管理重点关注的功能特性。

在安全韧性定量表征模型方面，主要依托安全韧性曲线的概念框架。安全韧性曲线示意图如图 1-2 所示，横轴为时间，纵轴代表系统功能，曲线体现出在外界冲击下系统功能下降、恢复的过程，通过事前预防、应急处置等方法，可以改善系统功能对外界冲击的响应情况，该曲线能够在一定程度上反映系统的安全韧性，因此可以称为安全韧性曲线。

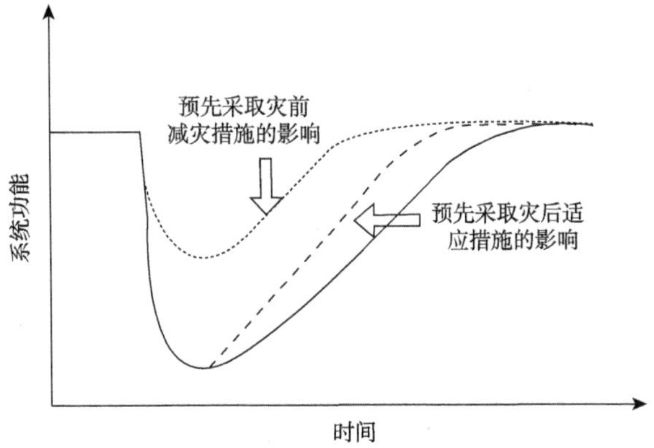

图 1-2　安全韧性曲线示意图

从安全韧性曲线的概念出发，研究者通过不同的数学定义式，考虑系统状态、恢复时间、成本投入等因素，构建了各种模型对系统安全韧性进行表征。例如，Bruneau 等（2003）在应对地震灾害的安全韧性研究中引入了安全韧性曲线，如图 1-3 所示，横轴代表时间 t，纵轴代表系统功能 $Q(t)$，通过系统功能 $Q(t)$ 在时间 t 上积分的方式定义安全韧性 R，若选取研究时段为 $0\sim t_1$，t_0 为系统受到冲击而遭到破坏的时间，系统的安全韧性可按照式（1-1）定义，其物理意义即图 1-3 中阴影部分的面积占整体面积的比例。

$$R = \int_0^{t_1} Q(t)\,\mathrm{d}t \tag{1-1}$$

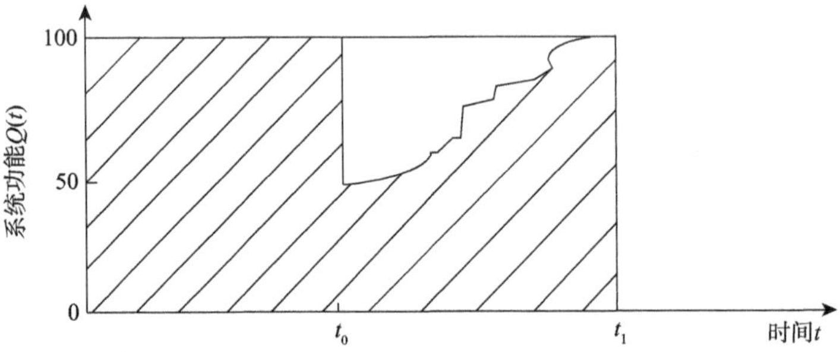

图 1-3　积分法韧性表征示意图

借鉴这种韧性表征方法，重点考虑建筑、交通、能源、通信、给排水五类城市子系统，设置灾害模型与城市子系统要素脆弱模型、恢复模型，进行基于蒙特·卡罗方法的安全韧性城市建模仿真。

以 7.0 级地震灾害为例，在灾害模型作用下，根据城市子系统各要素脆弱性计算其功能水平，通过各子系统要素功能水平计算子系统功能水平与恢复速度，计算整个城市系统功能水平，进而计算城市安全韧性水平。

选取研究时段为地震灾害发生后的 365 天，对 7.0 级地震后城市系统韧性水平分别进行 10 000 次模拟仿真，得到城市安全韧性分布直方图及累积密度曲线，如图 1-4 所示。

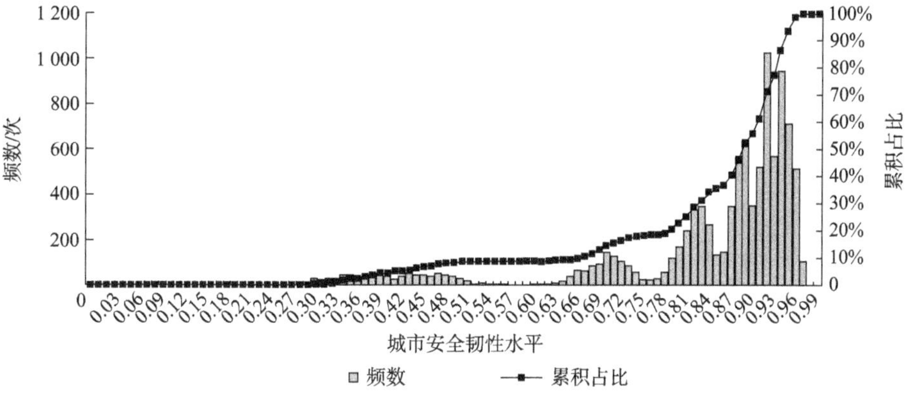

图 1-4　10 000 次模拟 7.0 级地震影响下城市安全韧性水平分布直方图及累积密度曲线

经过 10 000 次模拟，得到城市韧性平均值为 0.840，最小值为 0.268，最大值为 0.979，频数分布直方图与累积密度曲线如图 1-4 所示。从图 1-4 中可以看出，城市在应对灾害时展现出的安全韧性水平具有一定的随机性，即便在大多数情况下可以较好地应对，但依然存在系统性崩溃的风险。雄安新区建设作为千年大计，在进行安全韧性城市构建时必须坚持底线思维，着力避免系统性崩溃的风险。

1.5.2　新型城市安全管理体制分析与模拟

河北雄安新区管理委员会设立安全监管局，2018 年国务院机构改革整合相关部门职能成立应急管理部，这些都体现出“大部门体制”的城市安全管理趋势，为此有必要针对新型城市安全管理机制开展分析研究。

考虑政府部门决策、执行两项职能，提出政府部门运行基本模型：两个政府部门各自在自己的职责范围内进行决策和执行，而部门间的交流以决策部分的交流为主。

考察国际城市安全管理工作体制，可抽象出“整合型大部制”“沟通型大部制”两类安全管理体系。

“整合型大部制”以美国、日本等为代表，体系内有一个首脑机构，同时又按照分工原则划分出了一系列分支机构。在这个模型中，决策和执行分离，政府机构被划分为决策机构和执行机构，由决策机构向执行机构分配任务。在决策机构对执行机构有充分了解的情况下，决策机构能够最优化地分配任务，但是集中的决策可能会导致决策负担加重。

英国等国家在城市级安全管理方面采用论坛机制，通过论坛将与安全相关的政府部门联系起来，作为这些部门间交流的媒介，从而达到提高沟通和协调效率的目的。由此可以抽象出“沟通型大部制”的管理体制，各个部门在保留了各自运行模式的情况下，通过与协调机构的沟通协调来实现合作，协调机构是各个部门之间进行沟通合作的桥梁，部门之间的沟通必须通过协调机构来完成。

针对以上三种政府部门运行模型，运用多智能体方法，对不同城市安全管理体制的决策效果进行模拟仿真，决策效果综合决策成本、执行成本和沟通成本三种成本进行衡量。其中，决策成本体现了体系的有序性，执行成本体现了任务分配的合理性，而沟通成本体现了体系内沟通的顺畅性。

考虑部门数量对决策效果的影响，比较 3 个部门和 8 个部门的情况下三种模型的决策成本、执行成本、沟通成本情况，相对结果如图 1-5 所示。

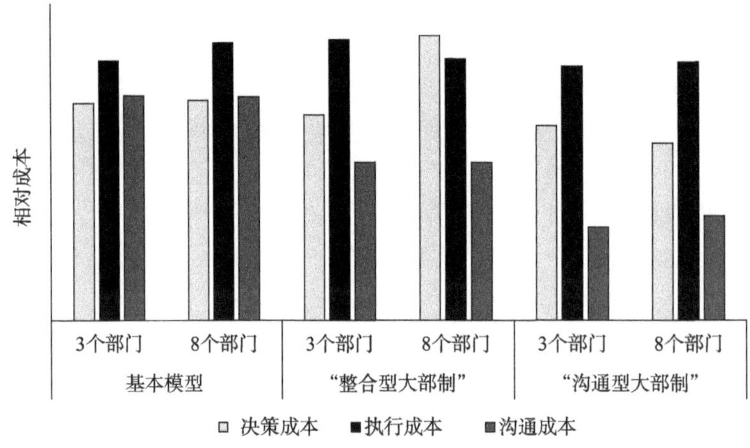

图 1-5　三类政府部门运行模型决策效果比较

通过仿真分析可以看出，“整合型大部制”和“沟通型大部制”都是在一定程度上优于基本模型的，也各自体现出了自己的优越性：“整合型大部制”能够保证部门沟通的效率和分工的合理性，在决策部门对执行部门的信息了解足够清楚的情况下，部门分工可以达到最优解，但是相对应地牺牲了决策的效率，并且随着部门的增多，决策效率会进一步下降；“沟通型大部制”通过额外的议事协调机构来协调沟通进而改善沟通效率，沟通成本更稳定，但是在分配的合理性和决策的效率上并没有太大改变。

1.5.3　安全韧性城市构建对雄安新区安全发展的启示

2018 年，中共中央办公厅、国务院办公厅印发了《关于推进城市安全发展的意见》。2018 年 4 月 14 日，中共中央、国务院批复《河北雄安新区规划纲要》，确定了雄安新区规划总格局与建设总基调，明确提出构建安全韧性雄安。

目前的安全韧性城市计划往往因问题而生，侧重已有城市的改造、提升，如纽约计划是由卡特里娜飓风在美国东部沿岸造成的巨大损失而催生的，鹿特丹相关经验源于多年的抗洪过程，我国北京、上海面临着“大城市病”的问题等。雄安新区近乎在一张白纸上动工，是贯彻新城市安全发展理念的样板工程，不同于任何一座目前已经存在的城市，因此必须从规划伊始便注重安全韧性理念的融入，在“规划-建设-运行”全过程中提升雄安新区安全韧性水平，这也是时代赋予雄安新区的历史使命。

整体而言，在新区“规划-建设-运行”的全过程中，要注重新区城市功能的保障，打造具备冗余性、多样性、多网络连通性、适应性、协同性、快速稳定性、恢复力、学习力等特征的安全韧性城市，应充分评估各类灾害风险及其耦合演化，综合应对多灾种风险，深化城市安全管理体制机制改革，以大部门体制的模式促进城市安全管理深度协同，在城市安全管理全链条、各环节中充分运用新一代信息技术，在新区构建全方位、立体化、主动智能的公共安全网，打造信息智能、绿色宜居的安全韧性雄安。安全韧性雄安的特点如图 1-6 所示。

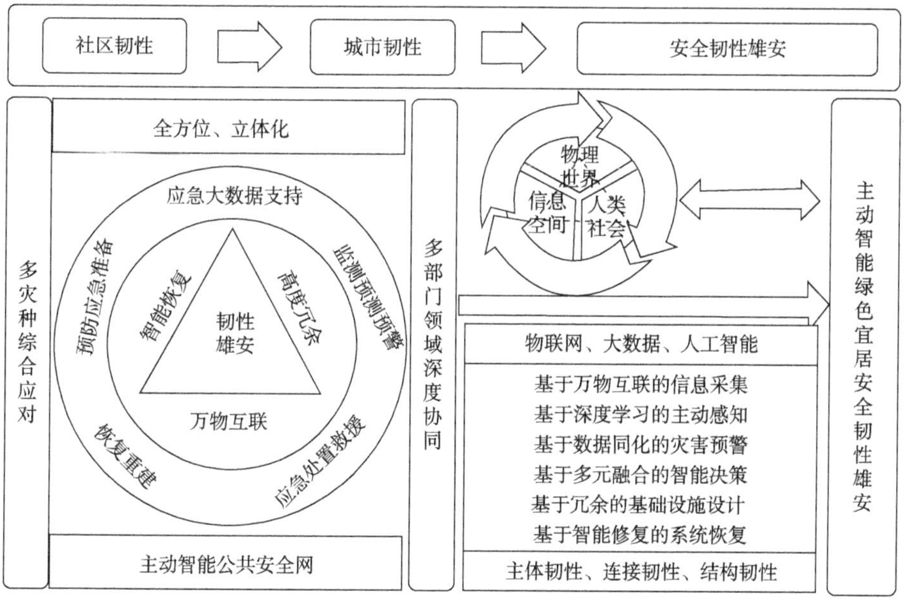

图 1-6　安全韧性雄安的特点

在不同阶段，新区所承担的任务不同，其安全韧性特征亦具有不同的内涵，现结合新区特点与城市安全韧性三角形模型，探讨雄安新区在“规划-建设-运行”全过程中应具备的安全韧性特征，并提出相关建议。

当前阶段，雄安新区仍处于规划、建设的初期，雄安新区规划体系还在进一步编制和完善中。除市民中心、“千年秀林”等少数标志性工程的建设外，新区整体上还未开始大规模开发建设，保证原有居民生活有序进行、改善规划建设基础条件、适应应急管理部组建后的安全管理大部门体制是当前阶段的重点任务。这一阶段在新区管理方面应重点突出协同性建设，开展公共安全事件的动态评估，为此需要建设新区风险综合评估体系、新区风险监测预警体系、新区安全管理指挥体系，打造新区智慧安全运行与应急平台，从风险监管、物资储备、培训演练等方面开始规划部署一系列贯穿新区“规划-建设-运行”全过程的重点工程。

下一阶段，起步区将先期开发，尤其将先行规划建设启动区，起步区基础设施建设布局将全面开展，新区城市承灾系统各类要素数量将快速增加，起步区的功能定位是“重点承接北京非首都功能疏解”，在这个阶段，要求打造具备冗余性、多样性、适应性的多网络连通的基础设施系统，即基础设施种类合理、技术先进、抗灾冗余、耦合强韧，以便为起步区建设提供全面保障。协同性的内涵亦发生变化，要突出京津冀区域主体间的关系，协调好新入驻群体与原住群体的关系，为此需要加强工程防灾减灾能力建设、重视新区建设过渡阶段的风险防控，推进新区智慧安全运行与应急平台、新区“互联网+”公共安全大数据信息平台等建设工程。

在中期发展阶段，新区五个外围组团，若干特色小城镇、美丽乡村的建设将展开，雄安新区将进一步按功能定位、有序承接北京非首都功能疏解，新区特色产业进入快速发展阶段，城市承灾系统要素多样性全方位增加，城市功能逐渐成型，基础设施的冗余性、多网络连通性、适应性需要进一步增强，并依据起步区“规划-建设-运行”相关经验，进一步增强新区不同区域间、新区与京津冀区域间的协同性建设，同时在城市功能、产业布局及安全管理上提高新区的快速稳定性与恢复力，以应对不断变化的社会环境，为此需要进一步构建和优化与京津冀跨区域联动的公共安全管理协同机制、强化新区巨灾风险应对能力建设，进一步推进新区应急信息异地容灾备份中心、新区安全韧性社区等建设工程。

远期，新区建设规模成型，城市功能完备，需要在城市承灾系统和安全韧性管理等各方面保证冗余性、多样性、多网络连通性、协同性、快速稳定性、恢复力、学习力的建设，全面提升新区应对各类突发事件的基础能力保障，着重培养新区城市承灾系统安全管理的适应性和学习力，根据自然环境、社会环境的变化不断调整、优化自身的结构与功能，吸纳先进的技术手段，保障运行安全平稳，使新区在京津冀区域乃至中国、世界的城市体系中发挥适合自身定位的安全枢纽作用。为此需要在原有基础上，持续性推进安全文化与素质建设、强化新技术应用与科技支撑能力建设，重点加强对虚拟空间的非传统安全防护保障能力，完善新区公共安全教育培训演练基地建设工程等。

1.6　安全韧性雄安构建顶层设计策略与建议

1.6.1　安全韧性雄安构建总体思路

构建安全韧性雄安新区，需要对城市社会系统与区域自然环境的耦合联系进行分析研判，对自然灾害、安全生产、公共卫生、社会安全、社区安全、生态安全、水安全各领域进行专项设计与整合，形成具有中国特色的安全韧性城市构建方法与策略。为此，提出以下核心观点。

（1）坚持总体韧性观，走统筹协同、精细智能、共治共享的城市安全发展之路。

（2）坚持区域协同观，走顺应自然、适应灾害的区域协同发展之路。

（3）坚持安全发展观，走全覆盖、立体化的安全生产韧性综合监管之路。

（4）坚持联动应急观，走一体化公共卫生应急管理之路。

（5）坚持人本安全观，走人与社会和谐共融发展之路。

（6）坚持风险共治观，走社区基层精细化治理之路。

（7）坚持生态系统观，走流域生态风险适应性管理之路。

（8）坚持资源安全观，走具有雄安特色的水资源保障、水环境治理、水生态修复、水灾害防治、水智慧管理“五位一体”的水安全治理之路。

安全韧性雄安整体构建框架如图 1-7 所示。

雄安新区公共安全体系的顶层设计是安全韧性雄安构建的首要环节，必须基于雄安新区建设总体定位，落实“四个坚持”具体要求，贯穿新区“规划–建设–运行”全过程，科学合理地设置雄安新区安全发展目标，全面考虑影响雄安新区安全韧性的各类公共安全事件，从物理世界、人类社会、信息空间多维度理解城市系统运行机理，注重运用现代科技手段进行城市安全管理，加强应急管理全流程响应，从规划层面做好衔接与实施准备，保障“一张蓝图绘到底”。雄安新区公共安全体系如图 1-8 所示。

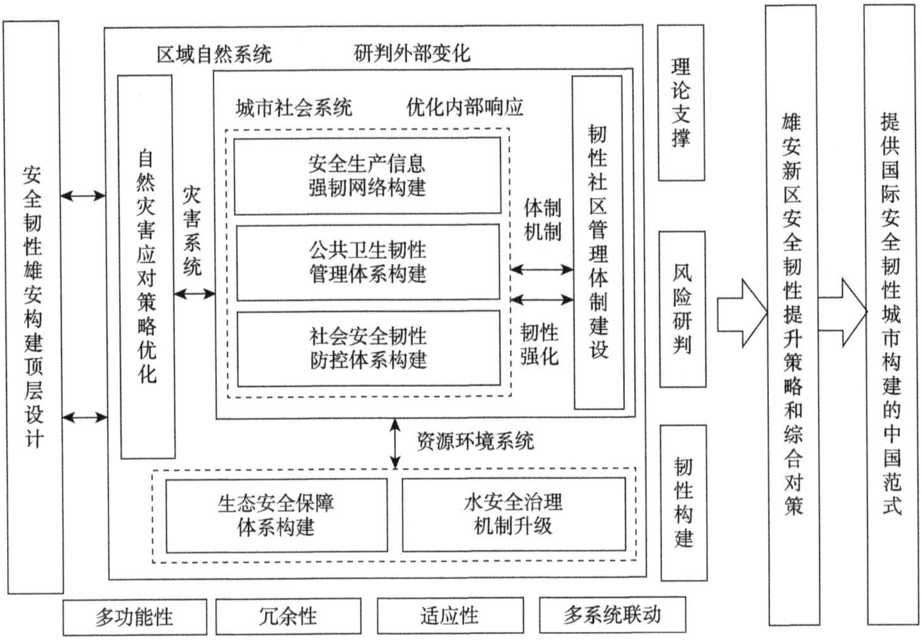

图 1-7 安全韧性雄安整体构建框架

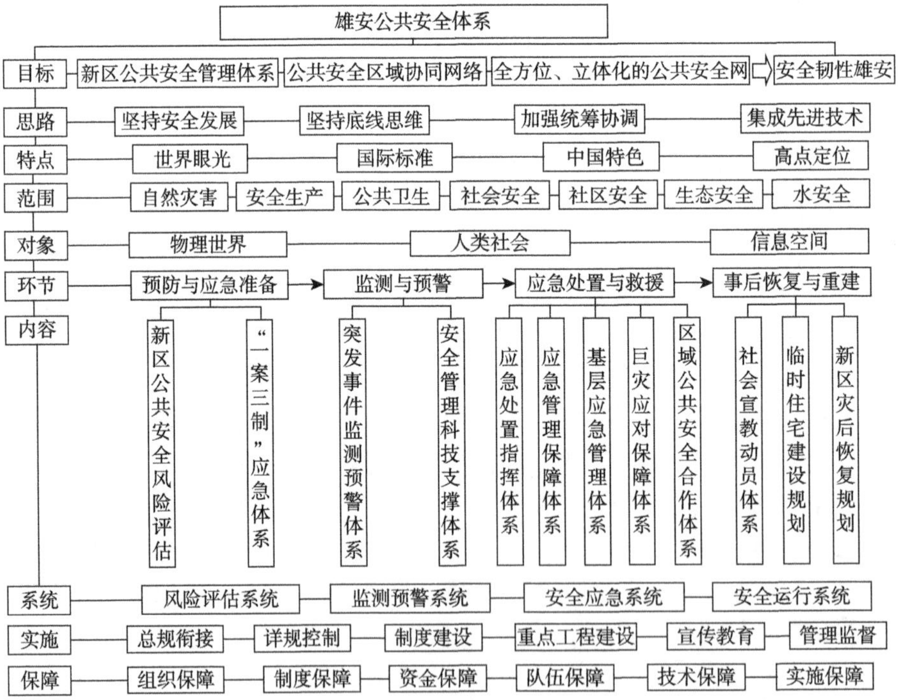

图 1-8 雄安新区公共安全体系

安全韧性雄安构建总体思路包括以下各方面。

（1）坚持安全发展，早规划、早实施、全过程。高度重视并落实“安全是现代化城市第一要素”的理念和定位，从规划阶段开始全面介入，坚持需求导向和问题导向，做好顶层设计，将“安全韧性雄安工程”纳入新区建设同步实施，并贯穿新区规划设计、建设实施和运营管理的全过程。

（2）坚持底线思维，编织强韧网络。千年大计力求万无一失，不留遗憾，必须基于最坏最难的情况进行顶层设计，增强风险意识，从雄安新区内生灾变和外部灾害等现实或潜在风险出发，系统考虑自然环境、社会状况、基础设施等方面，进行综合风险评估，编织全方位、立体化的公共安全网，构建安全韧性新区。

（3）加强统筹协调，有效形成城市治理合力。构建统一指挥、功能齐全、反应灵敏、运转高效的城市公共安全治理机制，建立源头治理、动态监管、应急处置相结合的长效模式，编制符合新区特点和定位的标准体系，形成部门配合、条块结合、军民融合、区域联合、资源整合的格局。

（4）集成先进技术，实现跨领域跨学科融合。通过科技和管理的有机结合，充分运用大数据、云计算、物联网、移动互联、决策科学、人工智能、安全平台和应急技术装备等先进理念和技术手段，实现智能化、精细化的城市安全管理，支撑公共安全网的构建和高效有序运行。

1.6.2　安全韧性雄安构建规划目标

1. 安全韧性雄安构建总体规划目标

以创新、协调、绿色、开放、共享的发展理念为指导，以保障人民生命财产安全为根本，以做好预防与应急准备为主线，到2020年，雄安新区公共安全管理制度框架和政策体系基本建成，重点工程按计划开展部署，起步区公共安全相关基础设施和网络规划基本形成，启动区公共安全管理水平走在全国前列；到 2022 年，雄安新区公共安全管理制度框架和政策体系进一步健全，启动区公共安全相关基础设施建设成型，基本形成雄安新区与京津冀主要城市的公共安全区域协同网络；到2035年，基本建成与有效应对公共安全风险相匹配，与绿色低碳、信息智能、宜居宜业具有较强竞争力和影响力，人与自然和谐共处的现代化城市相适应的全方位、立体化、主动智能的公共安全网，使雄安新区成为人民安居乐业、社会安定有序的安全韧性城市。

2. 安全韧性雄安构建主要规划目标

（1）新区公共安全管理体系建设。构建完善的新区公共安全管理体系需要建设“精简、高效、统一”的新区公共安全管理体制；形成突发事件预防与应急准备、监测与预警、应急处置与救援、事后恢复与重建等各环节公共安全管理机制；建立完善的公共安全管理法律法规和标准体系；完成新区各级各类应急预案编制，形成新区应急预案体系与管理规范；建设先进的新区智慧安全运行与应急平台体系；基本形成适应京津冀区域协同发展和公共安全形势需要的跨区域公共安全管理合作格局。

（2）新区公共安全管理基础能力建设。形成突发事件风险管控体系，持续开展新区公共安全风险评估并编制公共安全风险清单；进行基础设施抗灾能力建设，应急避难场所满足常住和流动人口紧急避难需求；街道应急管理能力标准化建设和社区应急服务站（点）建设基本实现全覆盖。

（3）新区核心应急救援能力建设。应急救援队伍的人员和装备配备与实际工作需要相适应，自我保障能力大于72小时；陆、水、空立体化救援网络基本形成；形成国内最高级别反恐处突能力。

（4）新区综合应急保障能力建设。形成陆水空一体、互通共享的立体化应急通信服务保障网络；应急物资综合保障能力快速提升，保障受灾群众 6 小时内得到基本救助。

（5）应急协同能力建设。推进京津冀应急协同机制的建立，编制重大突发事件及跨界突发事件区域应急联动预案，与京津冀形成小时级快速应急协同能力；专业性应急志愿者队伍快速发展；应急产业产值大幅增长，物联网、大数据、人工智能、北斗导航等新技术在公共安全领域广泛应用。

1.6.3 安全韧性雄安构建主要任务

围绕建设安全韧性雄安的核心目标，以公共安全三角形理论模型为科学依据，从“安全韧性管理-公共安全事件-城市承灾系统”三个维度规划部署新区公共安全体系建设的主要任务：安全韧性管理方面，以顶层设计为引领，开展新区风险监测预警、应急指挥、应急保障等全方位立体化的体制、机制、法制和预案体系建设，并着力强化与京津冀跨区域联动的合作机制。公共安全事件方面，通过持续全面开展风险评估，加强以风险为引导的突发事件防控与应对能力建设，高度重视巨灾风险及新区建设过渡阶段风险防控。城市承灾系统方面，按照“物理世界-人类社会-信息空间”三维空间，加强工程设施抗灾能力建设，降低物理世界的脆弱性；开展安全文化与素质建设，提高人类社会的安全意识和防护能力；加强对信息、网络等虚拟空间的非传统安全防护能力建设。结合基层公共安全体系建设和科技支撑能力建设，支撑雄安新区实现城市系统层面的强韧化建设。凝练主要任务 13 条，具体如下。

1. 构建新区全方位、立体化公共安全管理体系

做好新区公共安全管理体系的顶层设计，推进新区公共安全管理法治体系、标准体系、评估、绩效考核和督查体系建设，推进新区公共安全管理建设，强化新区公共安全系统自身建设，建设先进的新区公共安全综合管理与应急处置系统、新区城市运行共享基础数据库、新区公共安全综合预警系统。统筹规划新区的公共安全体系建设，加强顶层设计，完善空间布局和规划建设，着力提高新区综合应急能力。体制先行，设立新区公共安全管理统一协调机构，打破安全相关领域的部门分隔，实现平战结合、多口协同、跨部门信息共享、综合研判与协同会商；建立完善的新区应急救援队伍、应急救援物资和装备储备库，全面提升新区应急响应能力。

2. 构建与京津冀跨区域联动的公共安全管理协同机制

建立新区与京津冀突发事件协同应对和联合指挥机制、应急资源合作共享机制、应急平台的互联互通机制。与京津冀联合编制相关应急预案，明确任务分工和工作职责，建立协同应对和联合指挥机制，优化细化处置工作流程，共同做好突发事件预防和处置工作。原则上每年举办 1 次跨区域综合应急演练，以完善指挥机制和处置程序，提高快速反应能力。

3. 建设新区风险监测预警体系

持续推进新区风险管理体系、各类突发事件监测体系建设，加强新区预警能力建设，建立隐患排查整改工作机制，加强对各类风险的控制和隐患治理。深入开展新区城市安全风险区划研究。

4. 建设新区应急指挥体系

建立新区应急决策和集中指挥机制、信息报送工作机制、现场指挥协调机制、应急通行保障机制、应急通信保障机制、新闻发布与舆情响应机制、空中救援应急机制、紧急医学救援机制、军地协同应急机制。充分发挥专家顾问的辅助决策作用，积极利用前沿技术和理论加大决策支撑力度。明确新区专项指挥部组织机构和职能，建立定期会商和协调联动机制。强化各级应急管理机构的统筹调度职能，提升统一指挥和协调处置水平。

5. 建设新区应急保障体系

统筹新区应急预案体系建设、应急救援队伍建设、应急物资储备、应急避难场所建设、应急资金保障及应急补偿管理。编制完成完善的雄安新区总体应急预案和各专项预案，强化应急预案分级分类管理，优化应急预案的框架和要素组成，推进应急响应措施流程化。加强应急队伍标准化建设，制定综合应急队伍、新区专业应急队伍的建设标准，实现队伍驻地办公、装备配置、快速反应、内部管理、培训演练的定量考核。加强新区应急物资建设统筹和综合管理力度，优化结构布局，充分利用市场资源，建立多种储备方式。推动新区应急避难场所专项规划编制，将其纳入新区建设规划体系。坚持政府投入和市场机制相结合的方式，建立多元化应急资金筹集渠道。

6. 建立新区综合风险评估体系

认真分析新区及附近区域的规划、建设、运行各建设阶段可能发生的各种突发事件，全面梳理各种风险，掌握风险源、风险点、危险源、事故隐患的种类、数量和状况，建立排查、登记建档制度，系统开展专项风险评估和区域风险评估，明确风险控制责任，落实风险控制措施。统一规划、建设新区城市运行基础数据库，掌握城市运行状况和风险源动态，为公共安全风险态势研判提供数据支持。整合新区各部门风险评估资源，建立公共安全突发事件的综合风险评估系统，加强部门协作，实现风险信息的汇总、综合分析、态势研判。

7. 强化新区巨灾风险应对能力建设

建立热、电、气联合调度指挥机制，提升电力系统抗灾与恢复能力，规划应急备用热源建设方案。提高重要网络节点电力自保能力，建设自备应急电源，建设重要业务容灾备份系统，选取抗震级别高的建筑建设覆盖新区的超级基站。构建局部地区交通中断（瘫痪）下的社会交通保障机制，研究制定地面交通基础设施损毁后的地下和空中救援通道快速开通办法，制定轨道交通和高速公路滞留旅客安置疏散工作方案。落实国家有关巨灾保险制度的相关规定，将因发生地震、洪水等自然灾害可能造成的巨大财产损失和严重人员伤亡风险，通过保险方式进行风险分散和经济补偿。推进新建管网系统分区规划，确保震后分区阻隔和分区恢复；强化流域防洪安全规划落实，推进实施大清河等重点流域特大洪涝灾害防御工程。针对可能出现的巨灾，研究建立统一应急指挥和责任体系，形成分工明确、高效协同的巨灾应对工作体制机制。

8. 高度重视新区建设过渡阶段的风险防控

在新区管理委员会的集中领导和统一协调下，建立并落实建筑施工安全管理制度，强化建设、勘察、设计、施工和工程监理安全责任。推动流动人口管理体制转型，强化政府力量在流动人口管理中的作用，以居住“落脚地”为管理“抓手”，打造“市级综合协调、区级综合管理、社区具体实施”的流动人口管理模式，以出租屋为重点抓手对流动人口进行管理。着力完善流动人口管理覆盖面，强化基层性、社会性、服务性与参与性的人口管理，形成雄安新区流动人口管理新举措。

9. 加强工程防灾减灾能力建设

提高自然灾害工程防御能力，以及城市建筑和基础设施抗灾能力。以白洋淀为核心向新区内主要河道辐射，持续推进堤防加固、河道治理、控制性枢纽和蓄滞洪区建设。加强中小河流治理、病险水库水闸除险加固等工程建设，推进重点堤防达标建设。加强城市防洪防涝与调蓄设施建设，做好洪涝灾害防治和抗旱水源工程建设工作。实施公共基础设施安全加固工程，重点提升学校、医院等人员密集场所安全水平，幼儿园、中小学校舍达到重点设防类抗震设防标准，提高重大建设工程、生命线工程的抗灾能力和设防水平。实施交通设施灾害防治工程，提升重大交通基础设施抗灾能力。推动开展城市既有住房抗震加固，提升城市住房抗震设防水平和抗灾能力。

10. 全面开展安全文化与素质建设

提升新区公众风险防灾意识和应急技能水平，建立新区应急管理社会动员体系，建设新区应急志愿者队伍。建设新区应急管理科普宣教中心，开展突发事件资料采编、公共安全与应急知识科普宣教等工作。建立应急管理宣教工作机制。建设新区应急网，强化突发事件信息公开、公共安全知识科普宣教等功能，打造应急管理综合服务型网络平台。积极引导公众做好家庭应急物资储备和应急避险知识家庭教育。引导企事业单位强化履行应急知识教育培训等社会责任。依托红十字会应急救护培训体系，在新区范围内继续深入开展应急救护培训，全面提高重点行业、重点部门工作人员避险逃生与应急救护的技能。

11. 加强对虚拟空间的非传统安全防护能力建设

加强信息安全预警机制建设，提升网络安全监管与应急能力，构建网络空间安全保障体系。结合国际或地区组织机构、国家机构、各国的行业机构、学术研究机构和智库等信息安全管理经验，成立信息安全机构；形成包括信息安全产业基地或产业园、信息安全企业、信息安全产学研创新联盟、信息安全产品、信息安全服务等新区信息安全产业；形成包括信息安全素养教育、信息安全专业教育、信息安全职业认证、信息安全教育实践等信息安全教育机制；形成包括信息安全研究机构、信息安全著作和论文、信息安全会议与论坛、信息安全刊物和网站等信息安全研究体系。

12. 建设新区基层公共安全体系

建设新区基层公共安全管理组织体系，提高新区基层单位和重点区域的防灾应急能力，加强新区基层应急预案编制与演练，建立新区基层应急指挥技术体系。在街道办事处设立或确定公共安全管理机构，配备专职工作人员，负责辖区内应急管理各项工作。建立基于网格化社会服务管理的基层公共安全治理体系，建立以居民自治为基础的防灾减灾与应急组织，形成应急管理与综治维稳、安全管理、网格化管理等工作领域的一体化工作格局。分类强化社区等基层组织、居民小区物业公司及其他各类社会单位的应急管理责任，明确职责任务清单，切实落实各单位主要负责人对突发事件应对工作的法定责任。

13. 强化新技术应用与科技支撑能力建设

全面提升新区公共安全管理技术系统支撑水平，推动物联网等技术在新区城市安全运行和应急管理领域的广泛应用，强化新区应急信息资源整合和共享。依托智慧新区建设，以风险评估与预防技术、监测预测预警技术、应急处置与救援技术和综合保障技术等公共安全核心技术为核心，充分利用云计算、物联网、移动互联网、大数据等新技术，创新新区公共安全管理平台建设模式，提升监测预警与风险识别、信息收集与灾情统计、趋势分析与综合研判、指挥调度与辅助决策、情景模拟与总结评估等技术支撑能力。建设公共安全科技创新基地，建设应急移动政务系统，构建应急处置虚拟仿真培训演练系统，开展应急平台建设和运维标准规范建设。

1.6.4　安全韧性雄安构建重点工程

为支撑上述主要任务，具体部署了 9 项重点工程，包括以下各项。

1. 新区智慧安全运行与应急平台建设工程

通过跨系统、跨应用的数据资源共享，构建面向新区公共安全的监控、展示、指挥、服务和决策平台，包括一个公共安全管理中心、一网一图（安全运行监测物联网和公共安全综合监测一张图）、六大支撑系统（基础支撑系统、公共安全大数据系统、综合应用系统、数据交换与共享系统、安全支撑系统、标准规范系统），为促进公共安全管理部门协同、提升新区公共安全综合管理与服务能力及应急处置能力提供有力支撑。

2. 新区“互联网+”公共安全大数据信息平台建设工程

在新区规划与建设过程中，注重基础信息数据的收集，通过遥感技术、地理信息系统（geographic information system，GIS）、全球定位系统、建筑信息模型、视频监控、物联网等技术对数据进行采集，设计数据标准接口，整合数据形成新区“互联网+”公共安全大数据信息平台，对数据信息进行集成式、专业化的管理、分析、更新，为公共安全综合管理与服务提供智能化、数据化、信息化的保障与支撑。

3. 新区安全韧性评估工程

从自然环境、人员特征、基础设施、社会经济、组织结构、公共安全管理能力等角度出发，综合运用目标表、打分表、访谈、问卷调研、物理实验、模拟仿真、工程分析、统计推断等方法，对新区进行全方位的安全韧性评估，制定符合新区特点和定位的新区安全韧性评估指标体系、评估流程和方法，撰写新区安全韧性评估及年度报告，形成科学、有效、实用的新区安全韧性评价方法集。

4. 新区公共安全图像监控与移动指挥系统建设工程

对新区视频图像系统进行整合、完善、维护，对新区高清视频探头进行合理规划和布局，实现多部门视频图像监控资源共享，为公共安全突发事件应急管理提供必要的信息支撑。整合多部门移动指挥技术设备，统一规划和调用，适度建设移动指挥系统，充分发挥移动互联网、云计算、大数据技术的优势，提高新区应急指挥移动通信能力和技术水平。

5. 新区应急信息异地容灾备份中心建设工程

统一规划新区应急信息容灾备份系统，建设应急信息异地容灾备份中心，包括数据备份、应用备份、网络备份等功能，保证新区公共安全应急系统在意外干扰下依然能够正常运转，应急工作依然能够有序、高效开展，提升新区公共安全管理的巨灾应对能力，为安全韧性城市的建设目标提供应急保障。

6. 新区应急物资与资源储备配置管理平台建设工程

制定新区应急物资储备计划，完善应急物资配置储备体系，通过信息化手段对新区应急物资与资源的储备配置进行统一管理，实现各类应急物资与资源的动态管理、信息共享，保证应急物资种类完备、规格齐全、数量充足，实现应急物资动态储备，使应急物资储备效益达到最优，实现实时、灵活、高效、可靠的新区应急物资与资源储备配置模式。

7. 新区标准化应急避难场所建设工程

根据新区可能发生的公共安全突发事件种类、规模和危害程度，以及新区人员、空间分布规划情况，编制新区应急避难场所建设规划，结合现有技术标准和新区实际情况，进行多类型、多层次的新区避难场所标准化设计工作，对应急避难场所空间分布、容纳能力、疏散路线、疏散有效时间进行合理设置，制定新区避难场所管理规范，积极推进新区应急避难场所建设工作。

8. 新区公共安全教育培训演练基地建设工程

提高政府或机构管理人员公共安全突发事件决策能力和处置水平，注重开展公共安全知识普及、传播、教育活动，建设覆盖各类培训对象、应对各类情景的综合性公共安全培训教育演练基地（具备管理人员研修、志愿者培训、安全知识科普、突发事件情景体验、逃生疏散模拟演练等多种功能），提高社会公众的安全防范意识和应对技能。

9. 新区安全韧性社区建设样板工程

广泛借鉴国内外韧性社区的建设经验，设计新区安全韧性社区建设标准，制定安全韧性社区评价方法，建立社区安全韧性水平动态评价机制，采用先进理念和技术，建设安全韧性样板社区，在此基础上进行进一步的推广工作，实现人民安居乐业、社会安定有序，为安全韧性雄安的建设从社区层面提供建设经验和保障。

1.7　本章小结

安全韧性雄安新区的构建是具有历史意义的重大战略任务，必须坚持和秉承总体安全韧性观，依据雄安新区的定位与特点，加强安全韧性雄安构建顶层设计，以系统学的视角科学看待城市发展过程，时间线上覆盖新区规划、建设、运行、持续发展的全过程，空间线上统筹雄安内部及雄安与京津冀区域、国内其他地区、世界的联系，概念线上包含公共安全事件、城市承灾系统、安全韧性管理全要素，逻辑线上涵盖传统风险与新型风险，工作线上兼顾事前、事中、事后全过程管理，观念线上考虑科技、管理、文化三足鼎立支撑，编织全方位、立体化、主动智能的公共安全网，走统筹协同、精细智能、共治共享的城市安全发展之路。

参 考 文 献

范维澄，刘奕，翁文国. 2009. 公共安全科技的“三角形”框架与“4+1”方法学. 科技导报，27（6）：3.

邵亦文，徐江. 2015. 城市韧性：基于国际文献综述的概念解析. 国际城市规划，30（2）：48-54.

東京都. 2016. 東京都国土強靱化地域計画. リフォーム，33（2）：70-88.

Ahern J. 2011. From fail-safe to safe-to-fail：sustainability and resilience in the new urban world. Landscape and Urban Planning，100（4）：341-343.

Bloomberg M. 2013. A stronger，more resilient New York. New York：PlaNYC Report.

Bruneau M，Chang S E，Eguchi R T，et al. 2003. A framework to quantitatively assess and enhance the seismic resilience of communities. Earthquake Spectra，19（4）：733-752.

Campanella T J. 2006. Urban resilience and the recovery of New Orleans. Journal of the American Planning Association，72（2）：141-146.

Cutter S L，Barnes L，Berry M，et al. 2008. A place-based model for understanding community resilience to natural disasters. Global Environmental Change，18（4）：598-606.

Dale S K，Cohen M H，Kelso G A，et al. 2014. Resilience among women with HIV：impact of silencing the self and socioeconomic factors. Sex Roles，70（5/6）：221-231.

Desouza K C，Flanery T H. 2013. Designing，planning，and managing resilient cities：a conceptual framework. Cities，35：89-99.

Henry D，Ramirez-Marquez J E. 2012. Generic metrics and quantitative approaches for system resilience as a function of time. Reliability Engineering & System Safety，99：114-122.

Holling C S. 1973. Resilience and stability of ecological systems. Annual Review of Ecology and Systematics，4（1）：1-23.

Holling C S. 1996. Engineering resilience versus ecological resilience//Schulze P C. Engineering Within Ecological Constraints. Washington：National Academy Press：31-44.

McManus S，Seville E，Brunsdon D，et al. 2007. Resilience management：a framework for assessing and improving the resilience of organisations. Resilient Organisations Research Report.

Meerow S，Newell J P，Stults M. 2016. Defining urban resilience：a review. Landscape & Urban Planning，147：38-49.

Mileti D. 1999. Disasters by Design：A Reassessment of Natural Hazards in the United States. Washington：Joseph Henry Press.

Pelling M. 2003. The Vulnerability of Cities：Natural Disasters and Social Resilience. London：Earthscan.

UNISDR. 2005. Hyogo framework for action 2005-2015：building the resilience of nations and communities to disasters. World Conference on Disaster Reduction. Kobe，Hyogo，Japan.

Walker B，Holling C S，Carpenter S R，et al. 2004. Resilience，adaptability and transformability in social-ecological systems. Ecology and Society，9（2）：5.

Wildavsky A. 1991. Searching for Safety. New Brunswick：Transaction Books.

第2章　面向自然灾害应对的雄安防灾能力提升策略研究

2.1　雄安新区自然灾害风险识别与评估

2.1.1　地震

1. 现状抗震设防标准

依据《中国地震动参数区划图》（GB18306-2015），雄安新区所处区域地震动峰值加速度为0.1g，对应设防烈度为Ⅶ度。

2. 主要断裂带

河北平原地区有三条主断裂，分别是太行山山前断裂带、邢台唐山深断裂、沧东断裂。雄安新区所处区域的断裂主要是太行山山前断裂带、徐水南断裂、牛东断裂和高阳断裂。雄安新区所处区域地震断裂带均非全新世活动性断裂带。

3. 历史地震影响

雄安新区所在华北平原地区地震活动性较强，历史上曾发生1679年三河—平谷8.0级地震和1966年邢台7.2级地震。但雄安新区位于华北平原北部地震活动相对较弱地区，周边50千米区域内历史有记录的破坏性地震（4.7级以上）共有9次，最大地震影响烈度为Ⅶ度，由1679年三河—平谷8.0级地震和同年的雄县5.8级地震造成，其中5.5级以上的地震有4次。

4. 地震危险性

新区地理位置相对于周边地区地震活动性相对较弱，适于城市建设。但同时应考虑牛东断裂的影响，以及当地土质较软对地震波的放大作用。研究结果认为，雄安新区位于华北平原北部地震活动相对较弱地区，历史记载到的最大地震影响烈度为Ⅶ度，由1679年三河—平谷8.0级地震和同年的雄县5.8级地震造成。新区所在地区构造活动强度一般，三县辖区内东西向的徐水南断裂和北东向的牛东断裂存在晚更新世早中期活动的迹象。

5. 地震地质灾害影响

雄安新区地势平坦，总体上地震地质灾害不发育，适宜城市建设。但新区距离水体较近，对于沙土液化问题应加强进一步详细勘察研究。雄安新区的起步区地处冀中平原内部，地势平坦，区域范围内不存在山体崩塌、滑坡、泥石流这三种地震地质灾害发育的地质条件。

2.1.2 洪水

1. 流域概况

雄安新区属大清河流域。大清河流域面积约为 4.31 万平方千米，其中山区面积约 1.87 万平方千米，丘陵平原面积约为 2.44 万平方千米，分别占流域总面积的 43.4%和 56.6%。

大清河流域西高东低，西部山区海拔高程为 500~2 200 米，最高的五台山东台，高达2 795 米。丘陵地区高程为100~500 米。平原高程一般在100 米以下。大清河下游滨海地区高程约 1 米，主要由海河及其支流永定河、滹沱河冲击而成。受永定河等域内水系河道变迁与洪水泛滥影响，大清河中下游形成了多片洼地，用于调蓄流域洪水。

大清河水系可分为南北两支。北支为白沟河水系，主要支流有小清河、琉璃河、南拒马河、北拒马河、中易水、北易水等。拒马河在张坊以下分流成为南、北拒马河。北易水和中易水在北河店汇入南拒马河。琉璃河、小清河在东茨村以上汇入北拒马河后称白沟河。南拒马河和白沟河在高碑店白沟镇汇合后，由新盖房枢纽经白沟引河进入白洋淀。大清河南支为赵王河水系，主要支流为潴龙河、唐河、清水河、府河、瀑河、萍河，各支流均流入白洋淀。白洋淀为连接大清河山区与平原的缓洪滞洪、综合利用的湿地洼淀，面积约为 366 平方千米。白洋淀往下经赵王新河、赵王新渠入东淀。

2. 历史洪涝灾害与洪水特征

雄安新区所在的大清河流域属温带半湿润半干旱大陆性季风气候区，年平均气温 7.6~13.1℃，流域多年平均降水量为 500~600 毫米，年内降水极不均匀，80%以上集中在汛期，年际变化大，常造成水旱灾害。根据记载，近三百年来，大清河流域洪水有 11 年（1653 年、1654 年、1668 年、1801 年、1871 年、1890 年、1917 年、1939 年、1956 年、1963 年、1996 年）造成极大损失。1963 年洪水是 1949 年以来的流域最大洪水，司仓最大三天降水量 1 130 毫米，七天降水量为 1 308 毫米，南支洪水 57.0 亿立方米，北支洪水 18.9 亿立方米。大清河流域多有暴雨形成，洪水发生季节以七八月最多，7 月下旬到 8 月上旬更为集中，量级最大。大清河流域由十几条呈扇形东西向中小河流组成，由于各支流的面积、河长、坡度、流域形状等条件的差异，各河流洪峰出现时间不一，各支流洪峰汇至白洋淀时，洪水过程相对平缓，一次洪水历时往往达一个月左右。

2.1.3　其他自然灾害

雄安新区也面临大风、冰雹、雷暴等自然灾害的影响，前文已有描述，不再赘述。

2.1.4　综合风险评估

1. 评估方法

通过专家打分，借鉴美国联邦应急管理署（Federal Emergency Management Agency，FEMA）在 2008 年发布的《地方综合减灾规划指南》（*Local Multi-hazard Mitigation Planning Guidance*），对影响城镇群的地震、洪水、火灾等灾害类型的重大性、延迟性、破坏性、影响区域、频率、可能性、易损性 7 个因子按风险等级进行逐项打分（q）（表 2-1），汇总累加 7 个因子得分（Q），计算公式如下：

$$Q = \sum_{i=1}^{7} q_i \tag{2-1}$$

表 2-1　评价因子风险等级得分表（q）

评价因子风险等级	得分（q）
高风险	3
中风险	2
低风险	1

计算出 Q 值后，将 Q 值划分为 3 级：① $Q < 10$，② $10 \leqslant Q < 15$，③ $Q \geqslant 15$，分别表示低风险、中风险、高风险三个等级（表 2-2）。通过综合分析各灾害类型风险等级，识别出影响城镇群的高风险灾害类型。

表 2-2　评价灾害类型风险等级得分表（Q）

评价灾害类型等级	得分（Q）
高风险	≥15
中风险	[10，15）
低风险	<10

2. 评估结果

从重大性、延迟性、破坏性、影响区域、频率、可能性、易损性 7 个指标对雄安新区自然灾害进行综合风险评估，结果显示，雄安新区水安全、地震灾害风险高。同时，随着新区大规模生态空间建设，芦苇火灾、森林火灾等野火风险不容忽视（表 2-3）。

表 2-3　雄安新区自然灾害综合风险评估

类型	重大性	延迟性	破坏性	影响区域	频率	可能性	易损性	综合评判
水安全	3	3	3	3	2	3	3	20
地震	3	3	3	3	1	1	2	16
野火	2	2	3	2	1	1	2	13
风灾	2	2	2	2	1	1	1	11
冰雹	2	2	1	1	1	2	1	10
雷暴	1	1	1	1	1	2	1	8

2.2　洪涝防治策略

2.2.1　设防标准确定

雄安新区按照分区设防、重点保障原则，结合新区城镇规模及规划布局，确定起步区防洪标准为 200 年一遇，五个外围组团防洪标准为 100 年一遇，其他特色小城镇防洪标准原则上为 50 年一遇。起步区内涝防治标准整体为 50 年一遇，五个外围组团内涝防治标准为 30 年一遇，其他特色小城镇为 20 年一遇。

2.2.2　区域防洪体系构建

1. 构建流域-新区-建设区三级洪涝滞蓄空间体系

从本质上看，城市洪涝问题解决的根本是“人水争地”问题，也就是如何实现“人水和谐”的问题。从城市洪涝发生的机制看，为洪水预留充足的蓄滞空间和排泄通道是解决新区面临的洪涝风险的根本之策。基于上述认识，本书提出了构建流域-新区-建设区三级空间海绵体系。

在流域尺度，重点研究水系统在国土尺度和流域中的空间格局，即进行水生态安全格局分析，并将水生态安全格局落实在国土空间规划和土地利用总体规划、城市及区域的总体规划中，通过生态红线的划定，流域水系统成为国土和区域的水生态基础设施。流域宏观尺度上的水生态基础设施是保障流域洪水滞蓄的骨干空间，也是实现流域洪涝防治安全的基石。

在新区尺度，主要构建雨洪调节系统和水生态净化系统。重点是有效利用规划区域内的河道、坑塘和湿地，结合集水区、汇水节点分布，合理规划并形成实体的洪涝滞蓄和排泄设施，最终落实到城市相关规划中。

在集中建设区尺度，主要是通过海绵城市建设，最大限度地保留原有的自然水渠、坑塘，并通过雨水花园、滞留塘等一系列的海绵技术措施的集成应用，达到减缓城市洪涝的目的。

2. 建设生态化、智能化、社会化的综合防洪排涝体系

欧美等发达国家的防洪排涝策略基本上包括三个方面的内容，即防洪排涝的调控策略、适应策略和应急策略（于洪蕾和曾坚，2015）。防洪排涝调控策略主要指防洪排涝工程体系的规划、建设、维护、管理与调度运用等方面的策略。防洪排涝适应策略是指以承灾体为管理对象，对人类在洪泛区的建设活动进行约束的管理策略，欧美的防洪排涝适应策略具有两方面特征：一方面重视对自然生态的保护与恢复，使城市建设与自然环境和谐共存，恢复自然环境的自我调节能力；另一方面重视提升社区与民众参与防洪事务的积极性。防洪排涝应急策略是针对承灾体的脆弱性和洪水风险特征而制定的灾前应急准备、洪水监测预警、灾中应急处置与救援、灾后快速恢复重建等一系列应对策略。欧美的防洪排涝应急策略主要体现在完善的洪水保险体系、先进的洪水监测预警系统和有效的灾害救援体系等方面。

以上对欧美等国家的防洪排涝策略的分析可以得出，其防洪排涝策略正往

“生态化、智能化、社会化”的综合化体系发展。通过对当前中国城市防洪策略与欧美等发达国家的防洪经验对比研究可以发现，中美两国城市防洪策略的差距主要体现在生态理念、智能技术和社会公共参与 3 个方面。因此，本书提出了新区应建设生态化、智能化、社会化的综合防洪排涝体系的建议。

在生态化方面，一是坚持贯彻人与“山水林田湖草”是生命共同体的根本理念，新区制定防洪排涝策略与设置相应设施时，应将生态保护和人与洪水和谐并存作为前提，减少“河流渠道化”，设置生物廊道、水岸过滤带和栖息地等生态区，恢复植被的自然状态。二是注重防洪排涝工程设计的生态化，即在新区防洪堤的建设应与新区生态安全格局建设和新区生态修复相结合，在设计边坡护岸时引入抛锚固定、土壤生物工程技术、“仿生”结构和生物堤等生态性技术措施与工程结构，达到融入自然、恢复自然的目的。三是注重防洪工程材料的生态化，即贯彻海绵城市建设理念，在城市建设与防洪设施建设时采用透水材料、生态混凝土等生态材料，打造透水路面、生态护坡，增加城市的蓄水滞水能力。

在智能化方面，一是建立城市排水防涝数字信息化管控平台，加快城市防汛视频监控、雨情水情遥测和指挥调度信息系统建设，整合数字城管、数字市政、交警路况监控等资源，全面提升城市防汛指挥调度、应急管理的信息化和自动化水平，提高防汛应急工作效率。二是建立各部门之间的信息数据共享和协调联动机制。防洪防涝和气象等部门要加强沟通协商，建立信息数据共享机制和联合会商机制，明确各部门职责，尽快完善城市暴雨预警及防涝协调联动机制。三是制定城市防洪排涝风险图，推进洪水风险图的数字化建设工作，有计划地将纸质地图更新为数字化地图，并通过计算机网络和地理信息系统等技术的应用，有效地实现洪水风险图数据的共享，普通民众能够及时获得洪水风险图的信息。同时为城市洪涝管理和城市规划调整与实施提供支撑。

在社会化方面，主要的工作是以社区、各类园区等为单位，建设具有较强应对城市洪涝能力的韧性社区。韧性社区的建设将政府、社区工作人员和社区居民联合起来，组成强大的防灾公众力量，不仅在受灾时能够迅速有效地进行救灾应变管理，展开救援，而且在完善灾前防备及灾前准备工作、提升民众防灾避灾意识方面有其优势，对于实施防灾计划、促使民众参与防灾救灾工作具有积极意义。此外，应重视防灾知识的教育与普及，充分利用广播、电视及网络等媒介向公众播放、宣传防灾减灾知识，增强社会公众的防灾参与意识和紧急事务应变能力，使防洪救灾工作有序进行，避免防洪救灾工作的盲目性和不确定性。

3. 建设海绵城市，构建城市洪涝防治与面源污染控制、雨水资源利用相耦合的雨洪综合管理体系

从城市暴雨引发的水文效应看，其一般会导致城市径流总量和城市面源污染的同时增加（张建云等，2014）。海绵城市建设遵循生态优先等原则，将自然途径与人工措施相结合，在确保城市排水防涝安全的前提下，最大限度地实现雨水在城市区域的积存、渗透和净化，促进雨水资源的利用和生态环境保护。海绵城市建设的实质是实现对城市雨水径流的有效管理，而径流控制的内容包括径流总量控制、径流峰值控制、径流污染控制、雨水资源化利用等。径流峰值的控制可理解为城市排水防涝安全问题，其主要通过城市排水防涝相应设施的建设得以实现。从国内外的研究与实践看，径流污染控制目标、雨水资源化利用目标在很大程度上可通过径流总量控制得以实现，因此，径流总量控制实质上成为除径流峰值控制外的雨水径流控制最为核心的目标。基于上述认识，本书提出新区应建设海绵城市，构建城市洪涝防治与面源污染控制、雨水资源利用相耦合的雨洪综合管理体系。

2.3　抗震防灾标准研究

2.3.1　中国现行抗震防灾标准的国际比较

我国现行《建筑抗震设计规范》（GB 50011-2010）采用三个水准抗震设防思想，对应结构 50 年设计基准期内超越概率分别为 63%、10%、2%，对应的重现期相当于 50 年、475 年、2 500 年定义的多遇地震、基本烈度地震、罕遇地震，即小震、中震、大震，并以上述三个水准分别确定设防目标和设计地震动参数。

根据抗震防灾标准所确定的小震、中震、大震，确定了小震不坏、中震可修、大震不倒的抗震设防目标，具体如下。

小震不坏：当遭受 50 年内超越概率 63%（重现期 50 年）的多遇地震时，结构一般不受损坏或不需要修理可继续使用。

中震可修：当遭受 50 年内超越概率 10%（重现期 475 年）相当于本地区抗震设防烈度的地震时，结构可能损坏，经一般修理或不需要修理仍可继续使用。

大震不倒：当遭受 50 年内超越概率 2%（重现期 2 500 年）的高于本地区抗震

设防烈度的罕遇地震时，结构不致倒塌或发生危及生命的严重破坏。

美国 2000 年以后，由建筑官员理事会（Council of American Building Officials，CABO）的住宅规范、建筑官员与规范管理者联合会（Building Officials and Code Administrators，BOCA）的国家建筑规范（National Building Code，NBC）和南方建筑规范国际委员会（Southern Building Code Congress International，SBCCI）的标准建筑规范（Standard Building Code，SBC）向联合的方向发展，形成了一套国际建筑规范（International Building Code，IBC），其采用以 50 年超越概率 2%来定义最大考虑地震作为极限地震，并以最大考虑地震的 2/3 作为设计地震，使全国的防倒塌水平达到统一。抗震设防等级明显高于我国。日本全国各地采用的抗震设防标准基本相同，仅以地震区域系数 Z 反映各地设防高标准的差异，Z 取值范围在 0.7~1.0，且绝大多数地区 Z 取值为 0.9~1.0，仅冲绳取值 0.7。日本在设计规范中考虑的地震地面速度值，经换算后对应我国的地面加速度值，全日本绝大多数地区为 0.3~0.4g，相当于北京的大震。同时，日本考虑的基本地震设防水准为 30 年内超越概率 50%（重现期 43 年）的地震影响，从抗震设防对应的地震作用的大小上看，日本抗震设防要求显著高于我国的绝大多数地区（陈肇元和钱稼茹，2008）。

2.3.2　典型结构投资分析

由于框架结构空间布置灵活，所以多层办公楼一般为框架结构。剪力墙结构刚度大、抗震性能好，因此高层住宅一般为剪力墙结构。本节选取两栋典型建筑模型用于分析，包括一栋钢筋混凝土框架结构和一栋钢筋混凝土剪力墙结构。首先在不同设防水准［7 度（0.10g）、8 度（0.20g）和 8 度（0.30g），后文中 7 度（0.10g）简写为 7 度，8 度（0.20g）简写为 8 度，8 度（0.30g）简写为 8.5 度］下进行两栋建筑的抗震设计，其次统计并分析不同设防水准下的结构工程量。

该框架结构共 6 层，结构平面和立面布置如图 2-1 所示。结构底层层高 4.1 米，其他层高 3.7 米，总高 22.6 米，场地类别为Ⅱ类，设计地震分组为第二组，框架结构设防类别为丙类。根据《建筑结构荷载规范》（GB 50009-2012）要求，楼面恒荷载标准值取 6 千牛/米^2，房间活荷载标准值取 2 千牛/米^2，走廊活荷载标准值取 3.5 千牛/米^2，屋面恒荷载标准值取 7 千牛/米^2，屋面活荷载设为雪荷载，取值为 0.4 千牛/米^2，隔断墙与维护墙荷载标准值取 8 千牛/米^2。

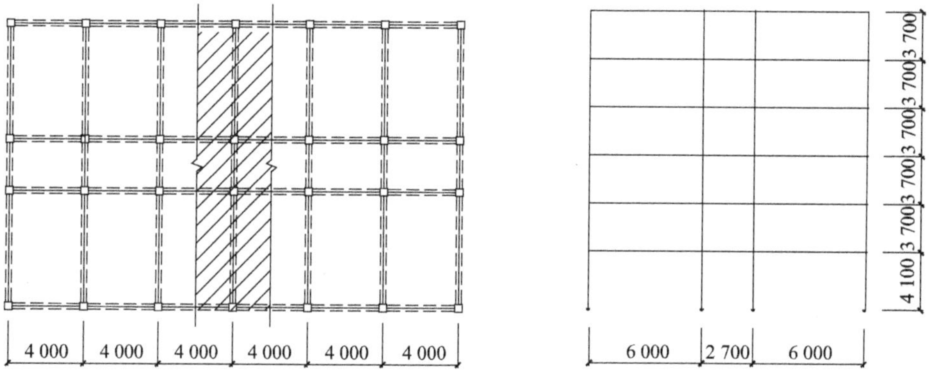

（a）平面布置　　（b）立面布置

图 2-1 框架结构布置图（单位：毫米）

1. 抗震设计

在 PKPM 软件中，分别按照 7 度、8 度和 8.5 度的抗震设防烈度，取一榀框架［图 2-1（b）］进行设计。根据 PKPM 的计算结果分析，随着抗震设防烈度的提高，地震力加大。为满足侧向变形限值和轴压比限值，梁柱截面尺寸也随之增大，柱的最大轴压比逐渐减小，同时结构一阶自振周期逐渐减小，基底剪力逐渐增大。各模型框架的梁柱截面尺寸及材料强度见表 2-4，各模型框架的抗震计算结果见表 2-5。

表 2-4 模型的截面尺寸和材料强度

设防烈度	1~3 层柱/毫米	2~6 层柱/毫米	6 米跨梁/毫米	2.7 米跨梁/毫米	混凝土等级	钢筋种类
7 度	400×400	400×400	200×400	200×300	C30	纵筋 HRB400、箍筋 HRB335
8 度	650×650	600×600	300×500	300×350	C30	
8.5 度	800×800	800×800	350×600	350×400	C40	

表 2-5 模型的抗震计算结果

设防烈度	框架总质量/吨	一阶周期/秒	基底剪力/千牛	柱最大实际轴压比	柱截面控制指标
7 度	441	1.36	106	0.645	轴压比、弹性层间位移
8 度	509	0.76	377	0.311	弹性层间位移、节点抗剪承载力
8.5 度	578	0.54	852	0.188	节点抗剪承载力

2. 工程量分析

在 PKPM 中统计了 3 个模型的混凝土与钢筋的用量，结果如表 2-6 所示。造价中考虑人工等综合成本，混凝土取 400 元/米 ^{3}，钢筋取 6 000 元/吨。从表 2-6 中可以发现，对于该框架结构，设防烈度从 7 度提高到 8 度时，结构造价增加了

105%左右；设防烈度从 8 度提高到 8.5 度时，结构造价增加 71%左右。

表 2-6　模型的工程用量（框架结构）

设防烈度	混凝土用量/吨	钢筋用量/吨	混凝土用量/（吨/米 ^{2}）	钢筋用量/（吨/米 ^{2}）	结构造价变化*	造价变化/（元/米 ^{2}）
7 度	259.40	7.93	0.74	0.022	100%	0
8 度	467.85	14.30	1.33	0.041	205%	203
8.5 度	680.98	33.76	1.93	0.096	350%	630

*结构造价变化仅统计承力构件造价

2.3.3　剪力墙结构

该剪力墙结构为住宅，共 18 层，总高度为 54 米。建筑沿纵向长度为 57.6 米，沿横向长度为 19.2 米，建筑总面积为 13 672.8 平方米，模型如图 2-2 所示。场地类别为Ⅱ类，地震分组为第三组，特征周期为 0.45 秒，设防类别为丙类。根据《建筑结构荷载规范》（GB 50009-2012）要求，楼面恒荷载标准值取 6 千牛/米 ^{2}，卧室、客厅活荷载标准值取 2 千牛/米 ^{2}，门厅、走廊活荷载标准值取 3.5 千牛/米 ^{2}，电梯机房活荷载标准值取 7 千牛/米 ^{2}，屋面恒荷载标准值取 7 千牛/米 ^{2}，屋面活荷载标准值取 2 千牛/米 ^{2}。

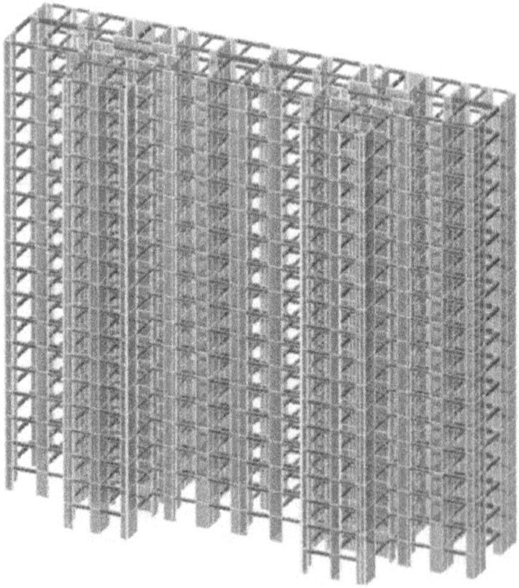

图 2-2　剪力墙结构

1. 抗震设计

在 PKPM 软件中，分别按照 7 度、8 度和 8.5 度三种抗震设防烈度进行了该剪力墙结构的设计。其中，7 度剪力墙模型的墙厚为 200 毫米；8 度剪力墙模型的墙厚为 250 毫米；8.5 度剪力墙模型的墙厚为 370 毫米，增加幅度较大。结构的一阶自振周期如表 2-7 所示，分别为 1.284 秒、1.170 秒和 0.931 秒，一阶自振周期则随设防烈度提高而减小。

表 2-7　剪力墙模型周期

设防烈度	T_1 /秒
7 度	1.284
8 度	1.170
8.5 度	0.931

注：T_1 为建筑一阶周期

2. 工程量分析

在 PKPM 中统计了 3 个模型混凝土和钢筋的用量，结果如表 2-8 所示。考虑人工等综合成本，混凝土价格取 400 元/米^3，钢筋价格取 6 000 元/吨。由表 2-8 可见，对于该剪力墙结构，设防烈度从 7 度提高到 8 度时，结构造价增加 66%左右；设防烈度从 8 度提高到 8.5 度时，结构造价增加 44%左右。

表 2-8　模型的工程用量（剪力墙结构）

设防烈度	混凝土用量/吨	钢筋用量/吨	混凝土用量/（吨/米^2）	钢筋用量/（吨/米^2）	结构造价变化*	造价变化/（元/米^2）
7 度	6 849.4	318.3	0.489	0.023	100%	0
8 度	11 594.8	524.2	0.848	0.038	166%	142
8.5 度	15 838.8	777.1	1.158	0.057	239%	299

*结构造价变化仅统计承力构件造价

2.3.4　抗倒塌分析

本节依据前文所述框架典型建筑及其有限元模型，并应用清华大学基于 MSC.MARC 开发的钢筋混凝土杆系结构纤维模型 THUFIBER 程序进行框架结构的倒塌模拟（汪训流等，2007）。需要说明的是，由于剪力墙结构抗倒塌能力较强，在实际地震中倒塌的案例极少，因此本书不进行剪力墙结构的抗倒塌分析。

1. 分析方法

采用 FEMA-P695 报告（FEMA，2009）和我国《建筑结构抗倒塌设计规范》（CECS 392-2014）推荐的增量动力分析（incremental dynamic analysis，IDA）法分析结构的地震倒塌易损性（陆新征等，2015）。IDA 法的流程图如图 2-3 所示，其基本流程如下。

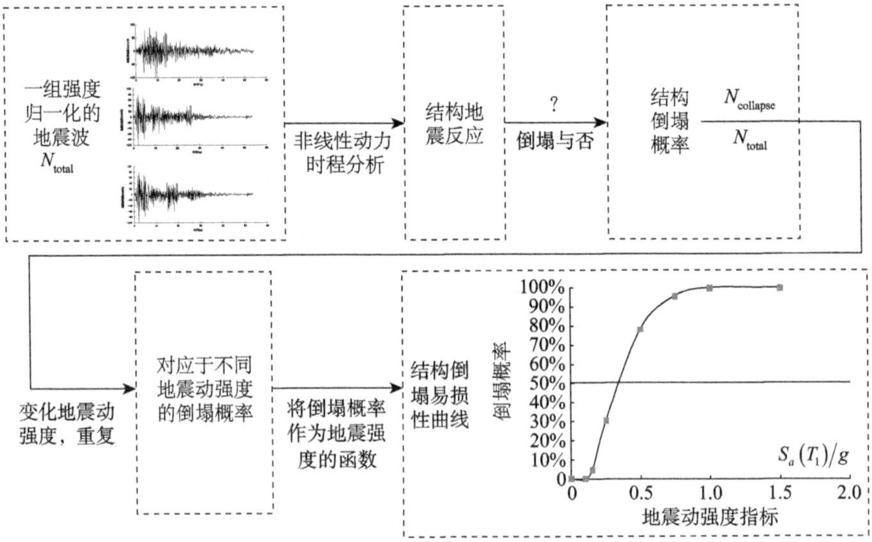

图 2-3　IDA 法分析流程图

（1）对建筑结构建立能够模拟结构地震响应特性的数值模型。

（2）选择一组地震动记录（记为 N_{total}），这些记录能够反映结构所在场地的地震动特性，且地震动记录数量足够多以反映地震动随机性，并选择合适的地震动强度指标（intensity measure，IM）对该组地震动记录进行归一化处理。

（3）在某一地震动强度下，对结构输入上述地震动记录进行弹塑性动力时程分析，得到该地震动强度下结构发生倒塌的地震动数（记为 $N_{collapse}$），由此得到该地震动强度下的倒塌概率（$N_{collapse}/N_{total}$）。

（4）单调增加地震动强度水平，重复步骤（3），得到结构在不同地震动强度输入下的倒塌概率。

（5）以地震动强度为随机变量，按照一定的概率模型（如对数正态分布模型等）进行参数估计，获得结构在地震动强度连续变化下的倒塌概率曲线，即结构倒塌易损性曲线。

1）地震动选取

地震动的选取是 IDA 法分析中非常重要的部分。考虑到地震动之间的差异性，结构的 IDA 法分析需要建立在大量地震动输入的基础上，美国 FEMA-P695 报告建议采用不少于 20 条地震记录进行分析（FEMA，2009）。本书选取由 FEMA-P695 报告中推荐的 22 条具有代表性的远场地震动与两条常用的地震动 El-Centro 地震动和 Taft 地震动，共计 24 条地震动进行 IDA。

2）地震动强度指标

选用合理的地震动强度指标对多个地震动记录进行调幅，来反映不同程度的地面运动强度，可以大大降低结构地震响应分析的离散性。目前在结构抗震分析中有多种地震动强度指标，如我国规范采用地面峰值加速度（peak ground acceleration，PGA）作为强度指标，日本采用地面峰值速度（peak ground velocity，PGV）作为强度指标，美国 FEMA-P695 报告采用结构基本周期对应的第一周期谱加速度 $S_a(T_1)$ 作为强度指标等（曲哲等，2011）。由于本书所涉及的框架结构都属于中短周期，因此选取比较适合于中短周期结构的第一周期谱加速度 $S_a(T_1)$ 作为地震动强度指标（Bazzurro et al.，1998）。

3）结构倒塌判断准则

本书以结构丧失竖向承载能力，不能继续维持保障人员安全的生存空间作为倒塌准则。基于广泛使用的有限元软件 MSC.MARC，应用单元生死技术模拟结构的倒塌过程，逐步增加地震动强度，当结构无法维持必要安全空间时即视为结构倒塌破坏，计算终止。

2. 分析结果

1）结构的倒塌模式

通过对两个框架结构的倒塌分析可知，随着抗震设防烈度的提高，结构的倒塌模式基本一致，结构进入倒塌时的典型模式如图 2-4 所示。由图 2-4 可知，结构在进入倒塌时框架梁均已出现塑性铰，结构的倒塌均由底层中柱的破坏而引起，这与历次大地震中框架结构的震害比较相似（王亚勇和白雪霜，2001）。

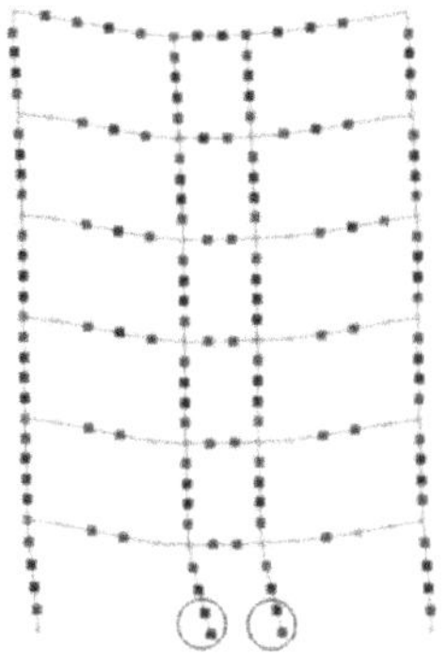

图 2-4　结构的倒塌模式与塑性铰分布

2）结构的抗倒塌储备系数对比

FEMA-P695 报告（FEMA，2009）建议采用抗倒塌安全储备系数（collapse

margin ratio，CMR）作为抗倒塌安全性能评价的定量指标。当选择 $S_a(T_1)$ 作为地震动强度指标时，罕遇地震下相应的 CMR 计算公式如下：

$$\mathrm{CMR}_{\text{罕遇}}=S_a(T_1)_{50\%\mathrm{collapse}} / S_a(T_1)_{\text{罕遇}} \tag{2-2}$$

其中，$S_a(T_1)_{50\%\mathrm{collapse}}$ 表示模型的倒塌概率为 50%时对应的 $S_a(T_1)$ 值；$S_a(T_1)_{\text{罕遇}}$ 表示规范罕遇地震作用下结构的 $S_a(T_1)$ 值。抗倒塌安全储备系数为评价不同结构的抗倒塌能力提供了比较科学的标准。

表 2-9 给出了罕遇地震作用下标准设防类（丙类）框架 CMR。从表 2-9 中可以看出，对于 7 度设防框架在罕遇地震强度（PGA=220 厘米/秒 ^{2}）下，结构的 CMR 为 2.5，根据数据统计结果，结构倒塌率为 6%。《建筑结构抗倒塌设计规范》（CECS 392-2014）建议标准设防类建筑罕遇地震下可接受最大倒塌概率为 5%。8 度和 8.5 度设防框架在罕遇地震下的 CMR 均满足 FEMA-P695 报告（FEMA，2009）及《建筑结构抗倒塌设计规范》（CECS 392-2014）的要求。

表 2-9　罕遇地震下标准设防（丙类）框架 CMR

罕遇地震强度	7 度	8 度	8.5 度
PGA=220 厘米/秒 ^{2}	2.5	10.68	11.25
PGA=310 厘米/秒 ^{2}	1.8	7.58	7.99
PGA=400 厘米/秒 ^{2}	1.4	5.87	6.19
PGA=510 厘米/秒 ^{2}	1.1	4.61	4.86

3. 结论

为研究不同抗震设防烈度建筑的抗倒塌性能差别，本节依据前文所述标准框架建筑模型进行了 IDA。分析结果表明：7 度标准设防类框架抗倒塌能力偏低，8 度和 8.5 度设防框架均具备较大的抗倒塌储备系数。

2.3.5　减灾效益分析

本节将基于美国联邦应急管理署颁布的新一代性能化设计方法（FEMA P-58）（FEMA，2012a；2012b），对框架结构和剪力墙结构分别进行地震后建筑（考虑结构构件和非结构构件）的经济损失和修复时间分析。

1. 分析方法

本节将采用 FEMA P-58《建筑抗震性能评估方法》（FEMA，2012a；2012b）提出的建筑性能评估方法进行经济损失分析。在传统经济损失评价方法中，经济损失=结构损伤指数×重置价格。这种计算方法简单，但是较为粗糙，只考虑了结构构件的损失，而没有考虑非结构构件的损失，实际上一些建筑的非结构构件造价可能要高于结构构件的造价。FEMA P-58 提出的建筑抗震性能评估方法解决了这个问题，且具有以下特点。

（1）FEMA P-58 方法是一种概率性的评估方法，明确考虑地震强度、结构响应、破坏情况等各种不确定性。评估的目标并不是为求得一个保守的答案，而是希望能够提供更接近实际情况的信息。

（2）与现行性能化设计中以结构响应及损伤为性能指标的评估方法不同，FEMA P-58 以建筑遭受的地震损失后果，包括人员伤亡、维修或更换的费用、维修时间和不安全警示作为其性能水准的度量，增加了性能评估成果在应用上的方便性。此外，为便于该方法的实际应用，该项目收集了大多数常规结构体系和建筑业态的损伤及修复数据，并编制了性能评估计算工具（performance assessment calculation tool，PACT）来辅助相关概率计算和累计损失。

FEMA P-58 是根据弹塑性时程分析得出的结构响应（主要是楼层层间位移角和楼面绝对加速度）、倒塌易损性分析、建筑性能模型、结构构件和非结构构件易损性数据库等来计算建筑的经济损失和修复时间，其分析流程如图 2-5 所示。

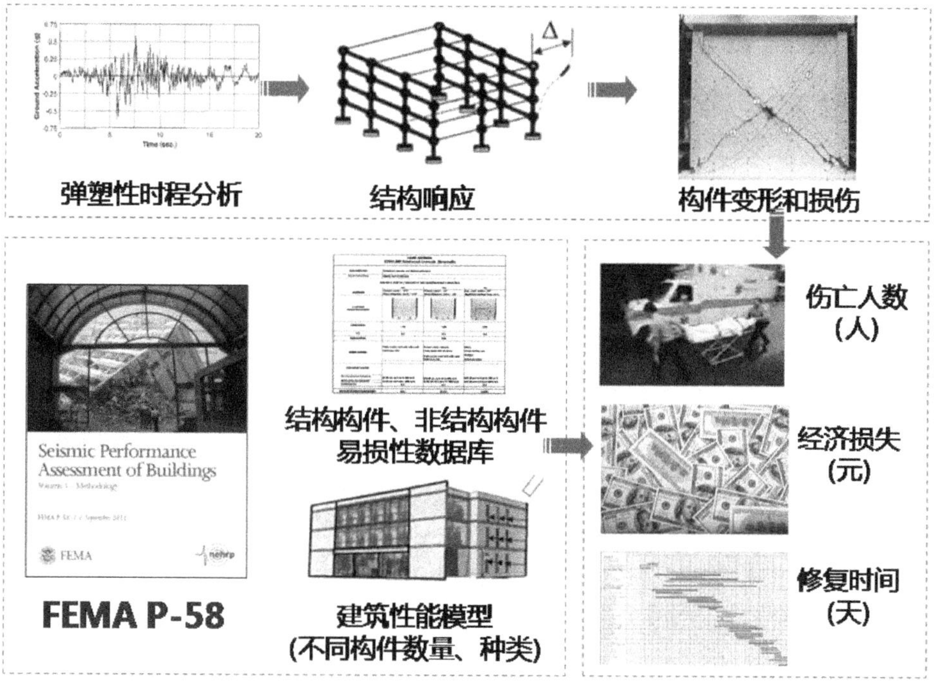

图 2-5　FEMA P-58 建议的建筑抗震性能评估流程

本节将基于 FEMA P-58，对框架结构和剪力墙结构分别进行地震后建筑（考虑结构构件和非结构构件）的经济损失和修复时间分析，需要说明的是，其材料易损性数据库中各个构件的造价采用中国市场的造价，框架结构的重建时间定为180天，剪力墙结构的重建时间定为365天。

2. 分析结果

1）框架结构

表2-10给出了框架结构遭遇不同地震强度时的经济损失和修复时间。

表2-10 框架结构遭遇不同地震强度时的经济损失和修复时间

地震强度 PGA/g	经济损失百分比			修复时间/天		
	7度	8度	8.5度	7度	8度	8.5度
0.20	13.0%	2.3%	0.6%	180	3	2
0.40	100%	22.0%	17.6%	180	41	21
0.51	—	37.8%	32.5%	—	109	58
0.62	—	56.1%	49.6%	—	177	92

从表2-10可以看出，7度设防类框架建筑遭遇PGA=0.40g地震时，损失等于建筑的重建造价，而8度和8.5度设防框架的建筑经济损失和修复时间都相对较小。相同PGA下，8.5度设防框架经济损失和修复时间相较于8度设防框架均有所减少。

2）剪力墙结构

表2-11给出了剪力墙结构遭遇不同地震强度时的经济损失和修复时间。

表2-11 剪力墙结构遭遇不同地震强度时的经济损失和修复时间

地震强度 PGA/g	经济损失百分比			修复时间/天		
	7度	8度	8.5度	7度	8度	8.5度
0.20	10%	6%	2%	23	15	6
0.40	18%	22%	14%	52	41	20
0.51	—	31%	25%	—	55	45
0.62	—	42%	40%	—	88	85

在PGA=0.20g和PGA=0.40g时，剪力墙结构地震经济损失和修复时间均较小。详细数据分析结果表明，当PGA=0.20g时，7度设防的剪力墙由加速度引起的非结构构件的损失占总损失的比例为6.9%，而8度设防剪力墙由加速度引起的非结构构件的损失占总损失的比例为37.1%，这导致了7度设防的剪力墙的经济损失比略低于8度设防的剪力墙。当PGA=0.51g和PGA=0.62g时，在相同PGA下，8度设防的剪力墙的经济损失百分比和修复时间都大于8.5度模型。8度罕遇地震峰值加速度为0.40g，8.5度罕遇地震峰值加速度为0.51g，这两个模型在各自罕遇地震情形下，经济损失百分比分别为22%和25%，修复时间分别为41天和45天，也较为相近，说明两者在各自大地震情形时的抗震能力接近。

3. 结论

从经济损失和修复时间角度考虑，抗震设防烈度从 8 度调整至 8.5 度能降低建筑经济损失和修复时间。

2.3.6　地震灾害情景研究

1. 北京某典型综合新区简介

本节研究对象为北京某典型区域，该区域内一共有 311 栋建筑，包括办公楼、住宅和服务设施等。该区域建筑结构类型主要包括两类：框架结构和框架剪力墙结构，其中框架结构建筑共 9 栋，层数均为 4 层，框架剪力墙结构建筑共 302 栋。该区域建筑中高度最低的为 12 米，高度最高的为 60 米，图 2-6 给出了不同高度范围建筑的比例和不同功能建筑的比例。图 2-7 给出了该区域的示意图。

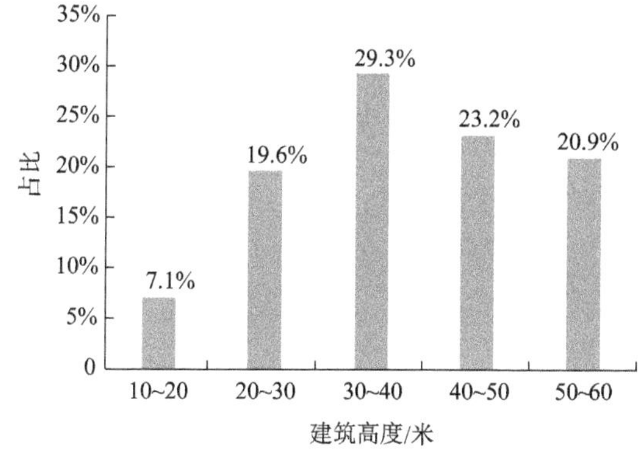

（a）不同高度范围建筑所占比例

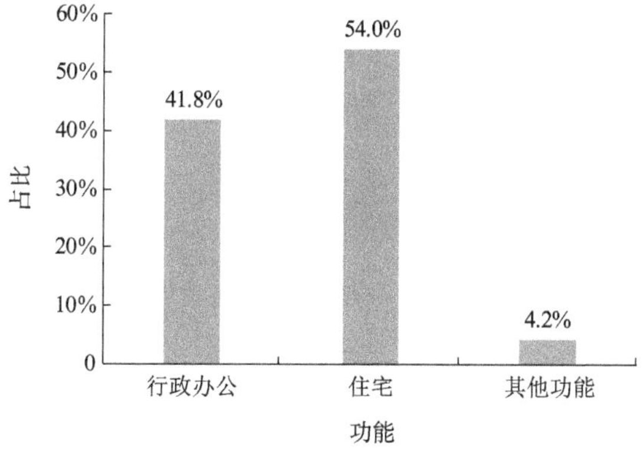

（b）不同功能建筑所占比例

图 2-6　各类型建筑所占比例

图 2-7 新区示意图

2. 分析结果

图 2-8 给出了三河—平谷地震下该典型区域建筑各个破坏状态的比例。图 2-9 给出了该区域迁至雄安后，在地震动峰值加速度分别为 0.20g、0.40g、0.51g、0.62g 时，该区域建筑的破坏情况，各个破坏状态具体的比例如表 2-12 所示。

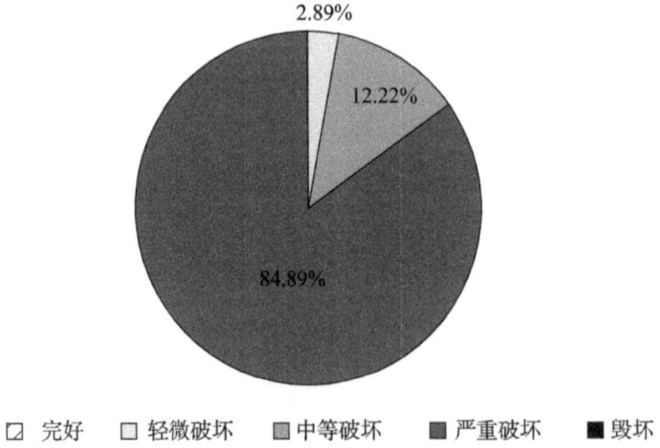

图 2-8 1679 年三河—平谷地震下新区建筑各个破坏状态的比例
"完好"和"毁坏"的数值为 0，故图中不显示

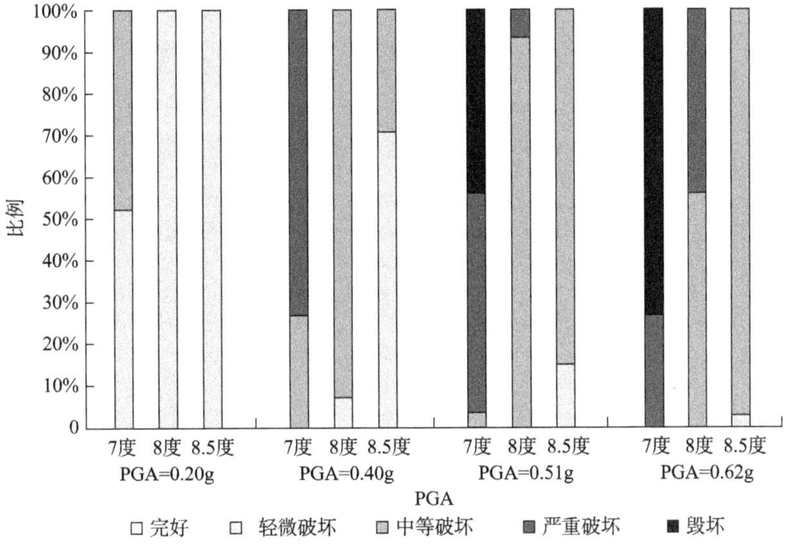

图 2-9　新区迁至雄安后，各个 PGA 下新区建筑破坏状态比例

表 2-12　新区迁至雄安后，各个 PGA 下新区建筑破坏状态比例

地震强度 PGA / g	设防烈度	完好	轻微破坏	中等破坏	严重破坏	毁坏
0.20	7 度	0	52%	48%	0	0
	8 度	0	100%	0	0	0
	8.5 度	0	100%	0	0	0
0.40	7 度	0	0	27%	73%	0
	8 度	0	7%	93%	0	0
	8.5 度	0	71%	29%	0	0
0.51	7 度	0	0	3%	53%	44%
	8 度	0	0	93%	7%	0
	8.5 度	0	15%	85%	0	0
0.62	7 度	0	0	0	27%	73%
	8 度	0	0	56%	44%	0
	8.5 度	0	3%	97%	0	0

从图 2-8、图 2-9 和表 2-12 可以看出，如该区域位于北京市，则遭遇 1679 年三河—平谷地震情境时有 84.89%的建筑达到严重破坏水平，经济损失将非常重大。当该区域迁至雄安后，遭遇 PGA 为 0.4g 的地震作用时，如果按照 7 度设防来设计，73%的建筑处于严重破坏状态；如果按照 8 度设防来设计，93%的建筑处于中等破坏水平（3 条地震动计算得到的平均值）；而如果按照 8.5 度来设防，仅有 29%的建筑处于中等及以上破坏水平。类似地，如果该区域遭遇 PGA 为 0.62g

的地震作用时，如果按照 7 度设防来设计，则有超过 73%的建筑遭到毁坏；如果按照 8 度设防来设计，则有超过 44%的建筑处于严重破坏水平；而如果按照 8.5 度来设防，97%的建筑处于中等破坏水平。因此，将雄安新区的抗震设防烈度从 7 度提高到 8.5 度，可以提高新区的抗震能力和抗震韧性。

采用2.3.5节的FEMA P-58建筑经济损失方法对新区建筑进行经济损失评价，图 2-10 给出了新区迁至雄安后，各个 PGA 下新区建筑损失比（总损失/总重置价格），详细比例见表 2-13。

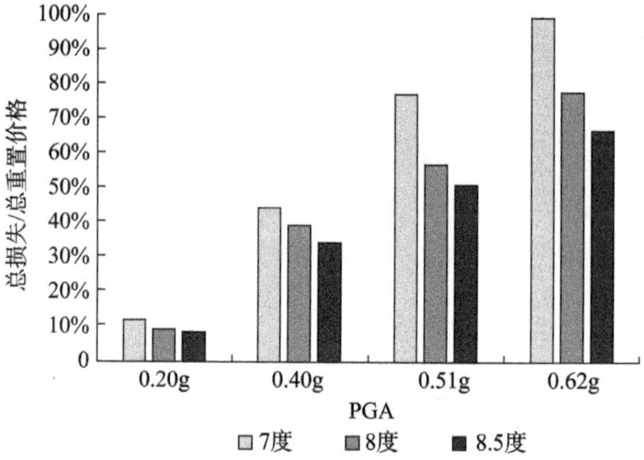

图 2-10　新区迁至雄安后，各个 PGA 下新区建筑损失比

表 2-13　新区遭遇不同地震强度时的经济损失比

地震强度 PGA / g	经济损失百分比		
	7 度	8 度	8.5 度
0.20	11.69%	8.94%	8.11%
0.40	44.26%	38.63%	33.79%
0.51	76.73%	56.74%	50.76%
0.62	99.56%	77.15%	66.70%

从表 2-13 中可以看出，提高新区设防烈度，建筑的损失比有所降低，当 PGA 达到 0.62g 时，损失降低较为明显。

3. 结论

从区域风险角度考虑，北京典型某一区域如再度遭遇 1679 年三河—平谷地震，超过 80%建筑会严重破坏。迁至雄安新区后，如采用 8.5 度抗震设防烈度，即使遭遇 PGA=0.40g 余震影响，仍可保证 71%的建筑结构仅发生轻微破坏。

2.3.7　小结

选取城市建筑结构中典型的框架结构和剪力墙结构，进行提高抗震设防基本烈度后投资成本和减灾效益的分析。结果表明，框架结构和剪力墙结构，抗震设防基本烈度从 7 度提高到 8 度情景，单位面积结构造价分别提高 203 元和 142 元，约相当于总的工程造价提高 8%和 6%。从经济损失和修复时间来分析减灾效益，当遭遇 0.20g 地震影响时，框架结构和剪力墙结构建筑的经济损失分别从 13.0%、10.0%下降到 2.3%和 6.0%，修复时间分别从 180 天、23 天下降为 3 天和 15 天。

雄安新区按现状 7 度的城市抗震防灾基本烈度，当遭遇大震影响时，仅结构损失将超过 10%，修复时间需要 2~6 个月。对标国际先进抗震防灾标准，将城市抗震防灾基本烈度提高到 8 度，每平方米结构造价仅提高 200 元左右，遭遇 8.5 度罕遇地震时，经济损失将从 76%左右下降 20%左右，修复时间仅需要两周左右。

因此，雄安新区按照抗震防灾基本烈度 8 度进行设防，能在可接受的成本下，极大地提高城市的抗震防灾能力和灾后恢复重建能力。

2.4　生命线系统抗震防灾标准研究

2.4.1　某三跨连续梁桥案例研究

三跨连续梁桥为典型的桥梁形式之一，使用范围广、性能优良，是交通线的重要组成部分。在罕遇地震作用下，城市需要保证交通线路不中断，因此需要对典型的三跨连续梁桥做抗震分析。

根据雄安新区设计信息，依据桥梁抗震系列设计规范，本书按照 8.5 度设防烈度设计了一个典型三跨连续梁桥，并对其进行弹塑性时程分析，根据分析结果对桥梁抗震性能做出了相应评价。

2.4.2　基本设计信息

设防烈度：8.5 度；地震动分组：第三组；场地条件：Ⅱ类场地；结构类型：三跨预应力混凝土连续梁桥，跨度为 60 米+90 米+60 米，二类公路大桥。

2.4.3 设计流程

连续梁桥梁体已完成施工阶段分析，针对设计完成的梁体，增加桥墩与承台抗震设计。根据《公路桥梁抗震设计细则》（JTG/TB 02-01-2008），抗震设计分为 E1 阶段（小震）与 E2 阶段（大震），抗震设防目标为小震不坏，大震不倒。

《公路桥梁抗震设计细则》6.1 节规定，规则 B 类桥梁 E1/E2 阶段的抗震分析采用多振型反应谱法，直线桥分别考虑沿顺桥向和横桥向的地震作用。纵桥向地震作用下，主要受力桥墩为一号桥墩，横向地震作用下，一号与二号桥墩共同受力，因此纵桥向为最不利地震作用方向。设计时主要考虑纵桥向地震作用，且一号与二号桥墩设计相同，保证横桥向抗震性能。E1 地震作用下，应对桥墩强度、板式橡胶支座厚度、支座抗滑稳定性进行验算，E2 地震作用下，应对桥墩抗剪、支座及墩顶最大位移验算，并对结构进行了纵桥向与横桥向 PGA 分别为 0.20g、0.40g、0.51g、0.62g 的动力时程分析，作为多振型反应谱法的补充验算。

2.4.4 结构设计概况

桥梁主体结构分为上部梁体，下部桥墩与承台（图 2-11）。桥梁上部结构梁跨度 60 米+90 米+60 米，采用全预应力混凝土设计，单箱单室截面，支座处梁高 5 米，跨中梁高为 2.4 米，其间梁高呈多次曲线变化；全桥箱梁顶板厚度为 40 厘米；设计箱梁底板厚度按抛物线变化，箱梁中支处底板厚度为 100 厘米，箱梁跨中处底板厚度为 45 厘米；箱梁中支处单个腹板厚度为 100 厘米，箱梁跨中处单个腹板厚度为 50 厘米，腹板厚度在 1/4 跨处呈一次线性变化；在顶板与腹板交接处设置 50 厘米×100 厘米的水平承托，在底板与腹板交接处设置 50 厘米×50 厘米的竖向承托。桥墩采用钢筋混凝土单墩设计，截面尺寸 4 米×5.5 米，高度 15 米。承台同样采用钢筋混凝土截面尺寸 6 米×9 米，高度 3 米。具体材料信息见表 2-14。

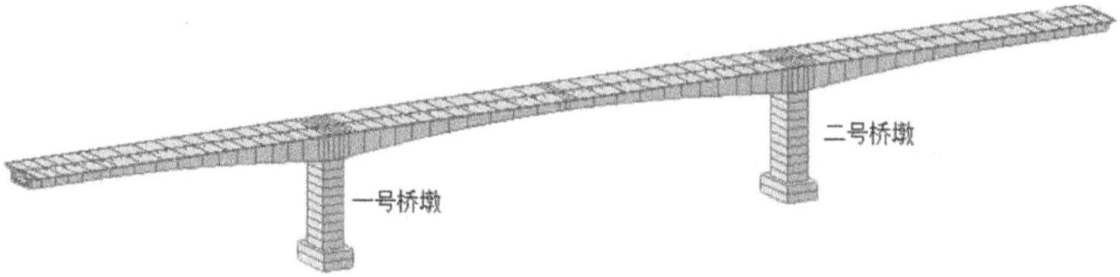

图 2-11 桥梁三维模型

表 2-14　材料信息

材料	梁体	桥墩	承台
混凝土	C50	C60	C50
钢筋	纵筋 HRB400、箍筋 HRB335	纵筋 HRB400、箍筋 HRB335	纵筋 HRB400、箍筋 HRB335
钢绞线	1860 级	—	—

采用通用的空间有限元分析软件 Midas Civil 进行抗震设计及抗震弹塑性分析。其中上部梁体前期已完成施工阶段的设计及验算。桥梁抗震设防目标为“小震不坏，中震可修，大震不倒”，根据桥梁震害经验及抗震理念，要求小震下整体结构保持弹性；大震下，上部梁体仍旧保持弹性，桥梁的破坏主要发生在下部结构，承台保持弹性，桥墩进入塑性并耗能，桥墩塑性区位于桥墩底端（范立础，1997）。本设计中支座采用板式橡胶支座，支座型号为D1200（直径1 200毫米），橡胶层总厚度 250 毫米，水平刚度 4 500 千牛/米，不具备隔震性能。由于桥梁对温度敏感，以及其他构造上的要求，一号桥墩上布置固定板式橡胶支座，仅允许梁体纵向转动，2 号桥墩上布置单向板式橡胶支座，允许梁体纵向平移及转动。结构基本动力特性见表 2-15。

表 2-15　结构基本动力特性

模态	周期/秒	振型
1	0.984 4	顺桥向平动+竖向振动
2	0.782 1	横桥向平动+转动
3	0.613 8	顺桥向平动+转动
4	0.487 2	顺桥向平动+转动
5	0.390 1	竖向振动
6	0.352 8	横桥向转动
7	0.278 0	横桥向平动

设计规范：《公路桥梁抗震设计细则》（JTG/TB 02-01-2008）；《公路桥涵设计通用规范》（JTG D60-2015）；《公路钢筋混凝土及预应力混凝土桥涵设计规范》（JTG D62-2012）；《公路桥涵地基与基础设计规范》（JTG D63—2007）；《公路工程技术标准》（JTG B01—2014）；《城市桥梁抗震设计规范》（CJJ 166-2011）。

2.4.5　地震作用设计结果

1. E1 地震作用设计结果

E1 地震作用下，桥墩强度、橡胶支座厚度及支座抗滑稳定性验算均合格。

1）桥墩单元强度验算

荷载组合采用偶然组合：1.0 恒载+1.0 二期恒载+1.0 预应力荷载+1.0 地震作用，在此荷载组合下，桥墩所有单元的强度验算都合格。桥墩为地震作用下主要受力的构件，其中一号桥墩与梁体固定连接，二号桥墩与梁体滑动连接，二号桥墩受力远小于一号桥墩，因此，可以判断结构中最关键的构件为一号桥墩。一号桥墩最底部 85 号单元为桥墩中弯矩、剪力、轴力均最大的单元，采用式（2-3）验算：

$$\gamma_0 N_d \leqslant N_n \tag{2-3}$$

强度验算满足要求。

2）支座厚度（板式橡胶）验算

二号桥墩支座为活动支座，需要验算支座厚度。

$$\sum t \geqslant \frac{X_E}{\tan\gamma} = X_E \tag{2-4}$$

$$X_E = \alpha_d X_D + X_H \tag{2-5}$$

其中，$\sum t$ 为橡胶层总厚度（米）；$\tan\gamma$ 为橡胶片剪切角正切值，取为 1.0；X_D 为地震作用下，支座顶面相对于底面的水平位移（米）；X_H 为永久作用下产生的支座顶面相对于底面的水平位移（米）；α_d 为支座调整系数，一般取 2.3。

$X_E \leqslant \sum t$，支座满足厚度要求。

3）支座抗滑稳定性（板式橡胶支座）验算

二号桥墩支座为活动支座，需要验算支座抗滑稳定性。

$$\mu_d R_b \geqslant E_{\text{hzh}} \tag{2-6}$$

$$E_{\text{hzh}} = \alpha_d E_{\text{hze}} + E_{\text{hzd}} \tag{2-7}$$

其中，μ_d 为支座的动摩阻系数，橡胶支座与混凝土表面动摩阻系数为 0.15；E_{hzh} 为支座水平组合地震力（10^3 牛）；R_b 为上部结构重力在支座上产生的反力（10^3 牛）；E_{hze} 为在地震作用下，橡胶支座的水平地震力（10^3 牛）；E_{hzd} 为永久作用产生的橡胶支座水平力（10^3 牛）；α_d 为支座调整系数，一般取 2.3。

$\mu_d R_b \geqslant E_{\text{hzh}}$，支座满足抗滑稳定性要求。

2. E2 地震作用设计结果

E2 地震作用计算时，需考虑桥墩进入塑性后的刚度折减，通过刚度折减从而减小 E2 阶段的设计地震作用。Midas Civil 平台中的处理方式为通过配筋计算桥墩的弯矩-曲率曲线，确定出名义屈服刚度，名义屈服刚度与初始刚度的比值即刚度折减系数。E1 阶段验算通过后，将此配筋用于计算弯矩-曲率关系，从而确定此设计刚度折减系数为 0.35。E2 地震作用下，桥墩塑性区抗剪、塑性区转角、支座厚度与滑动稳定性验算均合格。

1）桥墩塑性铰区抗剪强度验算

前述分析表明，一号桥墩中的 85 号单元是整个结构的关键单元，因此在 E2 地震作用下对其进行塑性铰区抗剪验算。

$V_{co}<V_n$，塑性铰区抗剪满足要求。

2）塑性铰区沿顺桥向转动能力

验算一号桥墩 85 号单元的最大塑性转角，《公路桥梁抗震设计细则》7.4 节给出变形验算公式。

$$\theta_p \leqslant \theta_u \tag{2-8}$$

其中，θ_p 为 E2 地震作用下，潜在塑性铰区塑性转角；θ_u 为塑性铰区域最大容许转角。

$$\theta_u = L_p\left(\varphi_u - \varphi_y\right)/K \tag{2-9}$$

$$L_p = 0.08H + 0.022 f_y d_s \geqslant 0.044 f_y d_s \tag{2-10}$$

$$L_p = \frac{2}{3}b \tag{2-11}$$

其中，φ_y 为截面等效屈服曲率，$\varphi_y = 1.02\times10^{-6}$；$\varphi_u$ 为极限状态曲率，$\varphi_u = 3.04\times10^{-5}$；$K$ 为延性安全系数，取 2.0；L_p 为等效塑性铰长度，取式（2-9）和式（2-10）的较小值，L_p =148.2 厘米；H 为悬臂墩的高度或塑性铰截面到反弯点的距离（厘米），H=1 500 厘米；b 为矩形截面的短边尺寸（厘米），b=400 厘米；f_y 为纵筋抗拉强度标准值（MPa），f_y=400MPa；d_s 为纵筋直径（厘米），d_s=3.2 厘米。

θ_p 的计算采用薛建阳（1999）提出的简化计算公式。

$$\theta_p = H\varphi_{py}/2 \tag{2-12}$$

其中，φ_{py} 为 85 号单元 E2 地震作用下曲率，取 8.13×10^{-7}。

由式（2-8）~式（2-11）计算可得，$\theta_p = 6.10\times10^{-4}$，$\theta_u = 2.18\times10^{-3}$。

$\theta_p \leqslant \theta_u$，塑性区转角满足要求。

3）支座厚度（板式橡胶）验算

$X_E \leqslant \sum t$，支座满足厚度要求。

4）支座抗滑稳定性（板式橡胶支座）验算

二号桥墩支座为活动支座，需要验算支座抗滑稳定性。

$\mu_d R_b \geqslant E_{hzh}$，支座满足抗滑稳定性要求。

5）位移验算

一号桥墩进行顺桥向墩顶位移验算。

$$\Delta_d \leqslant \Delta_u \tag{2-13}$$

$$\Delta_u = \frac{1}{3}H^2\varphi_y + \left(H - \frac{L_p}{2}\right)\theta_u \tag{2-14}$$

其中，Δ_d 为E2地震作用下墩顶位移，$\Delta_d = 57.32$ 毫米；Δ_u 为墩顶容许位移；$\varphi_y = 1.02\times10^{-6}$；$H$=15 000毫米；$L_p$=1 482毫米；$\theta_u = 2.18\times10^{-6}$；$\Delta_u$=386.74毫米。

$\Delta_d \leqslant \Delta_u$，墩顶位移满足要求。

3. 动力时程分析补充验算

动力时程分析模型中桥墩采用纤维模型，约束混凝土材料本构采用 Mander 模型（Mander et al.，1988），钢筋采用双折线本构，认为梁体保持弹性。地震动在美国太平洋地震工程研究中心（Pacific Earthquake Engineering Research Center，PEER）数据库（Ancheta et al.，2014）中选择，归一化地震动反应谱见图 2-12。主要验算内容参考《公路桥梁抗震设计细则》（JTG/TB 02-01-2008）和部分学者的研究（苏虹和胡世德，2002；张玉娥等，2009；赵旭峰和王春苗，2009），时程分析结果见表 2-16~表 2-20，其中桥墩抗剪、塑性区转角、墩顶位移的验算包括纵桥向与横桥向两个方向，由于横桥向支座固定，故不再验算横桥向位移和抗滑承载力。桥梁按照8.5度进行抗震设计，除了RSN75地震作用下橡胶支座厚度不能满足验算要求需要调整，在地震动 PGA=0.62g 的地震作用下仍旧能基本满足规范的抗震要求。

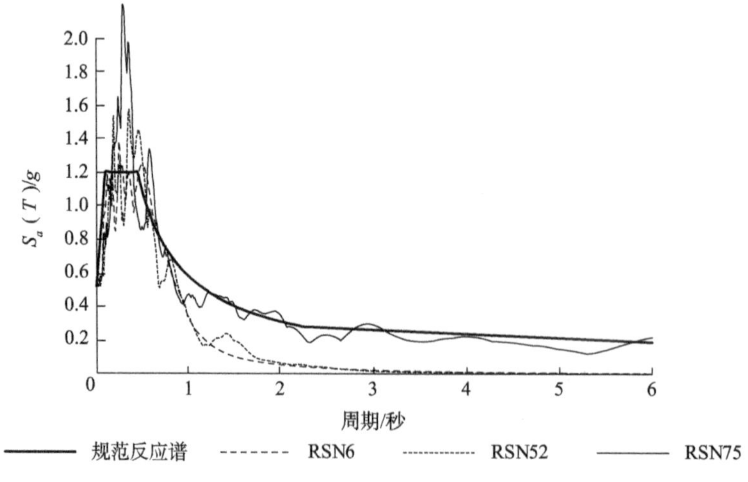

图 2-12　3 条选择地震动的归一化反应谱

表 2-16　桥墩塑性铰区抗剪强度验算

桥墩底部最大剪力/（×10^6）牛						V_n/（×10^6）牛
地震动编号	方向	PGA=0.2g	PGA=0.4g	PGA=0.51g	PGA=0.62g	
RSN50	纵向	10.4	17.0	20.1	22.1	52.1
	横向	5.1	9.2	11.6	13.8	52.1
RSN52	纵向	6.9	10.3	14.7	17.4	52.1
	横向	2.3	4.8	6.2	7.43	52.1
RSN75	纵向	11.3	16.2	19.5	22.3	52.1
	横向	4.4	8.7	10.7	12.6	52.1
最大值		11.3	17.0	20.1	22.3	52.1

表 2-17　塑性铰区转动能力

地震动编号	方向	塑性铰区转角/（×10^{-4}）弧度				θ_u/（×10^{-4}）弧度
		PGA=0.2g	PGA=0.4g	PGA=0.51g	PGA=0.62g	
RSN50	纵向	2.54	4.57	5.59	6.68	21.80
	横向	0.30	0.99	1.37	1.77	21.80
RSN52	纵向	1.94	3.90	5.05	6.10	21.80
	横向	0.31	1.03	1.48	1.99	21.80
RSN75	纵向	3.23	6.24	7.68	7.94	21.80
	横向	0.39	1.14	1.55	1.97	21.80
最大值		3.23	6.24	7.68	7.94	21.80

表 2-18　支座厚度验算

地震动编号	支座顶面水平位移 / 毫米				限值 V_n/ 毫米
	PGA=0.20g	PGA=0.40g	PGA=0.51g	PGA=0.62g	
RSN50	112.24	179.61	222.91	256.01	250
RSN52	82.45	95.79	127.81	154.14	250
RSN75	135.56	190.42	243.82	308.45	250
最大值	135.56	190.42	243.82	308.45	250

表 2-19　支座抗滑稳定性

地震动编号	纵向滑动水平力/（×10^5）牛				限值 $\mu_d R_b$ /（×10^5）牛
	PGA=0.20g	PGA=0.40g	PGA=0.51g	PGA=0.62g	
RSN50	4.70	7.73	9.68	11.20	78.7
RSN52	3.36	3.96	5.40	6.58	78.7
RSN75	5.75	8.22	10.60	13.50	78.7
最大值	5.75	8.22	10.60	13.50	78.7

表 2-20　墩顶位移验算

地震动编号	方向	一号桥墩顶位移/毫米				Δ_u/毫米
		PGA=0.2g	PGA=0.4g	PGA=0.51g	PGA=0.62g	
RSN50	纵向	33.06	61.66	76.44	90.73	386.74
	横向	3.56	11.65	16.72	22.02	386.74
RSN52	纵向	17.67	33.90	53.56	64.50	386.74
	横向	1.47	3.54	5.49	8.05	386.74
RSN75	纵向	34.23	56.90	71.25	91.18	386.74
	横向	2.79	8.97	12.16	15.53	386.74
最大值		34.23	61.66	76.44	91.18	386.74

一号桥墩的顶点位移时程见图 2-13，结构在动力时程分析中的典型损伤状态见图 2-14、图 2-15，桥墩在 PGA=0.62g 的地震动作用下，屈服状态为 2 级，对应图 2-16 的弯矩–曲率关系中屈服（初始）至屈服（理想化），因此此结构损伤状态可以在修复后继续使用。

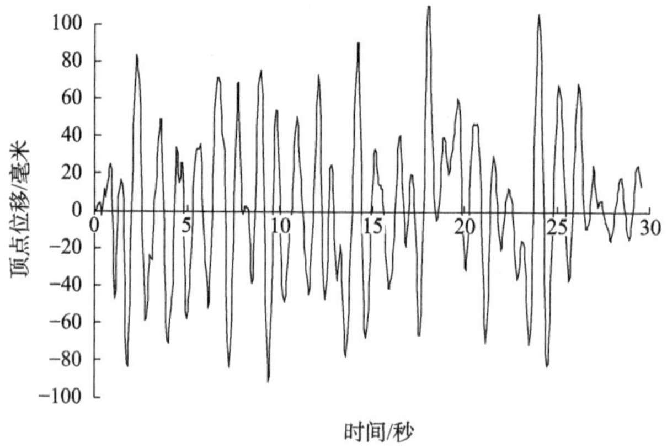

图 2-13　一号桥墩顶点位移时程（纵向地震-RSN75-PGA=0.62g）

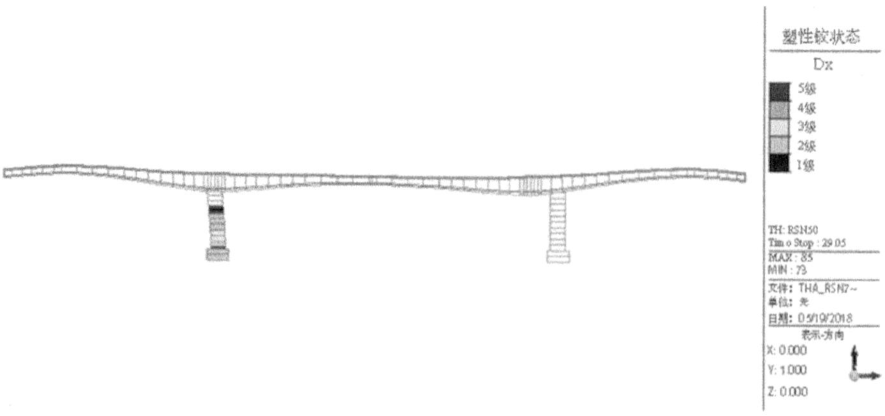

图 2-14　桥墩塑性铰状态（纵向地震-RSN75-PGA=0.62g）

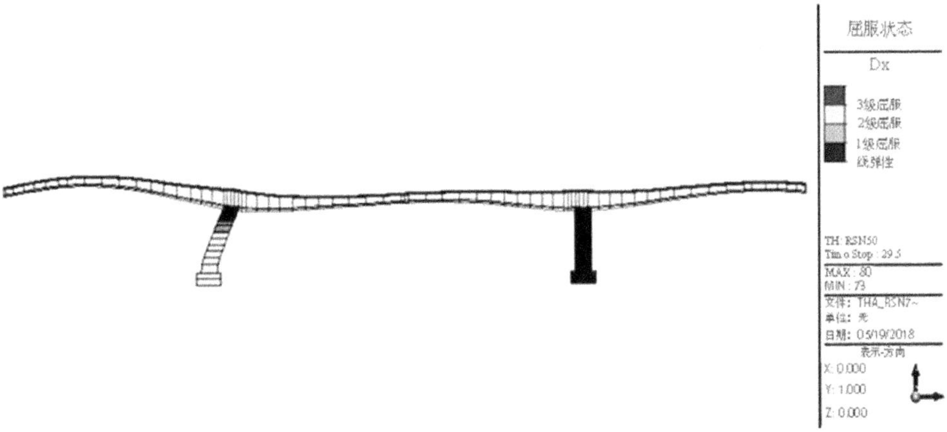

图 2-15　桥墩屈服状态（纵向地震-RSN75-PGA=0.62g）

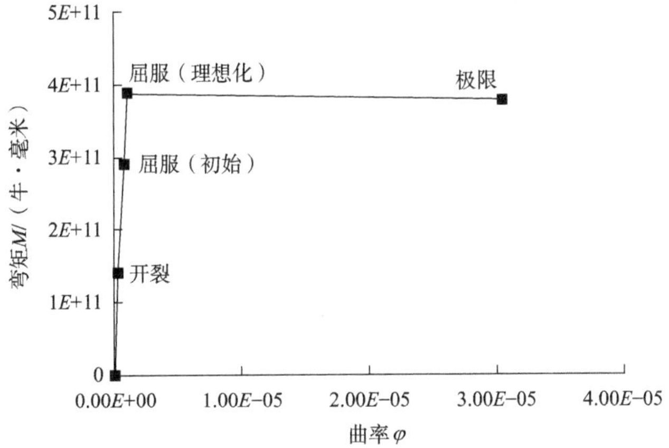

图 2-16　桥墩弯矩-曲率关系

E 表示科学计数法指数格式

4. 抗震性能评价

抗震设计及动力时程分析结果表明，按照 8.5 度的标准进行抗震设计的三跨连续梁桥在 PGA 分别为 0.20g、0.40g、0.51g、0.62g 的地震动作用下，结构的强度及变形要求均可基本满足规范设定标准。其中，最大塑性变形未超过规范限制；塑性区最大剪力未超过结构最大抗剪强度；结构塑性损伤状态未达到最大塑性损伤状态，桥墩底部损伤最大，为预期损伤部位，实现了损伤部位可控，结构修复后可继续使用。从上述结果可以看出，按照 8.5 度设防烈度设计的该基础设施，在罕遇地震下能够保证功能不中断。

2.5　城市防灾设施优化配置方法

2.5.1　城市防灾设施优化模型研究

1. 基本模型

选址问题在生产、生活，乃至军事等领域中应用广泛，好的选址会给人民的生活带来便利，降低成本，扩大利润和市场份额，提高服务效率和竞争力，差的选址往往会带来很大的不便和损失，甚至是灾难（杨丰梅等，2005）。一般认为，选址问题的研究始于 1909 年 Webber 的仓库选址问题（ReVelle and Eiselt，2005；陈志宗，2006），即在平面上确定一个仓库的位置，使得该仓库到所有顾客的总距离最小。ReVelle 总结指出，“选址”即在给定的空间范围内确定设施的位置，涉及四个要素：需求、设施、选址空间、距离定义。需求往往被抽象成集中于某一点或者某一路线上，也称需求点；设施即需要选择、布置在某一位置的设施；空间即需求点和设施所在的区域；距离定义往往表达了需求点和设施之间的路径、路线距离或者从需求点到达设施点所需要的时间。

选址的目标，可以分为吸引、排斥和平衡三类目标。吸引目标主要用于研究有利设施的选址，要求可达性较好，设施设备越近越好，如医院、避难场所，但受建设成本限制。排斥目标常用于不利设施的选址，越远越好，如垃圾站，但受运输成本限制。平衡目标，即在给定的标准距离内达到相对公平，如消防站。

常用基本模型有位置集合覆盖模型（location set covering problem，LSCP）、最大覆盖模型（maximal covering location problem，MCLP）、P-中位数模型（P-median model）、P-中心模型（P-center model）。在基本模型的基础上，发展了一系列特定选址模型，如不利设施选址模型、容量限制模型、组合优化模型等。

P-中位数模型和 P-中心模型由 Hakimi（1964）最早提出。Revelle 和 Swain（1970）最早给出了 P-中位数模型的整数线性规划表示方法，当需求对服务水平不敏感时，测量设施位置有效性的一个等价的方法是，以需求量对需求点与设施之间的距离进行加权，并使需求点与 P 个设施之间的总加权距离最小。P-中心模型则是从设施的“公平性”考虑，为了避免某些人口稀少的区域被“忽略”而降低提供这些区域的服务水平，选址决策的目标应确定 P 个设施，使各个设施服务需求点的（加权）最大距离为最小。

位置集合覆盖问题的数学模型最早由 Toregas 和 ReVelle（1972）提出，其目标是确定所需服务设施的最小数目，并配置这些服务设施使所有的需求点都能被覆盖到。最大覆盖问题是集合覆盖模型的一个变形，最早由 Church 和 ReVelle

（1974）提出。在实际选址决策中，由于资金预算等限制，无法覆盖全部需求点，最大覆盖模型的目标是选择 P 个设施，只有当确定 P 个设施时，才能使所选设施覆盖的需求点的价值总和最大。

P-中位数模型、P-中心模型、位置集合覆盖模型和最大覆盖模型表达式如下：

P-中位数模型：

$$\begin{aligned}
&\min\sum_{i\in I}\sum_{j\in J}\left(u_{ij}d_{ij}\right)x_{ij}\\
&\text{s.t.}\sum_{j\in J}x_{ij}=1,\forall i\in I\\
&\quad x_{ij}-y_j\le 0,\forall i\in I,\forall j\in J\\
&\quad \sum_{j\in J}y_j=p\\
&\quad x_{ij},y_j\in(0,1),\forall i\in I,\forall j\in J
\end{aligned}\tag{2-15}$$

P-中心模型：

$$\begin{aligned}
&\min D\\
&\text{s.t.}\sum_{j\in J}x_{ij}=1,\forall i\in I\\
&\quad x_{ij}-y_j\le 0,\forall i\in I,\forall j\in J\\
&\quad \sum_{j\in J}y_j=p\\
&\quad D-\sum_{j\in J}d_{ij}x_{ij}\ge 0,\forall i\in I\\
&\quad x_{ij},y_j\in(0,1),\forall i\in I,\forall j\in J
\end{aligned}\tag{2-16}$$

位置集合覆盖模型：

$$\begin{aligned}
&\min\sum_{j\in J}y_j\\
&\text{s.t.}\sum_{d_{ij}\le D}x_{ij}\ge 1,\forall i\in I\\
&\quad y_j\in(0,1),\forall j\in J
\end{aligned}\tag{2-17}$$

最大覆盖模型：

$$\begin{aligned}
&\min\sum_{i\in I}w_ix_i\\
&\text{s.t.}\sum_{d_{ij}\le D}y_j-x_i\ge 0,\forall i\in I\\
&\quad \sum_{j\in J}y_j=p\\
&\quad y_j\in(0,1),\forall j\in J
\end{aligned}\tag{2-18}$$

其中，指标集、数据集、变量定义如下。

1）指标集

I：需求点集合，$I=\{i|i=1,2,\cdots,m\}$。

J：候选设施点集合，$J=\{j|j=1,2,\cdots,n\}$。

L：设施所能提供的等级集合，$L=\{l|l=1,2,\cdots,T\}$。

2）数据集

w_i：需求点 i 的需求量，$i\in I$。
d_{ij}：需求点 i 与设施备选点 j 之间的最短距离，$i\in I$，$j\in J$。
u_{ij}：从 i 点到 j 点的单位成本，$j\in J$，$i\in I$ 或 $i\in J$。
p：等设施已经开设的数量。
D：需求点与设施之间的最大允许距离。

3）变量

$$y_j=\begin{cases}1,\text{设施选址在备选点}j\text{处}\\0,\text{其他}\end{cases}$$

$$x_i=\begin{cases}1,\text{需求点被}i\text{服务}\\0,\text{其他}\end{cases}$$

$$x_{ij}=\begin{cases}1,\text{需求点}i\text{由设施点}j\text{服务}\\0,\text{其他}\end{cases}$$

2. 消防站选址布局模型与方法

消防站是典型的平衡类公共服务设施，其布局的目标是最大限度地防范火灾发生，提升灭火救援效率，降低火灾事故损失，布局原则是在给定的标准距离内达到相对公平，与居民意愿无直接的关系。利用位置集合覆盖模型可以确定覆盖所有城市建设用地所需要的最少的消防站数量，如图 2-17 所示，该区域要覆盖全部的需求点需要建设 25 座消防站。由于城市空间布局往往考虑了自然地理、城市风貌、生态景观、交通区位等多个要素进行整体优化布局，建设用地布局在空间上并非规整，仅仅利用位置集合覆盖模型进行选址布局优化，在覆盖所有需求点的简单目标下，往往需要巨大的公共财政投入。建设 15 座消防站可以实现 90%的覆盖率，如图 2-18 和图 2-19 所示，即在区域全部覆盖的简单目标下，增加 67%的消防站，仅能提高 10%的覆盖率。面临政府公共财政投入边际收益极速递减的问题，美国国家防火协会（National Five Protection Association，NFPA）标准 1710 提出了消防站 90%的情况下在标准时间内可达的要求。

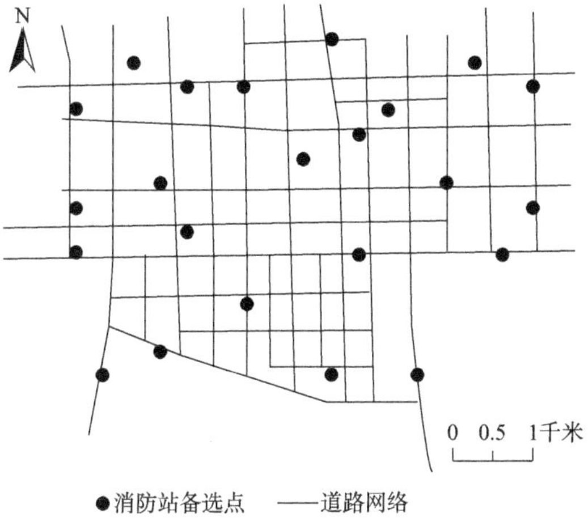

图 2-17　基于位置集合覆盖模型的消防站布局示意（P=25）

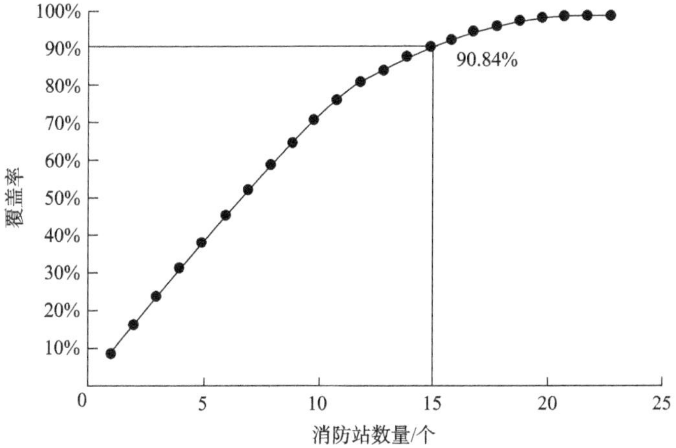

图 2-18　消防站对所有需求点覆盖率与消防站数目之间的变化关系

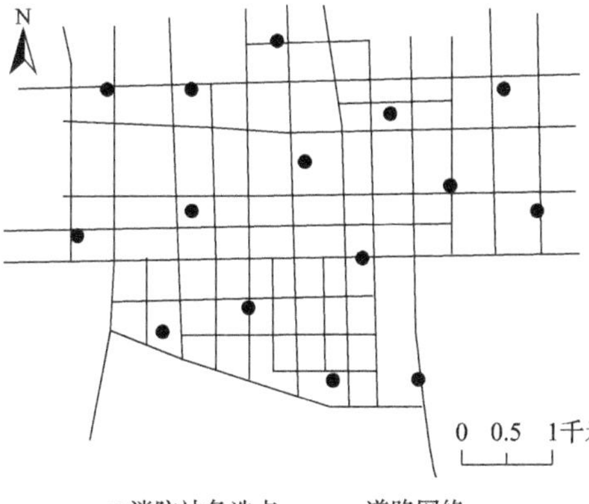

图 2-19　基于最大覆盖模型的消防站优化布局示意（P=15）

实际上，经过多年的发展，我国消防站体系逐渐形成了社区微型消防站初期火灾扑救 3 分钟到场，专业消防力量 5 分钟到场的多层次灭火救援体系。单一依靠专业消防力量全覆盖的消防站布局体系，并不是最优的灭火救援力量配置。在考虑消防投入的合理性、有效性、可行性基础上，借鉴美国消防站布局经验，本书提出不低于 90%覆盖率的消防站优化布局目标，可以更好地统筹政府消防资金的配置，尤其是加强社区基层消防力量的建设；提升火灾预防能力和初期火灾扑救能力，将极大地提升政府在火灾扑救、应急救援方面的投入产出效率。

如何科学确定消防站选址布局，使得消防站的覆盖率不低于 90%？本书提出通过位置集合覆盖模型与最大覆盖模型联合利用的选址优化布局模式，即利用位置集合覆盖模型确定覆盖全部需求点所需要的设施数量 N，再利用最大覆盖模型以 $P=1,\cdots,N$ 进行遍历求解，确定不低于 90%覆盖率时的布局结果为消防站选址布局优化结果。同时，考虑我国绝大多数城市建有消防站，新一轮的消防规划应该充分考虑在保留现有消防设施的基础上进行补充优化。雄安新区同样具有这一特征，根据《河北雄安新区规划纲要》，本次新区规划范围包括雄县、容城县、安新县三县行政辖区（含白洋淀水域），任丘市鄚州镇、苟各庄镇、七间房乡和高阳县龙化乡，规划面积 1 770 平方千米。内部既有新规划建设的起步区，也有需要提质扩容的容城、雄县等外围组团。因此，位置集合覆盖模型和最大覆盖模型应增加补充性选址约束（陈志芬，2011），如式（2-19）所示的约束条件。

$$y_j = 1,\ j \in K \tag{2-19}$$

其中，$K=\{k \mid k=1,2,\cdots,l\}$ 表示已有消防站点集合，l 为已有消防站数量。

2.5.2 案例研究

1. 研究区概况

针对雄安新区的规划布局特点，确定如下城市范围为研究区域，用地面积为 105 平方千米，现有两座消防站。中心地区为老城区，路网密集，道路交通条件一般。老城区东西两边为城市提质扩容范围，路网结构优化，道路通行能力较好（图 2-20）。

利用 ArcGIS 中的渔网（Fishnet）工具以该城市边界构建 500 米 × 500 米的网格，以网格的中心点作为消防站的需求点和设施备选点。确定设施备选点时，还应去除规划保留建设用地、危险源 300 米范围内用地、学校 50 米范围内用地等不适宜规划建设消防站的用地，提取结果见图 2-21。

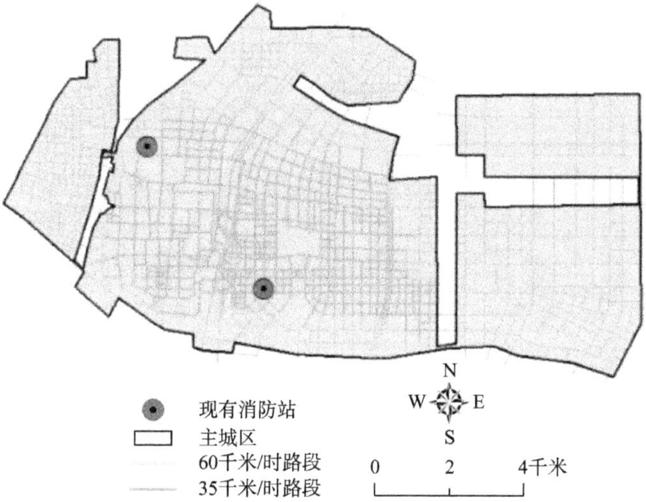

图 2-20　研究区现状概况图

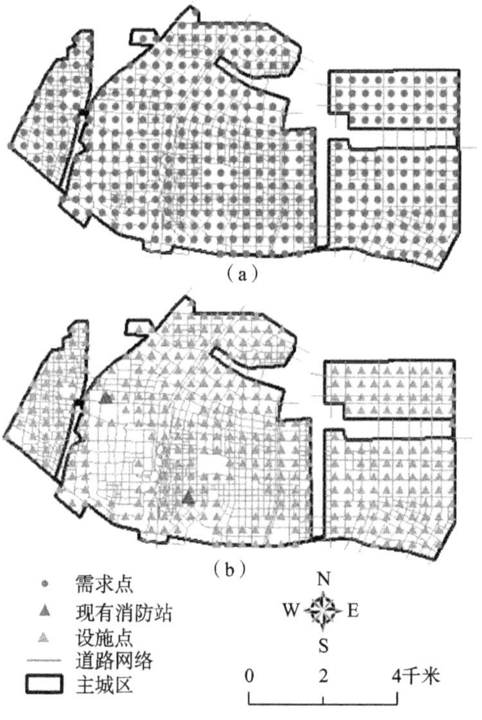

图 2-21　消防站需求点（a）与设施点（b）

2. 研究结果

位置集合覆盖模型优化结果显示，在保留现状两座消防站的基础上，该城市共需要 11 座消防站才能覆盖所有建设用地，即需要新增 9 座消防站（图 2-22）。以 $P=3,\cdots,11$，在保留现状两座消防站的基础上，计算不同设施数目之下消防站对需求点的覆盖率，能够明显地看出，随着消防站数量的增多，消防站的覆盖能力是递增的（图 2-23）。当 $P=6$ 时，消防站覆盖率达到 90.41%，则该城市需最少布局 6 个消防站（图 2-24）。在现有消防站基础上，新增 4 座消防站，消防站覆盖率可以从 42.45%提高到 90.41%。在此基础上，再增加 5 个消防站，消防站覆盖率也仅能提高约 10%。

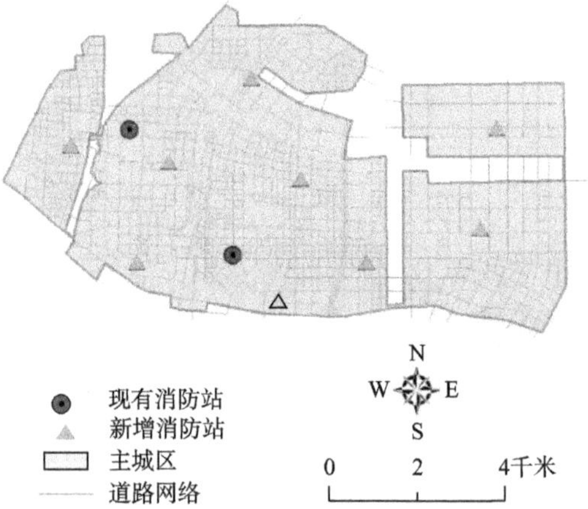

图 2-22　位置集合覆盖模型选址布局图（覆盖率为 100%，$P=10$）

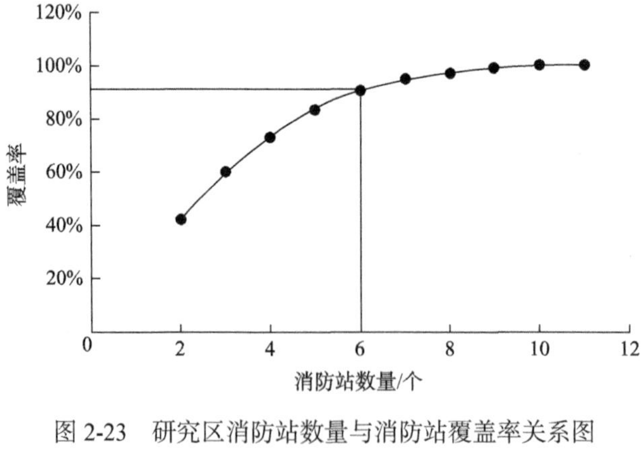

图 2-23　研究区消防站数量与消防站覆盖率关系图

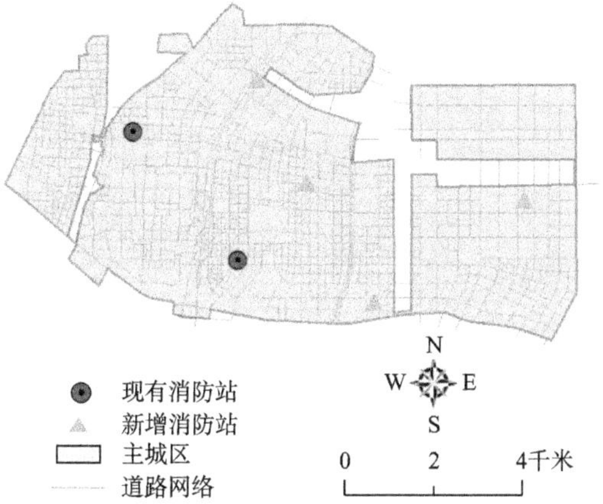

图 2-24　最大覆盖模型选址布局图（覆盖率为 90.47%，P=6）

2.5.3　对雄安新区消防站规划的启示

从消防站布局优化、政府公共消防财政投入配置优化的角度提出利用位置集合覆盖模型和最大覆盖模型联合使用进行消防站选址布局优化的方法，并考虑保留现状消防站设施的需求，增加约束条件，对模型进行了改进。面向消防站选址布局优化过程，提出了考虑道路通行能力差异，以设施点与需求点之间的可达时间作为距离参数，进行模型求解，优化设施点空间位置。其结果表面上看突破了我国消防相关标准对消防站辖区范围 4~7 平方千米的限制，但实际上将极大地提高政府公共财政使用效率和消防救援能力整体水平，也更符合我国消防相关标准对于消防站布局的可达性要求。

雄安新区规划坚持公交优先，综合布局各类城市交通设施，实现多种交通方式的顺畅换乘和无缝衔接，打造便捷、安全、绿色、智能交通体系。新区内的道路交通状况将较之现状城市有极大的改善，特别是智能交通体系，其有利于消防救援时的交通管制，提高消防车同行效率。在新区的规划发展背景下，若机械地采用 4~7 平方千米的标准进行消防站的选址布局，将导致大量低效率的公共投资。立足新区整体消防安全和应急救援能力提升需求，严格按照消防队接警后 4 分钟可达的标准，基于新区道路交通可达性分析，对消防站位置、数量、类型、等级进行优化，适当考虑政府公共财政在消防安全多个环节的投资分配，才能真正构建起“雄安新区城乡覆盖、区域协同，陆、水、空、地下全方位消防系统”。

2.6 本 章 小 结

2.6.1 结论

洪水、地震是新区高风险自然灾害。随着新区大规模生态空间建设，芦苇火灾、森林火灾等野火风险不容忽视。

从新区所在流域特征和区域安全保障角度出发，雄安新区应构建流域-新区-建设区三级洪涝滞蓄空间体系。基于未来气候变化趋势，考虑极端暴雨、洪水风险和水资源短缺风险，在韧性原则指导下营建城市，变单一的洪水控制为综合的雨洪管理，在保障安全的同时，实现水资源的高效利用。

将雄安新区抗震基本设防烈度从现行标准规定的Ⅶ度提高至Ⅷ度，学校、医院、生命线系统等关键设施按基本烈度Ⅷ度半抗震设防，可以在可接受的投资成本约束下，极大地提高新区抗震防灾能力，降低灾害损失，提高灾后恢复重建效率。

利用线性规划模型对新区防灾减灾设施进行优化配置研究，可以合理确定防灾减灾设施的空间位置、数量、服务责任区，最大限度地提高设施服务效率，降低设施建设和运行成本。

2.6.2 讨论

对未来气候变化趋势的认识依赖专业科学技术和研究方法创新，虽已有共识，但对于变化值的预测尚存争议。新区水安全应对措施既要保障安全，也要考虑可行性和工程技术难度。如何把握“度”，合理预留弹性是难点。

《雄安新区总体规划纲要》提出雄安新区按Ⅷ度设防。针对新区建设用地功能复合、地上地下立体开发、生命线系统庞大复杂等特点，如何进一步细化工程抗震防灾标准，筛选出适宜的工程抗震设防技术，是实现新区抗震目标的关键。建议新区尽快启动相关工作。

新区道路交通规划、交通管理模式的创新，从救援快速响应出发，基于交通可达性分析对消防站进行优化布局。随着国家应急管理机构改革，消防部队由单灾种救援向全灾种救援转变，消防站布局应考虑对火灾扑救的快速响应、高风险地区加密布局、应急救援均衡覆盖多重需求进行优化。

参 考 文 献

陈肇元，钱稼茹. 2008. 汶川地震建筑震害调查与灾后重建分析报告. 北京：中国建筑工业出版社.

陈志芬. 2011. 城市应急避难场所选址规划模型与应用. 北京：气象出版社.

陈志宗. 2006. 城市防灾减灾设施选址模型与战略决策方法研究. 同济大学博士学位论文.

范立础. 1997. 桥梁抗震. 上海：同济大学出版社.

陆新征，叶列平，缪志伟，等. 2015. 建筑抗震弹塑性分析. 北京：中国建筑工业出版社.

清华大学公共安全研究院. 2018. 安全韧性雄安专题研究报告.

曲哲，叶列平，潘鹏. 2011. 建筑结构弹塑性时程分析中地震动记录选取方法的比较研究. 土木工程学报，44（7）：10-21.

苏虹，胡世德. 2002. 连续梁桥的抗震性能分析. 结构工程师，（2）：36-40.

汪训流，陆新征，叶列平. 2007. 往复荷载下钢筋混凝土柱受力性能的数值模拟. 工程力学，24（12）：76-81.

王亚勇，白雪霜. 2001. 台湾 921 地震中钢筋混凝土结构震害特征. 工程抗震，（1）：3-7.

薛建阳. 1999. 考虑粘结滑移的型钢混凝土构件转角-曲率关系分析. 西安建筑科技大学学报，31（3）：253-255，259.

杨丰梅，华国伟，邓猛，等. 2005. 选址问题研究的若干进展. 运筹与管理，14（6）：1-7.

于洪蕾，曾坚. 2015. 比较视野下的我国城市防洪策略提升研究——对美国城市防洪经验的借鉴. 规划师，31（7）：92-95.

张建云，宋晓猛，王国庆，等. 2014. 变化环境下城市水文学的发展与挑战——Ⅰ. 城市水文效应. 水科学进展，25（4）：594-605.

张玉娥，白宝鸿，向敏. 2009. 罕遇地震连续梁桥抗震性能分析. 振动与冲击，28（5）：150-152.

赵旭峰，王春苗. 2009. 连续梁桥抗震性能分析与评价. 铁道工程学报，26（5）：36-39.

中共河北省委，河北省人民政府. 2018-04-21. 河北雄安新区规划纲要. http://www.gov.cn/xinwen/2018-04/21/content_5284800.htm.

Ancheta T D，Darragh R B，Stewart J P，et al. 2014. NGA-West2 database. Earthquake Spectra，30（3）：989-1005.

Bazzurro P，Cornell C A，Shome N，et al.1998. Three proposals for characterizing MDOF non-linear seismic response. Journal of Structural Engineering，124（11）：1281-1289.

Church R，ReVelle C S. 1974. The maximal covering location problem. Papers of the Regional Science Association，32（1）：101-118.

FEMA. 2008. Local Multi-hazard Mitigation Planning Guidance. Washington：Federal Emergency

Management Agency.

FEMA. 2009. Quantification of Building Seismic Performance Factors（FEMA P695）.Washington：Federal Emergency Management Agency.

FEMA. 2012a. Seismic Performance Assessment of Buildings：Volume 1-Methodology（FEMA P-58-1）. Washington：Federal Emergency Management Agency.

FEMA. 2012b. Seismic Performance Assessment of Buildings：Volume 2-Implementation Guide（FEMA P-58-2）. Washington：Federal Emergency Management Agency.

Hakimi S L. 1964. Optimum locations of switching centers and the absolute centers and median of graph. Operations Research，12（3）：450-459.

Mander J B，Priestley M J N，Park R. 1988. Theoretical stress-strain model for confined concrete. Journal of Structural Engineering，114（8）：1804-1826.

NFPA. 1710. The standard for the organization and deployment of fire suppression，emergency medical operations，and special operations to the public by career fire departments.

ReVelle C S，Eiselt H A. 2005. Location analysis：a synthesis and survey. European Journal of Operational Research，165（1）：1-19.

ReVelle C S，Swain R W. 1970. Central facilities location. Geographical Analysis，2（1）：30-42.

Toregas C，ReVelle C S. 1972. Optimal location under time or distance constraints. Papers of the Regional Science Association，28：133-143.

第3章　雄安新区安全生产韧性风险管控与综合监管能力提升策略与建议研究

3.1　安全生产韧性理论模型

3.1.1　安全生产韧性理论

城市在人口聚集和产业经济发展的同时，会伴随各种灾害、风险和事故，城市脆弱性加重，韧性降低。安全生产韧性理论在实际应用时，旨在降低灾害、风险和事故对于城市的影响。邴启亮等（2017）指出韧性城市建设基于对城市可能面临的巨灾、新兴灾害和综合灾害等不同灾害类型进行风险识别、风险评估、防灾、减灾和救灾，并以城市系统（基础设施、经济、社会和制度）为导向全面提升城市韧性；同时指出韧性城市视角下的防灾减灾规划应实现三个转变：从防御到适应的观念转变、从经验预测到风险评估的技术思路转变、从单一防灾到城市公共安全的系统方法转变。郭小东等（2016）认为韧性城市的内涵应包括城市具备减轻灾害的影响能力、对灾害的适应能力和灾后系统恢复的能力。邹亮（2018）从物理、社会、信息三度空间和实体、管理、技术三大支撑要素的角度，综合分析了灾害冲击对城市的影响，并提出通过城市规划提高城市韧性的策略和手段。郑艳（2013）总结发达国家推进韧性城市的行动指南时，以美国纽约《一个更强大，更有韧性的纽约》、美国芝加哥《芝加哥气候行动计划》、英国伦敦《管理风险和增强韧性》、荷兰鹿特丹《鹿特丹气候防护计划》、厄瓜多尔基多《基多气候变化战略》和南非德班《适应气候变化规划：面向韧性城市》为例，结合我国实际情况加以思考。

安全生产是经济社会发展的重要基础和保障。安全生产最重要的目标之一是降低伤害带来的损失，保障生命财产安全（Rae and Provan，2019）。随着我国城市化进程明显加快，城市人口和规模不断扩大，功能不断增加，发展方式、产业结构和区域布局发生了深刻变化，新材料、新能源、新工艺广泛应用，新产业、新业态、新领域大量涌现，城市运行系统日益复杂，安全风险不断增大。一些城市安全基础薄弱，安全生产管理水平与现代化城市发展要求不适应、不协调的问题比较突出。近年来，一些城市甚至大型城市发生的重特大生产安全事故，给人民群众生命财产造成重大损失，暴露出城市在安全生产管理等方面存在诸多漏洞和短板（王玉普，2018）。因此，需要牢牢把握城市安全生产发展基本要求，加快构建城市安全生产发展保障体系，着力打造安全生产发展型城市。

在此背景之下，安全生产韧性管理和打造安全生产发展型城市的理念高度契合。安全生产韧性管理的目标是让城市的安全生产具有良好的韧性特性，即具备减轻突发安全生产事故影响的能力、对突发安全生产事故的适应能力和从突发安全生产事故中高效恢复的能力。安全生产韧性管理覆盖事故前的预防准备和监测预警、事故中的救援处置、事故后的恢复重建全过程，且注重城市在安全生产方面的学习和适应风险能力的提升，从加强源头治理、过程管控、基础保障、应急管理等方面，着力构建城市安全生产发展保障体系。总之，城市安全生产韧性管理理论强调两点：一是生产事故的风险评估技术与安全韧性规划理念相结合，二是对生产周期的全过程进行严格安全把控。

3.1.2　城市安全生产韧性模型

当前，公共安全领域的理论研究以公共安全三角形模型（范维澄等，2009）为代表，该模型以突发事件、承灾载体、应急管理为三条边，以物质、能量、信息三种灾害要素为连接三条边的节点，揭示了公共安全应急管理的基础要素。安全生产韧性管理理论强调覆盖事前、事中和事后的全过程，且注重城市在安全生产方面的学习和适应风险能力的提升，从加强源头治理、过程管控、基础保障、应急管理等方面着力提升城市安全生产韧性管理。

结合安全生产韧性管理理论，构建安全生产韧性三角形模型（图 3-1）。模型以安全生产突发事件、作业场所承灾载体、安全生产韧性管理为三条边，以抵御、吸收、恢复、适应、学习的响应过程连接三条边，揭示出城市安全生产韧性管理的基础要素。

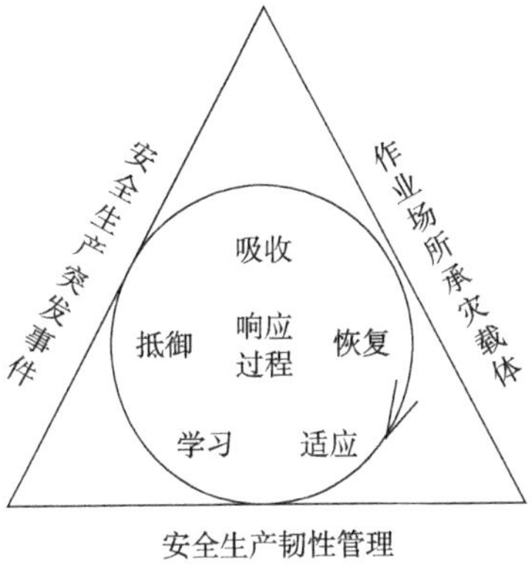

图 3-1　安全生产韧性三角形模型

安全生产发展的主要任务是通过对安全生产突发事件、作业场所承灾载体、安全生产韧性管理三方面的研究和有效控制，实现安全生产领域的实时保障。具体如下。

（1）安全生产突发事件，包括生产作业场所及不同行业领域所产生的各种类型的事故或突发事件；该模型研究其在安全生产作业场所的孕育、发生、发展到突变的演化规律及其产生的物质、能力和信息等风险作用的类型、强度和时空特性。

（2）作业场所承灾载体，包括作业场所内可能导致隐患的一切基础单元，也包括产生不安全行为的人；该模型研究其在突发事故作用下和自身演化过程的状态及其变化，可能产生的本体或功能破坏，及其可能发生的次生、衍生事件。

（3）安全生产韧性管理，是对安全生产突发事件和作业场所承灾载体施加的人为干预作用，从而预防或减少安全生产突发事件的发生，可以降低安全生产突发事件对作业场所承灾载体的影响，增强安全生产管理的韧性，避免造成突发事件的再生及作业场所承灾载体的破坏，减少人员和财务损失。

（4）响应过程贯穿于安全生产韧性管理的各个阶段，包括抵御、吸收、恢复、适应、学习，是连接安全生产突发事件、作业场所承灾载体、安全生产韧性管理三要素的关键环节。安全生产承灾系统在面临各种风险时，韧性管理贯穿于上述响应的各个环节；在加强风险评估技术的基础上，通过加强源头治理、过程管控、基础保障和应急管理，最终可使得遭受的安全生产风险降到最低。

3.1.3　雄安新区安全生产规划框架模型

1. 雄安新区安全生产面临的新机遇和新挑战

1）雄安新区安全生产面临的新机遇

雄安新区地处北京、天津、保定腹地，区位优势明显、交通便捷通畅、生态环境优良、资源环境承载能力较强，现有开发程度较低，发展空间充裕，具备高起点、高标准开发建设的基本条件。雄安新区规划建设以特定区域为起步区先行开发，起步区面积约 100 平方千米，中期发展区面积约 200 平方千米，远期控制区面积约 2 000 平方千米。雄安新区被设定为国家级新区后，在政治战略、经济与文化发展上具有优越的发展机遇。从顶层设计看，“四个全面”战略布局和“五大发展”理念明确了安全生产发展的方向和目标。从全区经济形势看，与京津冀协同发展；作为国家级新区，将重新规划产业结构、创新经济发展模式、应用先进生产技术方法、淘汰落后产能，使其具备全新的安全生产发展条件，这些都为发展新区安全生产的深层次、结构性和区域性提供了新机遇。

2）雄安新区安全生产面临的新挑战

新区总体规划阶段，应充分考虑新区安全生产面临的各种风险，在顶层设计阶段积极、全面地介入极为关键。把新区安全生产放在更加重要的位置进行规划和设计，是习近平总书记对新区建设总体定位要求的重要体现，是贯彻落实“坚持以人民为中心、注重保障和改善民生”和“坚持世界眼光、国际标准、中国特色、高点定位”（中共中央和国务院，2018）的具体实践。

新区建设过程中，建设项目多、施工强度大、安全生产监管任务非常艰巨。大量的建设任务对建设过程中的施工安全、生产安全、运输安全提出了更高的要求。

新区运行过程中，人流、物流、资金流、信息流等多种生产要素高度聚集，人员密集场所数量多；经济要素高度积聚，企业数量多，生产经营活动活跃；建筑物密集；综合管廊、地下管线、人民防空工程等地下空间开发强度大；轨道交通网络化运营，机动车数量多，城市基础设施与公共服务设施高强度、高负荷运行。保障城市安全运行面临巨大挑战。

新区建成后，安全生产管理部门的集中管理形成合力有利于事故灾难的有效应对，但给精细化管理带来了问题。此外，不同类别事故灾难之间的耦合、放大作用导致的综合性、系统性风险给新区的安全生产管理带来了新的挑战。

总结新区安全生产面临的新挑战主要有以下几个方面。

（1）城市生命线。水、电、气、热、交通运输、通信设施等生命线工程是维持现代城市生产、生活正常运转的基础，但随着城市规模、经济规模的不断扩大，城市生命线工程建设和运营伴随更多的事故隐患，城市生命线运行风险加剧。

（2）管廊安全。新区将会成为绿色智慧新城，会加强对新能源的使用力度，建设综合管廊，对这些关键基础设施的防护尤为重要。

（3）地下交通安全。新区建成后会存在大量的地下交通网络，承担重要的输运功能，地下交通安全对于城市正常运转是必不可少的保障。

（4）地下工程消防。受空间限制，地下工程具有疏散空间小、疏散路径少的特点，一旦发生火情易发生较大影响，必须注重对地下工程进行消防规划。

（5）安全生产监管。安全监管监察能力与经济社会发展需相适应，企业主体责任不落实、监管环节有漏洞、法律法规不健全、执法监督不到位等问题依然突出，安全监管执法的规范化、权威性亟待增强；同时新区安全生产管理将更加注重智慧化、智能化、现代化综合监管，智能化安全生产设备的使用与维护、安全科技应用创新等问题也值得关注。

（6）安全发展环境。城市建设管理压力突出，影响安全生产工作的要素大量增多、风险明显加大，防事故保安全任务艰巨繁重；同时，需要积极主动地推进京津冀协同发展战略，疏解非首都功能，提高经济质量，保障城市安全运行。

2. 雄安新区安全生产规划设计原则

（1）坚持安全发展，早规划早实施全过程。高度重视并落实“安全是现代化城市第一要素”的理念和定位，将“安全生产韧性理念”落实并贯穿到新区规划设计、建设实施和运营管理的全过程。

（2）坚持底线思维，编制强韧网络。做好顶层设计，增强风险意识，从雄安新区安全生产现实或潜在风险出发，构建全方位、立体化的安全生产监管强韧网络。

（3）加强统筹协调，有效形成安全生产风险管控机制。构建灵活、高效的城市安全生产治理体系，建立源头治理、动态监管、应急处置相结合的安全生产风险管控长效机制。

（4）跨领域学科，集成先进技术。运用大数据、云计算、物联网、人工智能、安全平台和应急技术装备等先进理念和技术手段，实现新区智能化、精细化的城市安全生产韧性管理。

3. 雄安新区安全生产规划目标

1）总体目标

围绕“建设智慧化安全生产综合监管体系、打造安全健康韧性雄安新区”的总体目标，构建责任全覆盖、管理全方位、监管全过程的立体化新区安全生产综合监管强韧网络。构建安全生产风险管控、隐患排查治理和监测预警机制，建立安全生产和职业健康监管执法体系。严格落实企业主体责任制，建立重点行业领域、重要基础设施的风险管控，开展安全科技攻关和装备研发，加强安全宣传教育与培训，坚决遏制重特大安全事故。

2）阶段规划目标

到2020年，新区韧性安全生产管理体系基本建成，重点工程按规划开展，起步区安全生产相关基础设施网络基本形成，起步区安全生产管理水平走在全国前列。

到2022年，起步区安全生产相关基础设施全部建设完成，基本建成与京津冀主要城市的安全生产区域协同网络。

到2035年，基本建成与有效应对安全生产风险相匹配，与绿色低碳、信息智能、宜居宜业、具有较强竞争力和影响力、人与自然和谐共生的现代化城市相适应的全方位、立体化、主动智能的安全生产综合监管强韧网络，使雄安新区成为人民安居乐业、社会安定有序的安全韧性城市。

3）主要指标

针对安全韧性的特点，考虑在一些基础安全生产指标［包括亿元GDP生产安全事故死亡率、工矿商贸就业人员十万人生产安全事故死亡率、道路交通万车死亡率、火灾（消防）十万人口死亡率、万台特种设备事故死亡率］之上，增加“危险化学品、矿山等传统高危行业退出时间，事故上报时间”等指标，以突显“反应快、恢复能力强、抗击打能力强、多回路保障”等韧性特点，强调雄安新区的智慧化、现代化，雄安新区安全生产建议主要指标如表3-1所示。

表3-1　雄安新区安全生产建议主要指标

序号	指标	目标值		指标性质
		2020年	2035年	
1	亿元GDP生产安全事故死亡率	<0.03	<0.02	约束性
2	工矿商贸就业人员十万人生产安全事故死亡率	<1.00	<0.80	约束性
3	道路交通万车死亡率	<1.00	<0.80	约束性
4	火灾（消防）十万人口死亡率	<0.30	<0.20	约束性
5	万台特种设备事故死亡率	<0.20	<0.10	约束性
6	危险化学品、矿山等传统高危行业退出时间	全部退出		约束性
7	事故上报时间	立即上报		约束性

4. 雄安新区安全生产规划总体框架

结合新区安全生产面临的新机遇和新挑战，把握新区安全生产规划设计原则，围绕新区安全生产规划目标，得出新区安全生产规划总体框架（图3-2）。框架模型的主要内涵如下：新区安全生产规划力争创新安全管理模式，围绕“安全、健康、韧性雄安”的建设目标，以安全发展理念、底线思维设计、统筹协调原则、先进技术支撑作为发展思路，坚持世界眼光、国际标准、中国特色、高点定位（中共中央和国务院，2018）的理念，管理范围涵盖所有涉及生产经营的单位，构建责任全覆盖、管理全方位、监管全过程的立体化新区安全生产综合监管强韧网络；始终坚持红线意识、依法治理、源头管控和问题导向，在道路交通、轨道交通、管道管线和综合管廊、建筑施工、危险化学品、消防、特种设备、电力、地下空间、水上交通、旅游和其他重点行业领域加强安全监察，从监管部门、生产经营单位和从业人员三级层面全方位管控，针对主要任务和重点工程实施相应的保障措施，建立创新型雄安新区韧性安全生产监管体系。

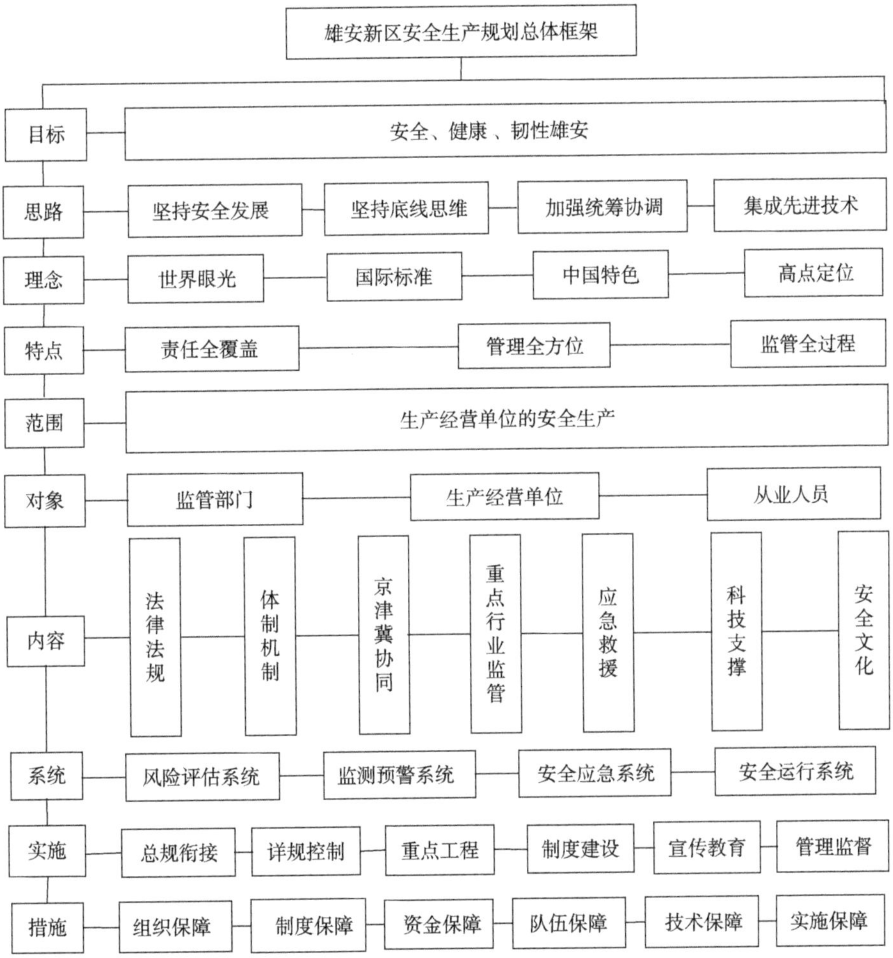

图 3-2　雄安新区安全生产规划总体框架

3.2 雄安新区安全生产综合风险辨识和长效机制构建思路

3.2.1 雄安新区安全生产风险指标体系构建

1. 雄安新区安全生产现状综述

2017 年，清华大学公共安全研究院项目组对新区三县进行了实地调研。发现新区及周边区域共有重大危险源单位 15 家，其中天然气长输管线是影响较大的危险源，新区现有保霸线、徐离线、陕二线、陕三线等，规划的蒙西线、京石邯复线也从新区经过。

新区在安全生产管理方面：①安监机构。县区设有安监局（一级局，正科级），所辖乡镇设有安监所。②危险源管理。三县针对所辖区域内的燃气公司、液化气站、烟花爆竹制售点等危险源形成了安全生产监管台账以及包括危险化学品事故应急预案、烟花爆竹事故应急预案等在内的应急预案体系。③民众安全教育。三县安监部门按照上级部门要求对民众开展安全教育活动，但尚未形成体系。④应急演练。三县安监部门针对学校防火防震、建筑施工防坠落、危险化学品防泄漏等重点领域开展应急演练活动，但对于近些年曾发生过的触电事故、电梯坠落事故等小灾亡人事故，管控力度尚显不足。⑤消防管理。三县设有消防大队，与公安部门共同承担消防相关工作，但警力资源（尤其是专业化队伍）较为欠缺。⑥交通管理。三县交通事故情况总体稳定，但非法运营的三轮车带来了一定的风险隐患。

2. 雄安新区安全生产风险指标选取

基于以上新区安全生产现状，结合新区政治、经济、文化等因素来选取新区安全生产风险指数评价指标，其中选取新区总人口和新区人口密度作为当地居民的指标，选取新区劳动力数量作为新区劳动力水平指标，选择新区土地面积、人均公共绿地面积、环境基础设施建设投资作为自然环境指标，选取新区第二产业生产总值、人均 GDP、经济密度作为人造环境指标，选取新区工业和建筑企业单位数作为工业生产场所指标，选取新区建筑房屋施工面积作为建筑物指标，选择新区人均拥有道路面积作为公共基础设施指标，选取新区互联网普及率作为网络信息指标。具体指标因素的选取和分类如表 3-2 所示。

表 3-2　雄安新区安全生产风险指标体系选取

指标因素	单位	分类
新区总人口	万人	当地居民
新区人口密度	人/千米^2	当地居民
新区劳动力数量	万人	劳动力
新区土地面积	平方千米	自然环境
新区人均公共绿地面积	平方米	自然环境
新区环境基础设施建设投资	亿元	自然环境
新区第二产业生产总值	亿元	人造环境
新区人均 GDP	万元	人造环境
新区经济密度	亿元/千米^2	人造环境
新区工业和建筑企业单位数	个	工业生产场所
新区建筑房屋施工面积	平方米	建筑物
新区人均拥有道路面积	平方米	公共基础设施
新区互联网普及率	—	网络信息

3. 构建雄安新区安全生产风险指标体系

基于新区安全生产风险指标的选取，从新区安全生产脆弱性评估出发，找出评估新区安全生产的暴露性、敏感性和适应性指标，构建新区安全生产风险指标体系，如图 3-3 所示。

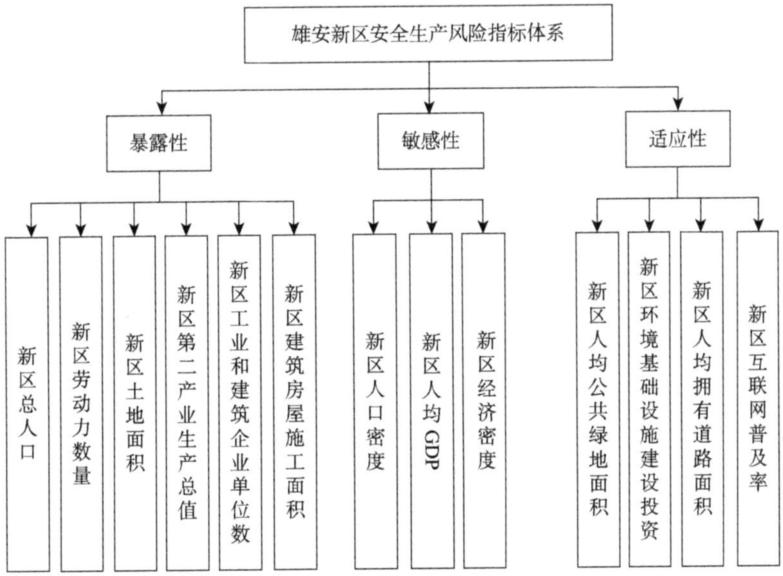

图 3-3　雄安新区安全生产风险指标体系

3.2.2　雄安新区安全生产长效机制构建思路

安全生产长效机制是指有效协调影响安全生产的各要素从而长期发挥作用达到预期效果的运行方式，是安全生产工作各种构成要素及其相互作用所构成的相互关系及确保安全生产工作顺利开展、正常运行与有效落实的一系列制度、规则、体系所构成的作用力量及作用方式。企业是安全生产责任主体，安全生产长效机制建设应以企业为中心。

新区在构建安全生产长效机制时，应坚持以下三方面原则：首先，在思想上要重视，应时刻坚持“安全第一、预防为主、综合治理”的安全生产管理理念；其次，在工作机制上，应采取风险分级管控、隐患排查治理的双重预防性工作机制；最后，在管理手段上，应综合法律、经济、行政等多样化管理手段，充分调动各界各部门力量，强力推动新区安全生产健康发展。

结合新区安全生产的任务、安全生产长效机制的内涵和构建原则，得出新区安全生产长效机制构建的任务包括重点加强以下几个方面：安全生产责任落实机制、安全生产运行保障机制、安全生产预警监控机制、安全生产双重预防机制、安全生产科技创新机制、安全生产文化教育机制、安全生产执法监督机制和安全生产应急救援机制等。

3.3　雄安新区安全生产风险管控和隐患治理的策略与建议

识别新区潜在的安全生产主要风险和重大危险源，建立新区安全生产风险指标体系；在此基础上，提出新区安全生产风险管控和隐患治理相关建议。

1. 建立雄安新区建设过程中的安全生产综合监管体系

构建新区在建设过程中的安全生产综合监管体系，设立建设过程中的安全生产委员会，在河北雄安新区管理委员会下设立雄安新区安全生产委员会。构建新区在建设过程中的安全生产综合监管机制，提高安全生产监管执法能力，开展新区安全生产法治建设，建立安全生产法律法规体系。

明确新区内威胁安全生产的风险隐患，重点区域专项安全监管，建立符合新区战略定位的安全生产负面清单制度。开展新区安全生产风险评估，明确风险辨识清单，并针对风险辨识清单制定出针对性的对策措施，编制应急预案；同时加强安全生产综合监管，提高应对事故灾害的防御能力。

2. 构建雄安新区运行过程中的安全生产综合监管体系

统筹规划新区的安全生产体系建设，做好顶层设计，完善空间布局和规划建设，着力提高新区综合应急能力。开展新区安全生产法制建设，建立安全生产法律法规体系。严格落实责任追究，建立事故信息直报和责任追究机制，全面落实新区企业主体责任制。建立新区安全生产风险评估机制，定期开展新区安全生产风险评估。建立安全生产风险信息报送、应急响应、现场指挥、协调联动、信息发布、社会动员和统筹协作等工作机制，提升事故应对和现场处置能力。

3. 建立雄安新区安全生产法规标准体系

围绕新区城市建设和运行管理中突出的安全生产问题，建立符合新区定位的安全生产法律法规标准体系。建立新区安全法规规章运行评估制度，加强对安全生产执法检查、事故调查处理、行政执法案卷评查等结果的运用，对反映出相关法规规章有漏洞和缺陷的，及时启动修订工作。

4. 构建雄安新区智慧化监管执法体系

统一规划、建设新区安全生产智慧数据库，为安全生产管理工作提供数据支持。研究制定新区生产经营单位和重要场所安全生产监管分类规范，各行业领域监管部门制定本行业领域分类分级管理办法，建立新区安全生产分级分类监管体系。基于“互联网、大数据、人工智能等”新技术手段，创新新区安全生产监管机制，实现智慧化、智能化、扁平化、现代化的安全生产监管新模式。

5. 建立雄安新区隐患排查治理机制

制定相关行业领域隐患排查标准，建立企业生产安全事故隐患风险评估制度。建立生产安全事故隐患排查治理信息系统，全过程记录生产经营单位事故隐患排查治理情况。建立新区隐患整改治理机制。建立新区隐患排查治理信息系统；并建立重大安全风险台账和电子分布示意图。

6. 建立雄安新区安全生产应急救援体系

在新区安全委员会下设新区安全生产应急指挥部，建设应急指挥系统，加强突发生产安全事故应急预案管理。结合新区安全生产工作实际，建立新区应急抢险救援专业队伍，救援范围要覆盖新区全领域。建立重点行业专业队伍救援基地，承担和服务区域内的事故灾难应急救援及实训演练任务。

7. 建立雄安新区安全生产科技支撑体系

加强新区安全生产监管监察基础理论创新和科学技术研发。实施“互联网+

安全生产”科技战略，构建自主可靠的安全生产信息技术体系。整合新区科技资源，加强安全生产技术支撑体系建设。加快新一代信息技术与安全生产的融合发展，运用物联网、云计算、大数据等技术，构建安全生产业务智能监管网络。实施大数据战略，建立统一的安全生产数据中心，推进新区安全生产现代化科技应用。建设新区安全科技人才支撑体系，为安全生产科技创新提供智力支持。依托相关机构，筹建新区安全生产科技支撑中心。

8. 促进与京津冀的安全生产协同发展

在交通、电力、建筑施工等重点行业领域协同编制区域地方标准，推动建立与京津冀一体化的安全生产标准体系建设。疏解非首都功能。开展对新区和京津冀的关键安全生产数据实时监控和定期分析，建立新区安全生产风险预警体系，实行安全生产风险动态预警。绘制人口密集、开发强度高、资源环境负荷重的新区和京津冀区域一体化安全生产风险地图。

9. 建立雄安新区职业健康保障体系

明确新区职业健康专管机构和管理人员，制订工作计划、权力清单和责任清单，建立新区职业健康监管责任体系。建立新区企业职业健康保障体系；开展新区重点行业职业病危害专项治理；开展职业病防治人才培养。

10. 开展雄安新区安全生产文化与素质建设

积极开展宣传教育品牌活动，建设新区安全生产宣传教育体系，满足不同人群的安全宣传教育需求，营造新区安全生产文化氛围。组织开展企业安全生产教育培训和安全监管系统业务培训，建立全覆盖、多层次、经常性的产业工人安全生产培训制度，提高安全监管人员的专业技能和素质水平。针对不同群体，全方位提高公众安全意识和事故应急处置、避灾、逃生与疏散技能。

3.4 雄安新区安全生产综合监管体系建设的策略与建议

3.4.1 雄安新区建设过程中的安全生产监管能力建设

开展新区建设过程中的安全生产风险评估，针对拆迁、施工、运输等重点建设环节，找出风险源，制定风险辨识清单，建立对易发生事故的行业领域风险分级管控、隐患排查治理双重预防性工作机制。将新区安全生产与网格化管理相结合，建立覆盖全部建设工地的在线监管制度，建设新区建设过程中的安全生产智慧化监管平台，形成新区建设过程中的安全生产监管能力，保障新区在建设过程中的安全生产任务顺利完成。

3.4.2　雄安新区“互联网+安全生产”智慧化综合监管平台建设

依托新区智慧管理平台推进相关部门数据的互联共享，综合形成新区“互联网+”安全生产大数据平台、智慧消防平台、交通网络韧性平台等信息系统。推进安全生产监管云计算，进行安全生产数据挖掘和分析，增强安全综合监管智能决策能力。

3.4.3　雄安新区安全生产应急救援体系建设

建立新区应急救援指挥机制，构建安全生产应急指挥、应急通信、应急物资和紧急运输保障体系。建设新区安全生产应急指挥平台，组建新区应急救援队伍，建立新区安全生产应急物资储备库和应急物资综合管理系统，建立“常态-应急”相结合、“天空地”一体化的安全生产应急通信服务保障网络，配置先进性、适用性的安全生产应急装备，形成新区安全生产快速响应、统一高效、协调联动的应急救援能力。

3.4.4　雄安新区韧性安全生产风险防控体系建设

开展新区安全生产风险评估，编制安全生产风险评估报告，制作新区韧性安全生产风险电子地图，综合分析新区安全生产风险情况。制定新区安全生产规划方案，形成新区安全生产规划基本制度。开展新区生产安全事故情景构建，在重点行业领域运用科学方法模拟重特大事故发生过程和后果，增强新区安全生产抵御风险的韧性防控能力。

3.4.5　雄安新区韧性安全生产教育培训和全民安全素质建设

营造新区安全生产社会氛围，大力弘扬安全文化。对新区安监部门、生产经营单位和从业人员分类分级组织开展安全生产教育培训，提高其安全生产素质。利用现代科技手段，多方式多样化向公众传授生产、生活中的安全知识和技能，提升市民的安全意识和素养。

3.5　雄安新区安全生产信息强韧网络构建的策略与建议

3.5.1　基于城市大数据、物联网等创新雄安新区安全生产应急管理模式

依托智慧新区安全生产建设，利用云计算、物联网、移动互联网、大数据等新技术，提出新区安全生产应急管理创新模式，提出监测预警与风险识别、信息收集与灾情统计、趋势分析与综合研判、指挥调度与辅助决策、情景模拟与总结评估的方法与策略。

1. 加快建设雄安新区安全生产大数据云计算中心

数据是信息化的基础，新区安全监管部门应注重硬件建设，尽快利用云计算技术建立新区安全生产大数据云计算中心，实现区内所监管的企业各类安全生产相关业务信息的集中统一采集和共享，避免重复、多头申报和数据不共享的弊端，强化新区安全生产大数据对企业的公共服务功能的开发。建立新区统一云计算平台，实现各类业务系统的整合。通过搭建新区统一云计算平台，构建依托电子政务外网的安监私有云，实现各类业务系统的搭建基于统一云平台，实现互联网技术基础设施共享，实现新区安全生产业务系统的统一运维和后续灵活扩展。

2. 创新雄安新区安全生产信息化建设合作模式

目前新区安全生产监管监察和应急管理相关法律、标准、规范等还处于不断完善阶段，各级安全监管部门的自身组织体系、业务系统、规章制度等还不健全。通过新区政府部门和科研院所、企业单位等合作，构建新区安全生产监管信息化支撑体系，来创新和实现各地区的安全生产形势、态势的大数据分析，实现各行业企业的分类分级监管、事故隐患排查和闭环管理及企业安全标准化运行状态监管，为实现新区安全生产健康运转提供必要保障。

3.5.2　雄安新区安全生产网格化监管模式

1. 合理构建雄安新区安全生产管理平台

安全生产网格化监管以辖区监管企业信息的系统化、信息化和精细化为基础，加强以监督网、管理网和信息网为主要内容的信息平台建设，实现监管信息网络化、监管手段精细化、监管效果直观化，促进网格化监管水平不断上升。

依托现有的网络技术，以执法监察、专项督查、考核、问责及媒体跟踪等建立监督网，以各级指示、文件、预警、预测、预案、应急管理、事故分析和处理、专项整治等内容建立新区安全生产管理网，以应急管理机构、风险电子地图、企业基本信息等数据库为载体数据库建立信息网，按照各级网格监管区域、行业不同，将全区的生产经营进行科学划分，有效整合信息资源，把单位信息定量、定性、定位到单元网格中，实现信息资源在网格中的分类整理、有效整合、及时处置。

2. 全面采集雄安新区安全生产企业信息

信息平台的一项重要功能就是将被监管企业的基本信息运用网络技术进行采集、整理、辨析，根据企业安全状况进行预警预测，分析可能产生的危害及其影响范围，从而采取有针对性的防范措施。通过全面采集新区内企业基本情况、应急救援信息、重点监管部位等基本数据与监管信息，建立健全企业信息数据库，制定完善的企业分类分级管理办法，将企业分为 A、B、C、D 四级进行安全监管，实行升降级管理制度，通过持续改进，实现动态循环的系统化监管模式。

3. 全力保障雄安新区安全生产规范运行

为确保新区安全生产管理信息平台的正常运行，制定管理规定和实施方案，按照以“格”定人的原则，在各级网格配备网格化监管信息员和巡查员队伍，进行日常检查、信息采集和平台维护工作，并对其进行信息平台操作技能培训，将新区基层风险管理进行分解细化，编制安全生产网格化监管手册，提高其业务能力和工作效率。按照安全生产网格化监管目标绩效考核办法，新区、街道、社区三级网格分别以半年、季度和每月为监管周期，按照监管周期总结、考评监管网格整体运行情况，开展预警预测分析，对新区内存在安全风险的企业实行责令整改、政府挂牌督办、综合治理或市场淘汰等控制措施，消除现有危害。同时，制定监管周期、监管方案，确定工作重点，不断排查新的危害，对监管网格进行周期性、规律性的调整和完善，保持监管网格的有效性和适应性。

4. 构建新区安全生产拓扑信息网络

安全生产管理信息系统可由人员管理子系统、安全管理子系统、应急救援子系统、生产管理子系统、专家库子系统、帮助子系统等组成。利用地理信息系统技术，可以建立新区各区域、各行业、各企业内部及整个新区层面的安全生产信息网络拓扑结构，分别计算各网络的特征数，分析拓扑特征及网络的复杂度、节点连通度等，得到重要的安全生产信息拓扑结构网，以及每个拓扑结构网的核心区域或要素，从而以点带线、以线带面进行整合优化，加强新区安全生产信息网络韧性。

3.5.3　构建雄安新区“互联网+安全生产”管理模式

1. 构建雄安新区“互联网+安全生产”大数据库

为提高安全生产监管的科学性、高效性，有效地将新区企业基本情况数据库管理系统、各类标准化信息管理系统、重大危险源申报管理系统、安全隐患排查治理信息系统、职业病危害申报与备案管理系统、信息报送系统、培训系统、应急预案与应急资源数据库管理系统等安全管理系统数据进行资源共享和资源整合，融合形成安全生产大数据库，为新区安全生产监管提供可靠的信息数据支撑。

2. 构建雄安新区“互联网+安全生产”监控平台

积极打造新区三县联网的“互联网+安全生产”综合监控平台，建设专门的安全生产视频监控室，将重点行业、高危行业现场视频监控纳入安全监控平台，实现 24 小时不间断全方位跟踪监控，强化现场作业生产安全实时远程监管，同时，也有效提升了紧急情况下的应急救援反应速度和能力。

3. 构建雄安新区“互联网+实时动态”监管

充分利用新区安全生产微博微信、新区安全生产大数据库、新区安全生产监控平台，实现安全生产工作的实时交流、预警、监督、执法、曝光。由于消除了距离限制因素，随时随地、每时每刻都是安全监管第一线，安全生产监管、执法反应速度更加快捷，打击安全生产违法违章行为更加快速，安全隐患消除更加有效，安全监管效率倍增。

4. 构建新区“互联网+安全生产”信息互联互通网络

以“互联网+安全生产”的思维和手段来破解安全生产监管中信息不及时、

不明确和不对称问题，通过提高监管透明度，提高企业履行主体责任透明度，全面提升监管的有效性。建立“非现场监管中心”，借助互联网手段整合各级资源，让政府和企业在安全生产上互联互通，同步实现政府信息流向企业的“无遗漏”传达，以及企业情况流向政府的“无盲区”反馈，以此双向打通新区安全生产的信息“经脉”，为新区安全生产信息强韧网络的构建提供支撑。

3.6 本章小结

结合相关安全生产韧性管理理论、城市安全生产韧性模型，构建新区安全生产框架模型；现场调研河北雄安新区安全生产现状，构建新区安全生产风险指标体系，得出新区安全生产长效机制构建的主要任务；并提出新区安全生产风险管控和隐患治理的策略与建议、新区安全生产综合监管体系建设的策略与建议和新区安全生产信息强韧网络构建的策略与建议。本书可为雄安新区韧性安全生产风险管控与综合监管能力的提升提供实际指导意义。

参考文献

邴启亮，李鑫，罗彦. 2017. 韧性城市理论引导下的城市防灾减灾规划探讨. 规划师，33（8）：12-17.

范维澄，刘奕，翁文国. 2009. 公共安全科技的“三角形”框架与“4+1”方法学. 科技导报，27（6）：3.

郭小东，苏经宇，王志涛. 2016. 韧性理论视角下的城市安全减灾. 上海城市规划，（1）：41-44，71.

王玉普. 2018-02-05. 着力打造安全发展型城市. 人民日报.

郑艳. 2013. 推动城市适应规划，构建韧性城市——发达国家的案例与启示. 世界环境，（6）：50-53.

中共中央，国务院. 2018-04-20. 中共中央 国务院关于对《河北雄安新区规划纲要》的批复. http://www.gov.cn/zhengce/2018-04/20/content_5284572.htm.

邹亮. 2018. 城市防灾中的韧性理念. 北京规划建设，（2）：18-21.

Rae A，Provan D. 2019. Safety work versus the safety of work. Safety Science，111：119-127.

第4章　雄安新区公共卫生应急管理能力提升对策

4.1　全球化背景下雄安新区卫生应急面临的风险

进入 21 世纪以来，全球化进程达到了前所未有的程度，从很多角度对卫生应急形势产生了深刻影响，在某种程度上可以说全球化的进程定义了当今全球卫生的形势和面临的挑战。突发公共卫生事件不仅对社会公众健康造成严重损害，而且使一个地区、一个城市、一个国家，乃至全球的经济受到影响。最近的 40 年来新病种出现的速度超过了过去的任何一个时期，新的传染病以每年新增一种或多种的空前速度出现，现今约有 40 种疾病在 30 年以前是不为人所知的；与此同时，全球经济文化的频繁交流和交通运输手段的丰富在很大程度上改变了传染病原有的扩散模式，全球人员流动大大加快传染因子及其传病媒介在国际上传播的速度，增加了传染的概率。

首先，从全球来看，传染病的传播穿过了地域的界限——从 2001 年美国的炭疽感染到 2003 年席卷全球的 SARS（severe acute respiratory syndrome，严重急性呼吸道综合征）事件，从 2006 年单一“禽流感”（程春华和杨久华，2012）到 2009 年的甲型 H1N1、2013 年的 H7N9，在 2015 年又变异成 H5N1 型病毒威胁人们的生命健康，还有 2015 年中东呼吸综合征（Middle East respiratory syndrome，MERS）等传染病在世界各国不同城市里暴发，其迅速扩散的趋势令人们感受到了危机蔓延的无国界性。随着航空旅行（每年 30 亿个旅行者）的发展，任何新病原体几小时内便可在全球传播。其次，从我国来看，我国也是突发公共卫生事件的高发国家，2003 年的 SARS、2004 年的 H5N1、2013 年的 H7N9 等均对公共卫生安全和经济发展产生较大的负面影响，损害政治稳定及国际形象。与此同时，中国卫生应急肩负着突发公共事件紧急医学救援的重大使命，也是推进健康中国建设和落实国家公共安全战略的重要内容。

2020 年世界卫生组织（World Health Organization，WHO）总干事谭德塞博士

指出，将与各利益相关方协作，将卫生保健和对传染性疾病暴发的防护放在全球安全、经济和社会发展议程的核心位置。在 2017 年二十国集团峰会上谭德塞博士指出，大流行病、突发卫生事件和薄弱的卫生系统不仅会造成生命损失，也是当今全球经济和安全面临的一大风险。

城市的快速发展、人口的快速流动等，都使突发急性传染病的传播穿越了地域的界限，全球经济文化的频繁交流和现代化交通网络改变了传染病原有的扩散模式，使得传染病的预防和控制变得更加困难，单纯靠医学研究给出治疗或免疫药物已经不能满足控制传染病大规模传播的需求。雄安新区的发展，必然也是一个快速人口聚集和流动的过程，必将面临严峻的突发急性传染病防控和突发事件紧急医学救援任务。随着雄安新区城市化进程的推进，人口的快速增长，面临的风险和公共卫生应急能力要求都发生了实质性的变化，更好地保障人民群众生命健康，是摆在我们面前的亟待解决的重要问题和任务。因此，研究符合雄安新区的公共卫生应急能力提升策略具有重要的现实意义。

4.2　城市和区域公共卫生应急能力

4.2.1　韧性城市与卫生应急

城市高人口密度增加了共享空间，增加了暴露风险。人口密度影响疾病，城市化增加了突发公共卫生事件风险，特别是通过呼吸道和粪口途径传播的疾病。在公共卫生领域，韧性还没有被广泛探讨，提高对自然灾害的防范和这些灾害对人类健康的影响将有助于识别公共卫生交叉科学的韧性，大多学者认同公共卫生的韧性概念重点在改善和维持社区环境（人的长期健康环境）及预防和应对突发公共卫生事件方面，其目标与公共卫生应急管理是相一致的。当前普遍把公共卫生应急作为城市安全韧性中不可缺少的一部分。

发达国家普遍将公共卫生应急准备作为公共卫生应急能力提升的核心。在卫生应急领域，美国、英国、加拿大等构建了全风险、全过程的卫生应急模式，公共卫生应急已扩展到包括传染病、自然灾害、生化/核辐射、恐怖袭击或事故等全风险因素。哈佛大学学者总结公共卫生应急能力研究主要集中在人员培训、信息沟通、响应体系、标准与指标等方面开展。美国重视公共卫生应急准备来增强应急能力，重视基础设施和人员培训，认为完善的公共卫生基础设施是防御各类突发公共卫生事件的最佳办法，加强专业人员知识培训对公共卫生应急管理的成功有巨大的推动作用（张明华等，2011）。世界卫生组织不断加强全球公共卫生应急能力建设，《国际卫生条例》对各成员国的公共卫生应急能力都有明确要求。2016 年 3 月发布的《世卫组织突发卫生事件规划制定工作的进展报告》指出，突发公共卫生事件规划将在准备、防范、风险评估、事件定级和管理方面建立统一的应急程序和系统。2015 年 11 月，世界卫生组织加强了对成员的卫生应急中心的指导，发布了《公共卫生应急中心框架》（*Framework for a Public Health Emergency Operations Centre*），推进各国卫生应急的能力建设，主要内容包括公共卫生紧急行动中心计划指导、突发公共卫生事件的管理、实施公共卫生紧急行动中心、培训与演练、监督与评估。

美国、日本等发达国家和地区各自建立了统一高效的卫生应急体系，并在一系列重大卫生事件的处置应对中发挥了关键作用。当前国际卫生应急体系的发展趋势如下（刘宏韬，2016）。

（1）先进的风险管理理念。美国、日本等发达国家和地区构建了“全风险”方法的综合性国家应急管理体系，形成全风险、全过程的“风险政务”模式，公共卫生安全已扩展到包括传染病、自然灾害、生化/核辐射、恐怖袭击或事故等全风险因素。

（2）统一高效的卫生应急管理体系。确立统一的指挥协调机构，建立统一指挥平台，提供畅通的部门间和前后方信息互联互通、清晰的应急指挥协调、人员物资调度。例如，美国疾控中心（Center for Disease Control，CDC）建设了覆盖“联邦-区域-地方”三级卫生行政部门和医疗机构的全方位、立体化、多层次的公共卫生应急体系。日本以官邸危机管理中心为总协调机构，在集中领导、统一调度、高效运转的指挥系统下，实现各基层医疗卫生机构的共同支持、紧密协作（宣琳琳和常烁，2015）。

（3）技术先进的应急平台系统。美国、日本等发达国家和地区已各自建立了统一高效的应急平台体系，如美国各级卫生应急中心（Emergency Operation Centre，EOC），积极利用先进成熟的信息和通信技术，帮助决策者对态势进行更准确及时的预测和判断，提升信息采集效率和互联互通，提高工作人员常态和应急情况下的工作效率。

（4）触角遍布基层的公共卫生监控预警网络。建立完善的基层监控和预警系统，建立与公众密切沟通的渠道，在第一时间预测或发现并采取措施，遏制事态发展。

4.2.2 中国卫生应急现状

自 SARS 事件以来的十几年间，我国突发公共卫生事件应急管理过程中逐渐形成多部门的协调机制。建立了应对突发公共卫生事件和各类传染病疫情的联防联控工作机制，以及开展突发事件紧急医学救援的协调联动工作机制。各级各部门总体上能够协调配合，初步建立起预防与应急并重、平时与急时相结合的卫生应急管理机制。国家卫生健康委员会已基本完成分布全国的四大类 38 支国家卫生应急队伍建设，地方各级卫生应急队伍建设稳步推进，全国累计开展紧急医学救援专业人员培训八万余人次、组织应急演练两千余场次。

中国公共卫生应急平台体系在功能实现方面，一是实现了传染病疫情和突发公共卫生事件的网络直报；二是初步具备上下联动、视频会商、风险评估等功能，在突发急性传染病防控和突发事件卫生应急工作中发挥了重要作用。

虽然中国突发公共卫生事件体系建设取得了很大的进步，但与欧美等发达国家相比，差距仍然很大。SARS 事件后中国传染病监测直报系统发挥了巨大作用。以临床诊断和实验室诊断为基础的传统疾病监测系统由于在症状报告或样品采集和疾病的最后诊断之间通常存在一段滞后期，因而症状监测（syndromic surveillance，也称征候群监测）作为传统监测的补充方法得以迅速发展并受到越来越广泛的关注。但目前中国症状监测尚未形成体系，应用范围不全面、预警指标不具体、缺乏机制体制保障，区域卫生信息共享与业务协调系统和机制的不足一定程度上制约了症状监测系统发展（柏鸿凌等，2017）。中国疾病预防控制中心曾在某两省开展严重临床异常病例/事件的监测与分析试点研究，由于各省份卫生信息化水平不均衡，通用结构化电子病历改造或添加通用的拦截报告模板存在一定困难。随着大数据技术的发展，亟须将相关大数据方面的技术引入，建立功能强大的预警信息系统，开放数据形成多元参与机制，建立合理科学的突发公共卫生事件预警指标体系（裴刚，2017）。

目前，全国卫生应急体系总体不平衡，尚未形成合力，已建应急平台大多集中在卫生应急的基本功能和应用，在风险早期发现、辅助决策、协同处置、风险沟通，以及日常应急能力建设等方面的支撑能力存在明显不足，在很大程度上制约了公共卫生应急能力的提升。

1. 尚未形成能发挥合力的全国卫生应急平台体系

没有成熟的应急机制，这就会导致政府时常缺位，缺少各个部门的通力合作。目前，全国仅有个别地区或单位建设了卫生应急平台，但多数以支撑卫生健康行政部门为主，疾控中心、急救中心、医院等卫生应急处理专业机构平台建设参差不齐；平台建设领域发展的不均衡，不仅对自身卫生应急工作支撑不足，而且对卫生健康行政部门指挥决策的支撑力度不够，更制约着卫生应急体系的整体业务协同。

2. 在突发急性传染病风险早期发现方面缺乏有力支撑

早期、及时发现突发急性传染病对于有效防范至关重要。目前，尚无法实现从医疗机构电子病例、临床异常征候群、网络和自媒体等多种信息渠道及时、广泛获取突发公共卫生事件有关情况，并进行智能分析，不能为快速和准确风险评估提供有力支撑。基层卫生疾病预防控制机构的设备简陋，只能对少数常规项目进行监测，在防治应对突发急性传染病、食物中毒、职业中毒等突发公共卫生事件时很难发挥其应有的作用。

3. 在卫生应急科学决策和高效处置方面缺乏有效支撑

在处理突发事件过程中缺乏信息化手段支撑。一是无法高效进行各类信息的体系化管理、突发事件的态势分析和趋势预测，以及对卫生应急的资源快速分析。二是不能基于相关规范、机制和历史案例等资料辅助决策方案的科学快速生成。三是缺乏高效的指挥协调，以及卫生应急各专业机构之间、现场与指挥中心之间互联互通的业务协同。

4. 在卫生应急资源掌握和调用方面缺乏有效支撑

缺乏对全国卫生应急机构、物资、专家、队伍等资源的信息化和体系化管理，以及对开展卫生应急演练和能力评估等工作的辅助；缺乏在常态下了解和掌握公共卫生应急能力建设管理和展示的平台；缺乏在突发事件应急响应时进行指挥决策调度的平台。

5. 在舆情监测和舆论引导方面缺乏有效支撑

目前，尚无法从网络、自媒体等多渠道快速获取和分析公众对突发事件的反应，无法为及时引导社会舆论提供有力支撑。我国在处置突发疫情时，往往遵循“严、密、实、早”的原则，注重“外松内紧”，对疫情信息发布极其严密，只有中央才有权力对外发布信息。这一措施尽管会起到制止谣言的作用，但会使疫情发布缺少广泛性和透明性，从而导致社会大众、各级政府和部门对疫情的重视程度降低。

6. 传染病早期监测与发现缺乏体系和技术支撑

在硬件建设方面，在建立健全国家及地方监测实验室，改善检测仪器设备，引进国外先进的传染病监测技术，研究推广灵敏、高效、快速的检测方法、疫苗及治疗药物的研制等方面投入不足。在软件建设方面，尚未建立传染病监测的国家、省、市、县、镇五级实验室监测网络平台，监测效率不足。卫生技术人员的培训机制和提高监测队伍的业务水平、综合素质也需要加强。

4.3　雄安新区卫生应急需求

突发公共卫生事件具有传播性强、危害较大等特点，这决定了在卫生应急处置的过程中，必须有一套科学先进、适合卫生系统业务流程、建设标准统一的应急指挥系统进行保障，使突发公共卫生事件的信息上报、指令下达、资源调配等做到快速准确高效，从而为应急处置争取宝贵的时间，达到减少损失的目的。

4.3.1　卫生应急体系

全国卫生应急体系覆盖国家、省、市、县 4 级卫生健康行政部门和疾病预防控制机构、院前急救机构、各级各类医院等机构。雄安新区属于地市级卫生应急层面，业务范围涵盖公共卫生应急能力建设、信息接报、监测与风险评估、突发公共卫生事件响应、突发事件紧急医学救援和国际卫生应急等方面。在突发事件卫生应急中，雄安新区卫生健康部门需要与人民政府、政府相关部门、社会公众，以及与世界卫生组织开展业务协同，具体关系如图 4-1 所示。

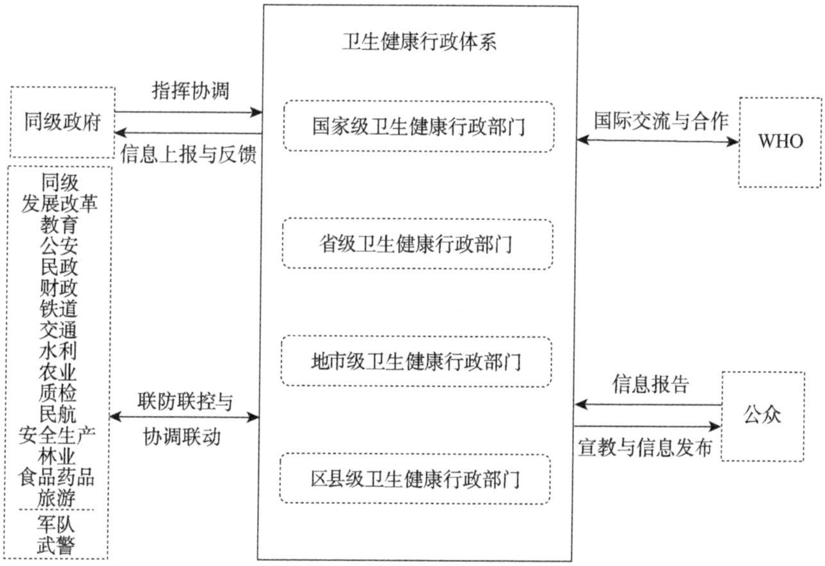

图 4-1　卫生系统与外部机构卫生应急业务关系示意图

1. 与人民政府的关系

未发生突发公共卫生事件时，雄安新区卫生健康行政部门及时向雄安新区人民政府上报本辖区卫生应急资源、法规预案等的具体内容，并保证内容的现势性和准确性。在突发公共卫生事件应急和突发事件紧急医学救援过程中，雄安新区卫生健康行政部门按规定时限向人民政府上报事件信息，并在人民政府的统一领导和指挥下开展卫生应急，并随时上报事件卫生应急的相关情况。

2. 与政府相关部门的关系

突发公共卫生事件应对时，根据需要雄安新区卫生健康行政部门与相关部门启动联防联控机制，将联防联控方案发送给相关单位，并及时从相关单位获取突发公共卫生事件的监测情况，以及检疫查验、临时隔离、群防群治等情况。

突发事件紧急医学救援时，根据需要各级卫生健康行政部门启动协调联动机制，将协调联动方案发送给相关单位，并及时从相关单位获取突发事件信息、天气状况、交通管制等情况。

3. 与社会公众的关系

雄安新区卫生健康行政部门统一向公众发布卫生应急处置的相关情况，以及卫生应急相关知识等；同时，接收公众报告的突发公共卫生事件。

4. 卫生系统内部卫生应急业务关系

雄安新区与卫生应急业务相关的机构包括卫生健康行政部门、市级疾病预防控制机构、院前急救机构、医疗机构等，以及卫生应急队伍；在雄安新区卫生健康行政部门的领导和组织下，上述机构在参与完成卫生应急“平时”和“急时”各项业务中，实现互相协作和信息共享。

5. 雄安新区卫生健康行政部门及各机构的关系

雄安新区卫生健康行政部门与疾病预防控制、院前急救、医疗机构等医疗卫生机构，以及医疗卫生救援现场指挥部和卫生应急队伍关系如图 4-2 所示。

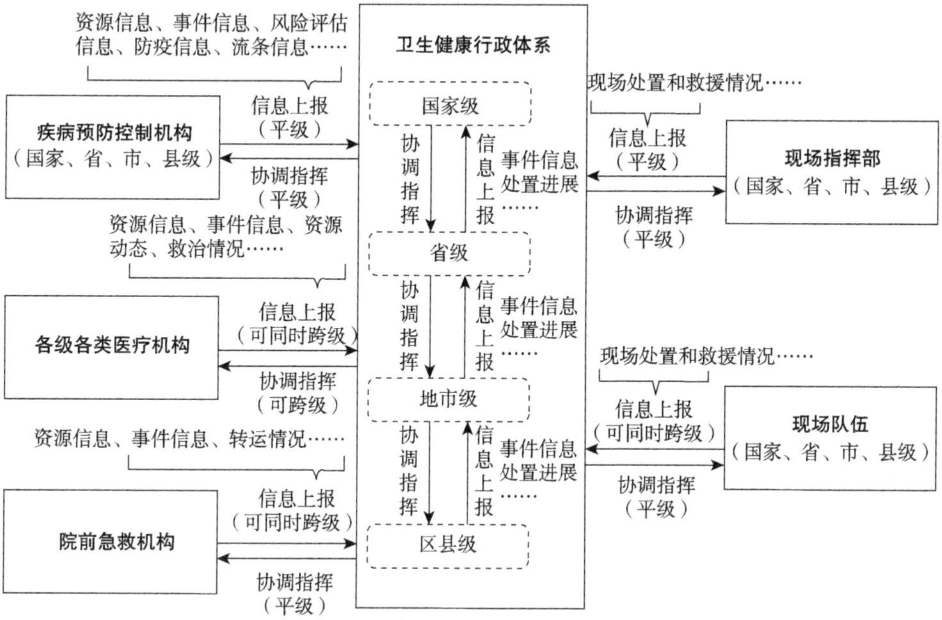

图 4-2　各级卫生健康行政部门及各机构与行政部门业务关系示意图

1）疾病预防控制机构与卫生健康行政部门的关系

雄安新区疾病预防控制机构按相关规范要求向卫生健康行政部门上报突发急性传染病监测和风险评估，以及突发公共卫生事件等情况；在卫生健康行政部门的统一指挥和协调下开展卫生应急工作，上报其他突发公共卫生事件和突发事件紧急医学救援中应急监测和防疫等情况；卫生健康行政部门汇总本辖区疾病预防控制机构应急资源等能力建设的情况。

2）医疗机构与卫生健康行政部门的关系

医疗机构按相关规范要求向属地卫生健康行政部门上报突发急性传染病等突发公共卫生事件；在突发事件紧急医学救援过程中，按要求向有关卫生健康行政部门上报本单位医疗救治动态和医疗资源动态等；卫生健康行政部门汇总本辖区各级各类医疗机构应急资源等能力建设的情况。

3）院前急救机构与卫生健康行政部门的关系

院前急救机构按要求及时向本级卫生健康行政部门上报自然灾害、事故灾难、社会安全事件等突发事件紧急医学救援信息，以及伤员转运情况；卫生健康行政部门汇总本辖区院前急救机构应急资源等能力建设的情况。

4）现场指挥部与卫生健康行政部门的关系

现场指挥部在紧急医学救援领导小组的指挥下开展应急工作，并将现场情况及时上报至本级卫生健康行政部门。

5）现场队伍与卫生健康行政部门的关系

各类现场卫生应急队伍按照有关要求，将现场伤亡情况、救援情况等及时上报至相关卫生健康行政部门。

6. 医疗卫生机构之间的业务关系

疾病预防控制机构接收本机构现场队伍发回的现场监测信息、防疫情况等。医院接收本院现场队伍发回的现场救治情况等。院前急救机构向相关医院抄送事件信息、伤员病情及救治情况；相关医院向相关院前急救机构抄送本院床位、医护等资源的动态信息，具体如图 4-3 所示。

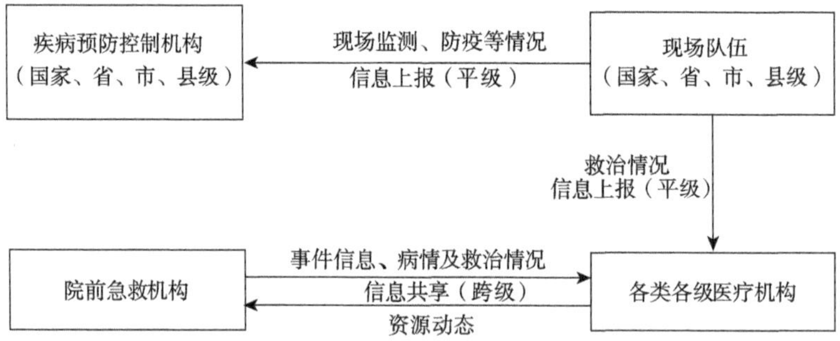

图 4-3　医疗卫生机构之间的业务关系示意图

4.3.2　卫生应急主要任务

1. 建立卫生应急组织机构

按照建立“统一领导、综合协调、分类管理、分级负责、属地管理为主”的卫生应急组织管理体系的要求，新区卫生健康部门开展卫生应急工作办事机构建设。二级及以上综合性医疗机构、院前急救机构、疾病预防控制中心按照《全国疾病预防控制机构卫生应急工作规范（试行）》和《全国医疗机构卫生应急工作规范（试行）》要求加强卫生应急规范化建设。

2. 开展卫生应急制度建设

按照《全国医疗机构卫生应急工作规范（试行）》及《全国疾病预防控制机

构卫生应急工作规范（试行）》要求，促进新区各级医疗卫生机构健全卫生应急工作制度，履行工作职责。制定新区预防与应急准备、监测预警与风险评估、指挥协调与应急响应、联防联控、培训演练、信息报告、物资储备、社会动员、应急值守等涉及卫生应急各项工作的规章制度及工作规范，保障卫生应急管理各要素之间、合作主体之间及各系统间的有机关联、相互协调，科学、合理、有效规划配置卫生应急资源。

3. 建立突发公共卫生事件应急指挥系统

建立突发公共卫生事件应急指挥系统，实现与应急管理、气象、地震、公安、交通等其他部门信息资源共享，强化突发公共事件卫生应急联防联控。为满足突发事件现场卫生应急工作的综合协调、监测预警、应急指导、应急处理等工作需求，提供功能全面、性能可靠、机动性强的工作指挥空间和通信保障。

4. 开展卫生应急队伍及能力建设

建立专业卫生应急队伍，开展卫生应急体系人才培训，建立卫生应急队伍日常管理和应急调用机制，制定各级卫生应急队伍装备标准，重点加强极端条件下卫生应急队伍专业装备和后勤保障配置，逐步实现卫生应急队伍装备专业化、标准化、规范化（郭庆，2016）。

5. 加强卫生应急物资装备储备建设

建立卫生应急物资储备机制，合理确定物资储备目录和规模，以及实物储备、社会储备和生产能力储备的比例。科学规划卫生应急物资储备布局，依托医疗卫生机构分级分类建立集中规范的卫生应急基本物资储备库，开展卫生应急物资采购、储备、调拨、配送和监管的动态化管理。推动物资储备信息化建设，提高应急物资综合协调和分类分级保障能力。针对卫生应急需求，加强科研创新和技术储备，推动核心关键技术、药物、试剂、装备等的研发。

6. 开展传染病防控体系建设

深入开展新区重点人群、重点季节的传染病流行病学调查，强化风险评估和监测预警，实现防控关口前移。强化联防联控，积极控制传染源，有效切断疫情传播途径，保护易感人群。充分运用互联网+、大数据等信息化技术，争取疫情早发现、早报告，迅速反应，依法科学应对。支持医疗机构改善急诊科设备设施和布局，使之符合医院感染控制要求；提升急诊科医务人员的突发急性传染病早期识别和应急处置水平，建立首诊负责、会诊等制度和应急处置流程。新区建设传染病医院，使其具备高水平的综合救治能力和生物安全防护条件，并积极发挥其突发急性传染病诊疗支撑和中心医院的作用。新区建立突发急性传染病疫情防控专家队伍，规范突发急性传染病现场处置和病例安全转运流程、机制，加强突发急性传染病临床救治定点医院管理，强化综合性医院感染疾病科建设，落实责任和院感防控措施，严防医源性感染。严格遵照实验室生物安全相关规定，以及突发急性传染病菌毒种安全保藏要求，严防实验室生物安全事故发生。

7. 建立紧急医学救援体系

依区域布局规划建设新区紧急医学救援中心和移动处置中心，重点加强专业处置、装备保障和远程投送能力。坚持以“预防为主，常备不懈；优势互补，资源共享；毗邻对接，协调联动”为原则，新区与北京市、天津市、河北省相邻区域建立长期、稳定、高效的卫生应急合作机制，通过卫生应急合作，共同应对突发公共卫生事件，开展突发事件紧急医疗卫生救援工作。推进航空医疗转运与救治，制定支持航空医疗转运与救治发展的政策和保障措施，逐步开展新区航空医疗转运与救治的专业队伍和装备设施建设，积极探索建设新区航空医疗救援力量。

4.4　风险现状与未来变化

4.4.1　雄安新区卫生应急现状

根据中国疾病预防控制中心的统计数据，雄安三县2017年法定传染病总体发病死亡概况如下。

（1）安新县：发病率为404.04/10万（低于全国同期506.59/10万），死亡率为0.446/10万（低于全国同期1.33/10万）。

（2）雄县：发病率为393.21/10万（低于全国同期506.59/10万），死亡率为0.27/10万（低于全国同期1.33/10万）。

（3）荣城县：发病率为827.57/10万（高于全国同期506.59/10万），死亡率为1.13/10万（约和全国同期1.33/10万持平）。

目前三县的公共卫生日常工作主要由县医院、疾病预防控制中心、妇幼保健所、各乡镇卫生院承担，县医院作为院前急救及传染病定点医院，并依托该院储备公共卫生应急药品。新区三县均编制了突发公共卫生事件应急预案，并开展每年 1 次的公共卫生应急培训演练，但在卫生应急领域，信息化手段应用极少，没有公共卫生信息应急平台，在监测预警方面还有待加强，在重大疫情处置应对方面也存在经验不足的问题。雄安新区总体公共卫生应急能力仍然存在较多薄弱环节。

（1）卫生应急机构和专家库较弱，各区县的应急专家库设置率和应急机构设置率低于国家标准。

（2）应急人员数量不足，结构不合理。各区县专业人员数量差异明显，各区县卫生应急人员学历水平总体偏低，明显低于省、市疾控机构。

（3）应急装备和物资不足。县级疾病预防控制中心仪器设备配置数量尚不能维持常规工作的开展。县级疾病预防控制中心完成常规工作所需仪器设备装备水平与国家规定的装备标准相比，总拥有率不到 60%，仪器设备不达标占多数，数量也不能满足实际工作需要。

（4）应急经费投入不足。财政投入占机构基本支出的比例较低，仍然存在较大缺口。由于缺少资金和人才，或设备落后，许多必检项目不能开展。

（5）应急培训和演练效果不足。对于现场流行病学培训较多，对于机构检验和应急管理的培训较少，处置演练开展较少。方案、预案的可操作性较差，一旦出现突发公共卫生事件等情况，很难按照方案流程执行。

目前雄安新区公共卫生应急能力与未来的风险相比存在明显差距。首先是基础薄弱。省市级及以上层面的突发公共卫生事件应对处置能力和应急管理体系得到快速发展，但基层卫生应急仍然存在着应急管理体系不健全、预警系统不完善、应急物资储备不合理、紧急医学救援管理模式不明确、专业技术人才培养不重视、应急能力建设经费不充足等问题，尤其是河北省雄县、容城县、安新县三县及周边区域的应急救援体系和应急能力建设情况一直以来都未被特别关注，所以公共卫生应急能力的提升对原本只是普通区县的雄安新区来说，是不得不解决的关键问题所在。

其次是发展地位重要，但目前与此差距巨大。受人类社会经济快速发展、生态环境变化和生产生活方式改变等诸多因素影响，突发事件的发生越来越呈现形式复杂、影响范围大、破坏性强、救援困难等趋势，对关键城市和地区的公共卫生应急能力建设提出了更高的要求。雄安新区与北京、天津正好形成一个等边三角形，地位和重要性比肩于深圳特区和浦东新区，与京津冀协同发展的背景密切相关，是京津冀协同发展的历史性战略选择。雄安新区的公共卫生应急能力既需要符合国际卫生应急趋势，又要符合国家公共卫生应急能力发展要求，还要能保障新区快速建设并安全运行，这就决定了雄安新区对公共卫生应急能力建设的高要求、高标准。

4.4.2　雄安新区卫生应急的变化与挑战

影响城市建成及空间扩张的基本社会经济因素包括：城市的经济发展、人口增长和交通设施建设等。在雄安新区的城市化发展过程中，也必然会出现人口急剧增加、人员流动加快、快速城市化等问题。首先，高速的城市经济发展和大规模的城市人口增长将会形成一个互促互动、互为因果的循环过程，即城市经济发展产生大量的就业岗位需求，进而吸引人口从乡村向城市大规模转移，促进城市人口数量增长；而大量就业人口在城市集聚所形成的高效、整合的劳动力市场优势，又会吸引大量外来企业投资，从而促进城市经济进一步发展。其次，在上述发展循环的过程中，一方面，城市经济高速发展的进程必然构成对城市产业空间的内在需求；另一方面，在快速城市化的背景下，以大量的农村人口向城市转移为主导的城市人口增长进程必然会引发对城市生活空间的内在需求。再次，城市道路交通建设的影响一方面为城市居民与企业间、城际的经济活动联系提供了空间可达性条件，另一方面为实现城市建成及空间扩张进程提供了必不可少的基础设施网络。最后，人口急剧增加、人员流动加快、交通基础设施建设等人类活动是影响公共卫生事件发生与传播的主要动力之一，城市化、流动人口、交通等人类活动因素都是传染病发生与传播的社会环境驱动力（吴晓旭等，2013），如图 4-4 所示。

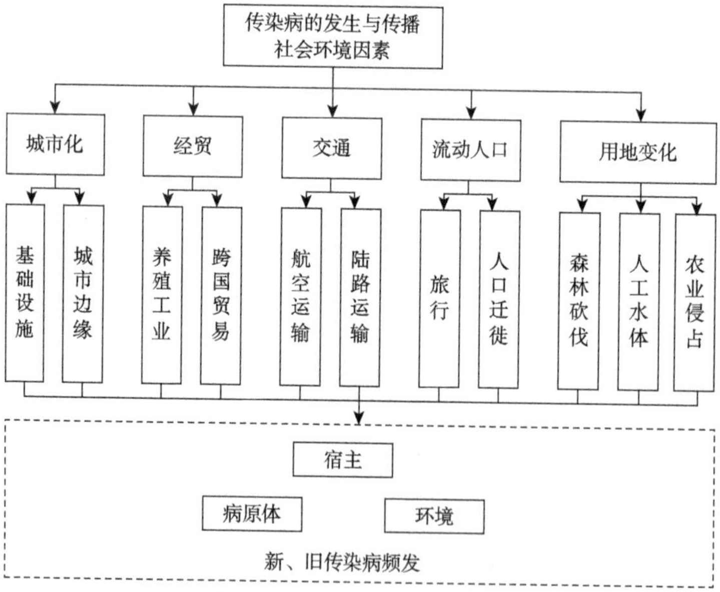

图 4-4　城市发展对公共卫生风险的变化影响

随着雄安新区城市化进程的推进，人口的快速增长，防范各类突发性公共卫生事件、加强各类突发事件紧急医学救援，雄安新区面临的风险和卫生应急能力要求都发生了实质性的变化，更好地保障人民群众生命健康，是摆在我们面前的亟待解决的重要问题和任务。

一是雄安新区面临全球公共卫生的输入性风险增加。目前，突发急性传染病在全球不断出现，境外输入传染病风险不断增大，雄安新区未来发展建设必然是一个全球化参与的过程。2005 年全球性的人禽流感疫情，2010 年甲型 H1N1 流感的全球肆虐事件，2013 年登革热疫情，2014 年埃博拉疫情，2015 年中东呼吸综合征肆虐，2016 年寨卡病毒肆虐等突发公共卫生事件。2013 年 12 月初，位于西非的几内亚暴发埃博拉疫情，之后疫情输出至邻国及欧美等发达国家，综合死亡率约为 67%。截至 2015 年 3 月初，西非 3 国（几内亚、利比里亚、塞拉利昂）共报告病例近 2.4 万例，死亡近万人（吴照春，2015）。由于公共卫生应急的基础总体依然薄弱，公共卫生事件防控难度增大。

二是雄安新区的快速规划建设，人口聚集使得突发公共卫生事件防控风险增大。人口迁移是中国城市化进程的一个重要组成部分，国际化、普遍化的旅行及农村向城市的人口迁移所造成的人口流动是传染病大规模传播的根本原因。雄安新区在建设、运行、发展阶段都将面临从农村到城市的巨大转变，面临常住人口、流动人口、人畜接触、自然与居住环境的动态变化和各类人群之间发展不平衡等问题。在此过程中，原有自然环境、生活习惯、水系湖泊、候鸟迁徙的影响和变化，以及在建设过程中人口的迁徙、流动和短暂性的聚集过程等，都给传染病等区域性突发公共卫生事件的时空聚集特征、人际传播和动物-人际传播等造成新的影响，并加大风险。例如，人在城市中心比在农村地区感染结核病的概率通常更高。又如，人群聚集使得埃博拉传播速度急剧上升，2014 年埃博拉在三个总人口近 300 万，过度拥挤、随意开发的非洲国家首都（几内亚科纳克里、塞拉利昂弗里敦、利比里亚蒙罗维亚）暴发（吴朝学等，2015）。同样，美国热带地区城市化加速了 2016 年寨卡病毒在美洲的蔓延。

三是雄安新区城市发展中的高效进行突发事件紧急医学救援的要求。以天津港“8・12”特大爆炸事故以例，其造成了大量人员伤亡和经济财产损失，共有 165 人遇难，8 人失踪，798 人受伤。现场多种危险化学品为应急救援工作带来困难，爆炸事故现场伤员救援、转院、医疗保障等卫生应急任务繁重。然而，当前各地方在卫生应急过程中，并不能很好地与其他部门共享报警和预警信息，存在事故性质不明确、第一梯队救援装备不全、缺乏多部门救援联动等问题，很难及时将有限的医疗资源合理投入医学救援中，从而使救援决策更有据可循，救援程序更科学严谨。院前院内信息互通和无缝链接机制有待建立和完善，未形成长效机制。

总而言之，雄安新区面临着国内外突发公共卫生事件日益增多，卫生应急能力建设日益紧迫的趋势，而雄安新区的发展作为千年大计、国家大事，卫生应急能力必然有更高的要求和标准。这就需要借鉴国际公共卫生应急的发展理念，考虑新区人口、自然、环境、医疗条件、实验室监测条件等发展特点，研究京津冀地区和雄安新区公共卫生应急的风险、影响和有利条件，研究制定与公共卫生应急能力相关的构建方法和提升策略。

1. 人口集聚形势的影响

雄安新区未来发展过程中的人口增长模式，我们可以从深圳特区、浦东新区、滨海新区、两江新区等国家级新区的建设中得到经验。根据研究（谢广靖和石郁萌，2016），自各新区分别成立至 2012 年，深圳特区、浦东新区、滨海新区、两江新区常住人口分别增加了 1 021 万人、387 万人、110 万人、30 万人，年均增长分别约为32万人、17.6万人、18万人、15万人，年均增速分别超过11%、6%、9%、7%，出现了高速甚至超常规高速增长，人口急速集聚。更难以置信的是，个别年份的人口增量达到了中等城市的人口规模。1991 年、1993 年、1994 年、1998 年深圳特区常住人口分别增长了约 59 万人、68 万人、77 万人、53 万人，2010 年浦东新区人口增量更是达到了 85 万人之多。截至 2012 年底，深圳特区、浦东新区、滨海新区的常住人口分别已为成立时的 31 倍、3.8 倍、1.7 倍，人口集聚效应非常明显。

人口急速聚集必然影响公共卫生事件的发生概率与传播速度。从历史经验来看，2014 年的埃博拉在过度拥挤、随意开发的非洲国家首都（几内亚科纳克里、塞拉利昂弗里敦、利比里亚蒙罗维亚）暴发，三个城市总人口近 300 万；同样，美国热带地区城市化加速了 2016 年寨卡病毒在美洲的蔓延。这都表明人口聚集使公共卫生事件的防控风险增大。

为了研究公共卫生事件发生后在城市中的传播模式，从 20 世纪开始，就有许多专家学者通过构建模型来研究传染病的传播模式及防控策略。通过构建城市的人员接触网络模型，模拟大规模人员接触网络中的传染病的传播过程已成为一种比较成熟的思路。为了探究雄安新区的城市发展（人口分布）对公共卫生事件发生与传播的影响，我们提出图 4-5 所示的层次性地理网络模型，即在以城市为节点建立网络模型时，既考虑地理上的实际连接，又考虑层次上的理论连接。

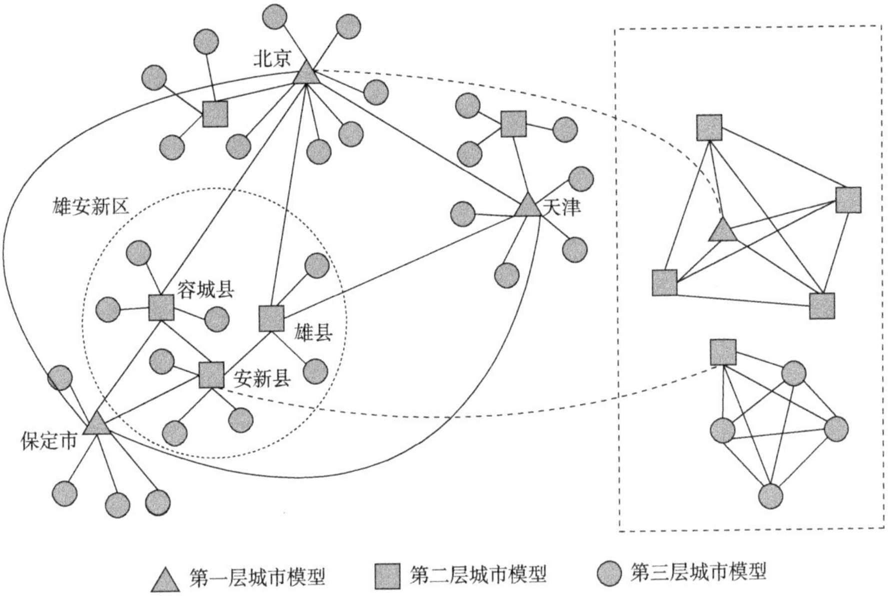

图 4-5　雄安新区与北京、天津等京津冀地区的链接

雄安新区城市内的人员接触模式和已有城市的集合种群网络的人员接触模式类似。

在城市内部，我们认为个体一般位于特定场所，如社区、学校、地铁、超市、餐厅、医院等，每个公共场所内的子人群都用一个子网络（一个虚框）来描述，我们称所有这些子网络的集合为公共网络。人群所形成的接触关系包括两个部分，即子网络内部人员充分连接、子网络之间也有一定比例的人员流动。

雄安新区未来的人员接触模式，大致如图 4-6 所示。

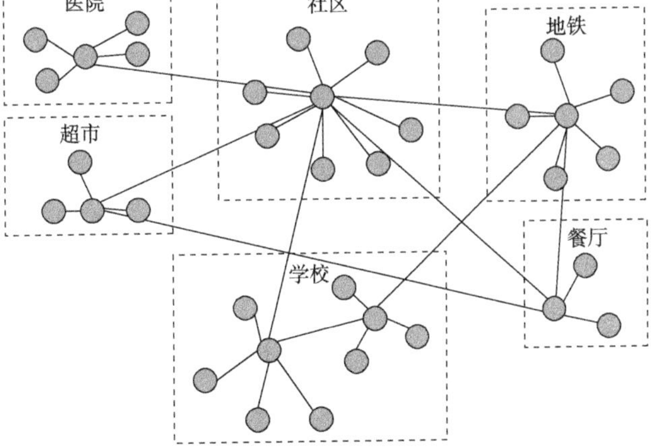

图 4-6　雄安新区人员接触模式分析（以学校对外联系为例）

构建出层次性地理网络模型和人员接触网络模型后，可以通过模拟，发现雄安新区在城市化过程中，随着人口的数倍甚至数十倍增长而带来的公共卫生风险。

2. 人口流动形势的影响

在发展中国家激增的城市人口中有近 40%来自农村，流动人口往往伴随较差的医疗卫生环境、较高的人口居住密度，极易造成传染病的暴发，并在规模巨大的人口流动及空间集疏过程中将疫情进一步扩散。以中国为例，1982 年第三次全国人口普查时，中国流动人口仅为 657 万人，占总人口的 0.65%，而在 2000 年第五次人口普查和 2005 年 1%人口抽样调查时，中国流动人口已分别高达 1.21 亿人和 1.47 亿人，占总人口的 9.55%和 11.24%，在 2003 年的 SARS 事件和 2009 年的甲型 H1N1 流感大流行中，他们既是极易被感染的脆弱群体，又是最不易控制的群体。在中国北京针对流动人口健康的调查研究表明，从农村到城市的流动人口普遍存在较高的患病风险，并且精神压力较其他人群更大。类似调查也显示，病毒性肝炎、梅毒、麻疹、痢疾、流行性腮腺炎、其他感染性腹泻等发病率也显著高于常住人口发病率。类似的情况也发生在其他发展中国家，如巴西多个城市曾暴发的大多出现在农村的利什曼病，便是大量农村人口流入城市造成的；坦桑尼亚首都达累斯萨拉姆曾暴发霍乱，究其原因便是其存在大量的流动贫困人口与落后的配套设施。

国家化、普遍化的旅行也加快了人口的流动。20 世纪以来，随着交通工具的发展，人类从局限的地区间旅行过渡到国际旅行，1970 年以来国际旅行者数量增长了 1 300%，其中生态旅游、探险旅游是增长速度最迅猛的产业，同时也是疾病传播风险极高的活动，自 1985 年开始每年都保持 10%的增幅。快速激增的旅游、公务旅行、移民放大了各种病原体的扩散能力，目前报道传播过的病种包括人类免疫缺陷病毒（human immunodeficiency virus，HIV）、军团病、环孢子虫病、霍乱、病毒性出血热、传染性海绵样脑病、登革热、疟疾、血吸虫病、钩端螺旋体病、肺结核、耐药性痢疾等；按传播途径大致可划分为经食物或水传播病、空气或飞沫传播病、动物疫源传播病等。2006 年基于国际紧急传染病监测网（Geosentinel Surveillance Network）数据，统计了 1996 年 6 月至 2004 年 8 月 17 353 名到发展中国家的旅游患病者信息，结果显示，疟疾是旅行中致死率最高的传染病，腹泻则是出现概率最高的疾病，其次是登革热、伤寒。非洲蜱咬热，经由旅游已被报道超过 350 起跨大洲病例；由埃及伊蚊、白蚊传播的登革热原是热带地区的地域性传染病，但随着旅游者感染后在途中或回本国后发病并成为新的传染源，已经在世界范围内广泛传播。利什曼病在 20 世纪最后 20 年中快速传播，包括发达国家和非传统疫区国家，其中一个重要因素便是激增的国际旅游。

另外，一些全球性人群聚集事件，如奥运会、世界博览会、世界杯等，对旅行的人数、目的地存在巨大影响，其为主办国吸引大量游客的同时也相应增大了传染病暴发的可能。

3. 交通条件变化的影响

随着社会和经济的发展，航空、铁路、公路等交通运输网络在覆盖面积、运输速度和旅客吞吐量等方面持续扩大和提高，极大地便利了不同国家和地区之间的人员交流和往来。近年来，中国交通基础设施建设的不断完善更是加速了人口流动的速度。现代化交通网络在为人们的经济生活带来极大便利的同时，也使得传染病病毒和病菌以更快的速度向更广大的人群蔓延，大大提高了传染病病毒入侵和大范围流行的风险。现代交通系统作为环境系统的主要组成部分，深刻影响着传染病的传播方式，研究交通系统对传染病传播特征的影响成为当前研究的重点之一。

目前，传染病跨地域传播的速度比历史上任何时候都要快。这是因为航空运输作为一种快速高效的运输方式，在疫病长距离传播过程中起到了极大的助推作用。在针对 2003 年暴发的 SARS 疫情的传播研究中，虽然不同学者对 SARS 在飞机上传播的风险等级存在不同看法，但是对航空运输在疫情扩散中所起的巨大助推作用已经达成共识。在针对 2009 年暴发的甲型 H1N1 流感疫情的研究中，学者发现在疫情发展初期，几乎所有与墨西哥通航的国家都出现了甲型 H1N1 流感的确诊病例。这意味着世界上任何一个地方一旦疾病暴发或流行，仅仅几小时后疫病就可能扩散到世界其他地区。2014 年西非三国暴发的埃博拉疫情，导致当地上万人感染，数千人丧生。正是国际卫生机构吸取之前疫情防疫工作的经验，快速采取了切断从西非疫情国家到世界其他国家的民用航线的措施，从而极大减少了该病毒的传播范围，为抑制疫情的进一步发展做出了巨大贡献。航空运输中传染病传播的途径主要包括：飞沫传播、近距离接触传播、昆虫传播、食物污染传播等。做好机场出入境疫情防疫工作是阻断传播路径的有效措施，主要包括人的传染病检测和物品消毒工作。

航空运输规模持续扩大。这也使得传染病可以更快地传播到更远的地方，做好航空运输的疫情防疫工作刻不容缓。

如果说航空运输在传染病传播领域的特点是“传播速度快”“传播距离远”的话，那么铁路运输的特点是“传播分布广”和“感染数量多”。高速铁路将越来越多的城市、越来越多的人口连接起来，使得疫情以“地毯式”的方式进行传播，疫情防疫工作的难度更大。

无论是航空运输还是铁路运输，一旦发生重大疫情，及时切断传播源的传播途径无疑是一个有效办法。但是现在一些新区的交通规划已经不简单是某一种交通方式的规划，而是一个整体交通网络的设计。

根据河北省委、省政府出台的《河北雄安新区规划纲要》，新区的交通建设主要包括以下几个方面。

机场建设方面：依托高速铁路、高速公路网络，加强新区与北京新机场、首都国际机场、天津滨海机场、石家庄正定机场之间的快速高效联系。

铁路建设方面：构建“四纵两横”区域高速铁路交通网络，重点加强雄安新区和北京、天津、石家庄等城市的联系。“四纵”为京广高铁、京港台高铁京雄—雄商段、京雄—石雄城际、新区至北京新机场快线，“两横”为津保铁路、津雄城际—京昆高铁忻雄段，实现新区高效融入“轨道上的京津冀”，20 分钟到北京新机场，30 分钟到北京、天津，60 分钟到石家庄。

公路建设方面：构建“四纵三横”区域高速公路网。“四纵”为京港澳高速、大广高速、京雄高速（含新机场北线高速支线）、新机场至德州高速，“三横”为荣乌高速新线、津雄高速、津石高速，实现新区 60 分钟到北京、天津，90 分钟到石家庄。加强新区与天津港、黄骅港的交通联系，畅通新区出海通道。

从上面的规划纲要我们可以看出，新区的交通建设已经不再是一个孤立的个体，而是一个综合、联动的交通系统。这种复合的交通系统极大地丰富了人们的出行选择，减少了人们的换乘时间，但为传染病的传播扩散提供了条件，防疫的难度随着交通网络的复杂性提高。所以疫情防疫工作不能简单地采取某一种方法，而应该多管齐下，综合治理传染病传播扩散问题。

4. 其他因素的影响

随着城市化进程的发展，城市向外扩展，流动人口激增，城市人口聚集。然而，快速城市化常常伴随着贫困、居住环境恶化和超出服务能力的人口需求，这种持续的从农村到城市的人口移动将改变全球传染病和死亡的模式。

城郊接壤的传染病风险。随着城市的扩张，发达国家和发展中国家面临着同样的问题，即城市边缘（城郊）往往首先进入森林、荒地等未开发利用区域，一方面人类迁入新的区域与环境往往缺乏相应的免疫力，另一方面人类的介入会在该地区引入新的病原体与传播媒介，已报道的相关疫病包括黄热病、锥虫病、疟疾等。

综上所述，针对城市发展中的几大明显特征我们发现：农村向城市的人口迁移及国际化、普遍化的旅行所造成的人口流动将会是影响新兴城市公共卫生事件大规模爆发的根本原因。快速城市化伴随的城市基础设施滞后及城市边缘公共卫生事件的高发生风险将改变公共卫生事件发生及其造成死亡的模式；飞速发展的航空、公路和铁路交通运输，不但加快了疾病传播的速度，也扩大了疾病传播的范围。另外，频繁的经济贸易增加了公共卫生事件爆发的可能性，为病原体远距离扩散、新型病毒随牲畜贸易沿途扩散等提供了途径。

4.5 雄安新区卫生体系建设的策略与建议

4.5.1 应急指挥平台体系建设

面向国内国际卫生应急新形势，深入结合雄安新区卫生应急机构工作实际，以雄安新区卫生应急指挥中心为枢纽，纵向覆盖市县两级，横向联通同级政府相关部门应急平台，更好地满足卫生部门行政体系、疾病预防控制机构、医疗机构、院前急救、应急队伍、情报与舆情、国际应急等卫生应急工作需要。

（1）完善公共卫生应急平台体系建设。建设雄安新区卫生健康行政部门应急指挥中心和疾病预防控制中心应急作业中心。

（2）完善院前急救机构（120 急救）应急平台建设。院前急救机构系统与卫生健康行政部门应急指挥中心实现信息驳接。

（3）强化卫生应急队伍信息平台建设。雄安新区卫生应急队伍信息平台与卫生健康行政部门应急指挥中心实现信息驳接。

（4）建设媒体监测与情报收集系统，风险评估与早期预警平台，及时发现具有潜在公共卫生意义的信息，并迅速评估、及时预警。

（5）在三级综合性医院和传染病医院，开展突发急性传染病征候群监测。

在充分认识和深入分析雄安新区卫生应急平台体系升级建设需求的范围、重点和难点的基础上，运用先进的应急科技与信息化技术，设计实用便捷、具有前瞻性和扩展性的平台体系，为公共卫生应急能力提升提供有力的支撑。主要思路如下。

（1）全国卫生应急平台体系升级建设应强化互联互通理念。实现卫生应急中各级卫生健康行政部门之间，以及各级卫生健康行政部门与疾控机构、院前急救机构、医疗机构、卫生应急队伍之间的互联互通。将事件信息报告、指挥调度、救援动态报告、现场情况和卫生应急资源体系化管理等业务需求作为互联互通的重点内容。

（2）紧密结合《突发急性传染病防治“十三五”规划（2016-2020 年）》，将地市级以上卫生健康行政部门和省级以上疾病预防控制中心应急平台，国家级和省级突发急性传染病风险评估与早期预警平台，以及针对全国航空口岸城市90%以上的三级综合性医院和传染病医院的突发急性传染病症候群监测等作为重点内容。

（3）在卫生应急平台体系建设中，运用“云”技术等信息化手段，以提升建设的实效性，以及平台建设和运维的集约化。

（4）面对风险监测与评估、卫生应急信息可视化、现场应急等需求，运用“大数据分析”“卫生应急一张图”“移动互联”等先进的信息化技术，打造公共卫生应急平台的亮点。

（5）顺应全球卫生应急形势和卫生应急工作国际化需求，以世界卫生组织编制的《公共卫生应急中心框架》为指引，充分借鉴国外先进经验，建设我国卫生应急平台体系。

4.5.2 雄安新区突发传染病风险监测预警模式建议

1. 突发传染病风险监测预警模式

症状监测，是通过连续地、系统地对公共健康相关数据进行收集、分析和解读，从而用以制定、实施和评价公共卫生决策的一种方法。症状监测可以作为早期的预警系统，为公共卫生应急决策提供参考，或者用于评价干预措施的效果，监测和阐明疾病的流行病学特征，最终为公共卫生政策和战略的优先级提供指导。症状监测与传统疾病监测在监测疾病暴发流行的及时性、敏感性、特异性等方面各有所长（吴生根等，2016）。科学有效的疾病监测应借鉴传统疾病监测的经验，利用已获得的数据，建立一套整合传统疾病监测和症状监测的联合系统，取长补短，长期协调发展。我国急需加强症状监测领域的相关研究与实践，弥补现有疾病监测系统的缺陷，增强对传染病和突发公共卫生事件的早期预警、监测和态势感知的能力（李苑和刘昊，2017）。

当前国际上的风险监测模式主要有两种：动态信息管理模式和世界卫生组织一体化监测模式。动态信息监测模式是一种“流水式”疫情监测与“台账式”病情监测管理相结合的模式。通过对疫情的监测，可以监测疾病的发病趋势；通过对病情的监测，可以监测疾病流行的全过程。世界卫生组织提倡的国家水平的传染病整体监测不是单纯地将一个国家现有的所有监测系统都叠加在一起，而是在正确认识该国传染病威胁模式的基础之上，确立疾病优先，评价现有的监测系统，寻找现有监测体系与实际防疫工作之间的鸿沟。

2. 雄安新区监测预警体制机制建议

雄安新区的症状监测，需要借助现有的县级向上联通的传染病监测直报系统，与医院电子病例系统对接，并通过对各大网站及自媒体的搜索和智能分析，快速获取各类突发公共事件信息，辅助疾病预防控制机构和行政部门对各类突发事件早期发现；同时，可接收检验检疫、食品药品监督管理、环保、教育、农业、林业、气象、水利、交通、口岸等抄送的突发事件信息，以及国外有关国家报告的突发事件病例。通过多来源、多方式的信息监测和报告形式，可以体系化、全面地实现对突发事件的早期发现和持续跟踪。

1）基于大数据的风险监测技术与模式

风险监测的目的是实现预防为主、尽早发现。大数据的方法是从各种数据源头出发考虑突发急性传染病风险的方法，与当前国内以病例报告为主的监测模式来说，更能从早期发现聚集暴发倾向。

从电子病例出发，当我们对医院的电子病例进行标准化和数据采集之后，可以从电子病例的症状中建立不同传染病的症状集。基于指征监测可以提前发现征兆，而且可以从不同医院接诊的时间、空间关联性、有可疑症状的患者数量来进行大数据的交叉关联比对；如果在这期间，用上网络大数据，如在百度等搜索引擎搜索相关症状的人数增加、网络媒体与自媒体关注某些症状人群、在网络/药房购买有关药品的数量增加等信息，可以增加早期发现的可能性；再加上网络直报系统、地方公众卫生群防群治系统、12320 等热线咨询情况的增加趋势，以及地理空间关联，从多源大数据和社会网络出发，可以做预测。不同类型传染病的数据关联比对模型不一样，寨卡等虫媒传染病关注气象、降雨积水、温度适宜的条件；禽流感关注活禽市场、鸟类迁徙路线，然后考虑人群聚集区域与这些风险源的活动区域重合度、人口密度等。再加上社会网络，不同类型的患者，其接触网络不一样，学校、幼儿园的从业人员日常接触的人员数量多，但相对固定性强；商场、服务业人员接触的人员流动性强。另外，市内交通、城际交通、国际旅行等公交、高铁、飞机等出行大数据的分析，可以对不同的情景构建出不同的风险评估结果，哪些是高风险区域，哪些是高风险人群，从而进行评估预测。此外，给出有针对性的防控建议。这些都是针对不同的特点结合不同的数据来分析的。对于传染病来说，输入性的和原发性的特征和所需要的数据来源、类型也不一样，需要针对性地进行数据采集、分析与建模。

2）信息监测与汇总

卫生健康行政部门可以通过现有的系统对接，形成症状监测子系统，制定数据接入协议和数据交换标准，使不同的部门和机构通过不同的数据标准能够向卫生健康行政部门报送不同类别、不同内容的监测信息和风险评估报告。

（1）实现对疾病预防控制机构报送的监测信息和风险评估报告数据的接入。

县疾病预防控制中心报送的监测信息主要包括事件信息（事件基本信息、当前发展情况信息、事件响应情况信息等）、疫情信息（疫情基本信息、当前疫情发展情况信息等）。县疾控中心报送的风险评估报告主要包括日常风险评估报告与专题风险评估报告，评估报告的内容包括风险评估类型、时间、地点、评估专家、评估内容、评估方法、背景、评估结果、风险管理建议等。

（2）实现对同级其他政府部门报送的监测信息的接入。

能够接收并汇总来自农业、林业、气象、水利、交通、口岸等部门的公共卫生事件监测信息。

（3）实现对媒体监测信息数据的接入。

实现对各大主流媒体的监测信息数据的接入。包括媒体基本信息、监测信息类型、监测信息内容、报道频率等。

3）风险评估

雄安新区的公共卫生风险评估能力建设，需要实现对公共媒体、社交网络、自媒体，以及医疗机构突发急性传染病征候群等多种渠道的全风险监测。

（1）全风险监测与分析系统。

支持对公共媒体（包括电视、广播、新闻网站、报纸杂志等）、社交网络（包括论坛、聊天室等）、自媒体（包括博客、播客、微博及跟帖转帖等）上与急性传染病、自然灾害、核与辐射、中毒及群体性不明原因疾病等公共卫生风险相关的信息进行识别、监测、抓取，经过分类、整合、筛选等预处理操作，构建公共卫生全风险舆情信息库。通过先进的数据挖掘技术，实现对疑似疫情、热点话题、动态趋势、舆情地理分布、网络民意等方面的实时监控、识别、统计、分析，提升对现有直报监测渠道的补充和分析印证能力。

（2）医院应急平台和医疗机构突发急性传染病征候群监测管理系统。

突发急性传染病征候群监测管理系统接收由医院和医疗机构推送的病人在疾病早期时的症状信息，为基于临床诊断的被动式的网络直报系统提供重要补充，一定程度上缓解基层临床水平参差不齐造成的漏诊、误诊、采集样本和诊断间隔造成的迟诊等导致的不能及早介入疫情限制的问题。突发急性传染病征候群监测管理系统以症状为起点，及时全面地发现病例、预测传染病暴发事件、降低患者的病死率和致残率；还可以发现诊断不明的病例、罕见病例及新发传染病，对目前基于临床诊断的疾病监测系统进行补充评估。

（3）监控评估指标管理。

依据各类监控评估指标建立和维护监控评估分析模型；根据评估指标体系和评估模型，对风险隐患监测防控目标管理状况进行综合评价，生成监控评估报告，并进行修改、删除等维护工作。

（4）风险模型管理。

风险模型是指在整个风险监测与评估过程中，对风险源、监测信息、风险评估报告中风险阈值的设定和管理。当系统监测到风险阈值超过制定的标准界限后，实现通过不同方式的风险预警。包括数据显示颜色变化、弹窗提醒等方式。

4.5.3　雄安新区一体化城市应急模式建设

西方国家的大城市政府，如纽约、洛杉矶、伦敦、东京、慕尼黑等，鉴于长久以来曾实行的分灾种、部门型危机管理体制所产生的弊端，逐渐转化为建立直属市长领导的、跨部门的、综合型危机管理机构，对城市可能发生的各项危机灾害事件，在市长的统一领导下，进行全方位、综合性的管理。

从当前国内比较主流的应急联动体系建设情况看，主要采取四种模式，即集权模式、授权模式、代理模式和协同模式。集权模式下的应急联动是最高层次的联动模式，一般是由政府设定专门的应急管理机构及具体办事机构，整合该区域全部应急资源，统一接警、统一指挥、统一处置。此种模式指挥效率较高，但存在投资大、前期协调工作较为繁复等特点。授权模式是政府将全部应急管理指挥权限都授予公安等具有较强应急管理能力的部门，由该部门负责统筹其他具有应急管理职能的政府部门开展应急管理工作，一般可由相关部门抽调人员与牵头部门开展联合办公，从而形成区域应急联动处置体系。代理模式是政府仅负责建立统一的接警中心，根据警情不同，分类下达给相应的职能部门开展应急处置，特点是统一接警、分类处置。协同模式是不同部门、不同层级的应急部门或指挥中心通过事前约定协同处置协议，分别接警、分类处理、协同指挥、联合处置。

高效、权威、统一的卫生应急指挥体系，是实现应对全程的跟踪、决策与支持，及时下达命令或传递信息，使各机构共同应对的重要内容。在我国，一方面，由于部门应急工作的条块分割，各部门的专业应急系统信息孤岛比较严重，尤其是密切相关的公安、民政、国土、地震等部门信息共享困难。各地方卫生应急过程中，并不能很好地与其他部门共享报警和预警信息，缺乏多部门应急协同。这些问题首要不是技术问题，而是体制机制问题，主要表现为横向的集中式应急指挥与分散化部门权责之间的冲突，纵向的上、下级应急管理部门之间存在职责与权限不清的矛盾。另一方面，我国卫生应急指挥与决策系统没有形成统一平台，卫生体系内疾病预防控制中心、卫生监督、医疗机构、血液中心等的协调沟通也不成体系。因此，卫生应急协同应对首先在于建立一个指挥有力、统一协调、快速高效的城市应急中心，破解机制问题；同时，提高卫生应急指挥决策系统水平，实现对突发公共卫生事件和紧急医学救援任务的统一，提升监测预警、危机判定、命令部署和现场援救能力。

城市应急联动体系在构成成员上应包括政府中具有应急职能的部门，也应包括能为应急管理所用的各类社会资源。从成员间或子系统间的相互关系看，不同系统成员间或子系统间应本着突发公共事件得到妥善处置这一目标，通过加强协作配合，全面提升政府处置突发公共事件的效率（郑欢，2008）。

因此雄安新区综合性一体化城市应急指挥系统，将通过跨系统、跨应用的数据资源共享，构建面向新区公共安全的监控、展示、指挥、服务和决策平台，为促进公共安全管理部门协同、提升新区公共安全综合管理与服务能力及应急处置能力提供有力支撑。具体架构如图 4-7 所示。

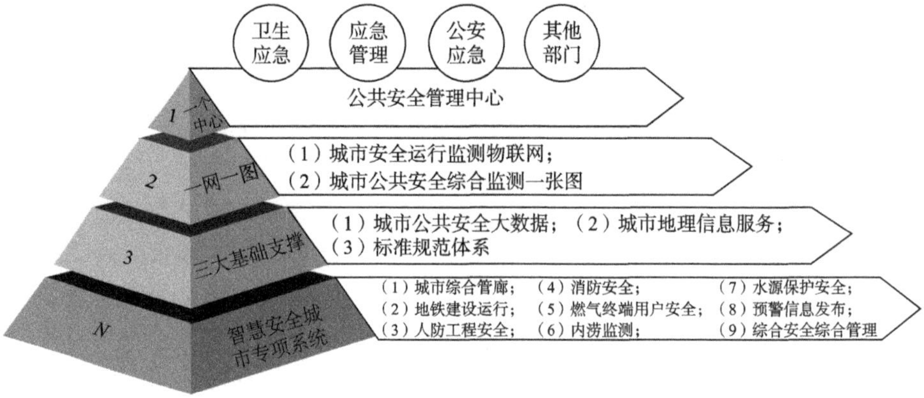

图 4-7　城市一体化应急指挥模式架构

雄安新区一体化城市应急指挥平台，即“智慧安全雄安新区”，采用“1+2+3+*N*”的设计模式，包括“1”建设雄安新区公共安全管理中心；“2”建设一网一图，即雄安新区安全运行监测物联网和雄安新区公共安全综合监测一张图；“3”建设三大基础支撑，即雄安新区城市公共安全大数据系统、地理信息服务系统和标准规范体系；“*N*”建设 *N* 个公共安全智慧专项系统。

1. 雄安新区公共安全管理中心

雄安新区公共安全管理中心是城市安全管理的物理场所，在常态情况下是城市公共安全实时监控、综合展示、预测预警、风险分析、热线服务、隐患排查的综合监测运行中心；在应急情况下是信息报告、综合研判、辅助决策、资源协调、指挥调度的应急指挥中心。

中心从系统设计上，应容纳卫生应急、应急管理、公安应急和其他部门等多部门、跨部门的应急指挥能力，构建统一的应急指挥场所。建立专业分析处置、横向协调联动、数据资源共享的一体化城市应急指挥平台。

2. 雄安新区安全运行监测物联网

雄安新区安全运行监测物联网是城市公共安全智慧感知网，是城市风险感知的神经元，通过先进的物联网手段不间断监测城市基础设施运行状态和风险源，成为政府单位传统的静态、半静态数据的重要补充，由延伸到风险源、危险源、重要设施、重点目标的物联网和网格化社会传感网，以及数据传输网络共同构成，是整体安全运行状态监测的数据来源。其中卫生应急中传染病的监测预警系统将通过物联网和信息采集的方式加以实现。

3. 雄安新区公共安全综合监测一张图

雄安新区公共安全综合监测一张图通过城市运行物联网监测数据的采集、汇聚和分析，结合政府各部门基础数据、地理信息数据、互联网数据、城市部件信息等进行综合分析，以“一张图”的形式呈现城市整体运行情况，实现实时监测、预测预警、决策分析可视化服务支持。

在公共安全综合监测一张图的分析基础上，建立一套城市健康运行体征指标体系，将繁杂的城市风险进行分门、分类别分析，以多角度、多维度清晰展现城市安全的大数据画像，深度发掘城市风险管控薄弱点，做到有的放矢、靶向治理，服务城市安全源头治理和隐患排查治理。

4. 基础支撑系统

1）公共安全大数据系统

在全市现有信息化系统数据交换与共享的基础上，依托现有的雄安新区政务信息资源共享机制，构建公共安全大数据系统，实现城市基础数据、运行实时监测数据、管理部门业务数据、社会数据等的汇聚，为平台上的各智慧安全专项应用提供大数据分析工具。通过大数据挖掘，实现安全分析隐患的实时监测，推动安全管理由事后处置向事前防范、事前化解、事前管控转变。

2）地理信息服务系统

在全市地理空间框架建设基础上，接入风险点危险源管控地理信息系统、地质灾害监测预警与应急指挥平台等现有的地理信息服务系统，针对城市生命线数据、公共安全空间数据等进行补充建设，通过二维、三维的地图展示形式结合建筑信息模型（building information modeling，BIM）建模，实现地上重点目标和地下管线空间的精细化管理，建立二维、三维一体化的地理信息服务，为上层公共安全管理应用提供基础支撑。

3）标准规范体系

充分考虑雄安新区特点和各部门信息化建设情况，在雄安新区智慧城市的体系框架下，建立智慧安全城市的标准规范体系。通过制定公共安全的基础标准、支撑技术标准、建设管理标准、信息安全标准、应用标准等一系列标准，规范各部门系统数据报送格式、智慧安全城市系统建设和运行管理流程。标准规范体系的确立，为在建的应急救援综合指挥平台提供了数据对接保障，使智慧安全城市平台及其相关的外延系统形成有机的整体。

5. 公共安全智慧专项系统

公共安全智慧专项系统基于“风险管理一张图”叠加融合相关部门数据和实时信息，整合卫生、安监、公安、环保、国土、地质、气象、水务、海事等部门资源，不断扩展、丰富和完善公共安全一体化管控平台的专项内容。根据各专项公共安全管理场景，实现风险分析、资源分析、监测预警、协同会商、指挥调度等功能，全面展示雄安新区风险隐患监测防控情况及综合应急保障能力。根据各部门职责，形成风险管控专项应用。

4.5.4　雄安新区公共卫生应急区域联动建议

突发或灾难事件的跨界性质（transboundary nature）日渐增强，意味着跨界协作（transboundary collaborations）在应急管理中越来越重要。现代应急管理通常不是一个部门或地区就能有效完成的。在很多情况下，突发或灾难事件的危害程度远远超出单个部门和地区的应对能力。突发事件越复杂，涉及的部门越多，特别是当跨越不同管辖区时，应急管理难度越大，越需要有效地组织和加强跨地区、跨部门协作。在启动应急管理协作之前，建立通过跨地区、跨部门协同实施减灾、准备、响应和恢复等基本功能行动的制度化与整体化的工作程序、政策与计划显得非常必要和重要。现代应急管理面临的许多最紧迫、最复杂和最困难的问题打破了基于部门和地区的行政管辖边界，使得协作性与整体化成为现代应急管理发展中的两个重要议题。

突发公共事件产生的原因往往是多方面的，发生过程也不是孤立的，其处置需要多个部门和地区的密切协作配合。因此，建立统一高效的跨界应急管理协作安排是应急管理工作的关键环节。应急管理中的协作问题受到重视，健全和完善与之相适应的协作机制的要求也就越迫切。目前，我国的应急管理体系已具雏形，但传统划地为界、条块分割所导致的组织碎片化问题比较严重，仍存在许多阻碍协作的观念和体制上的障碍，地区间、部门间难以形成整体协同效应。多数情况下地方政府横向之间的竞争多于合作，由于应急管理需要消耗大量的资源，在资源补偿机制尚未建立起来的情况下，非直接受灾地区很少愿意主动援助直接受灾地区，地方政府间的应急合作协议也极为少见。学者（薛澜等，2003）认为，协同性原则是现代应急管理的重要原则，推进不同职能管理部门之间和整个社会资源的协同运作，最大可能地吸纳各种社会力量，实现政府危机管理系统当中的参与主体的多元性，优化整合各种社会资源，形成社会整体的危机应对网络。

2009年4月15日，泛珠三角区域内地九省（区）举行会议，通过了《泛珠三角区域内地九省（区）应急管理合作协议》，开创了中国应急管理区域合作先河。苏皖鲁豫四省建立卫生应急合作机制，根据四省协议，发生重大以上或跨区域突发事件后，根据协作省的请求或在国家卫生健康委员会应急办的统一指挥下，启动区域卫生应急联动机制。京津冀毗邻地区的23个县、区、市疾病预防控制部门 2014 年在河北廊坊市签署《京津冀毗邻地区疾病预防控制工作合作协议》，建立跨区域疾病预防控制合作体系。全国各城市应急联动系统正在完善中，部分地区也初步建立了区域联动应急机制，如珠江三角洲突发事件应急联动机制、长江三角洲突发事件应急联动联盟等。这些区域应急联动机制针对预案编制、应急响应、协同作业等事项进行深入合作，提高了区域应急联动能力，为完善中国区域联动体系奠定了基础。但总体上，当前中国应急联动机制建设处在发展初期，区域应急联动的实现途径还不够成熟和有效。

雄安新区卫生应急管理的特征主要有以下几点。

（1）灾害复杂性、跨区域特性的必然需求。突发事件的复杂性、多发性和多样性特点，越来越体现在物理世界、人类社会、信息世界中的跨域、跨界传播和影响，危害程度大、影响面广、次生衍生、错综复杂，超出单一城市行政区域边界。

（2）卫生应急中病原体随着人员的社会流动、动物的迁徙运动，风险防控和应急工作愈加复杂化和跨区域化。

（3）单一城市往往难以处理重大突发事件。由于破坏性强、扑救难度高和强度大，容易造成重大人员和财产损失，单一城市应对能力显著不足。紧急医学救援、重大疫情防控，都需要借助周边、区域或者国家的力量。

因此，在雄安新区卫生应急体系建设中，要特别重视依托京津冀周边地区的应急联动，优势互补，互相借力，具体建议如下。

（1）完善区域合作机制和工作制度。建立联席会议、合作交流和联合应急指挥机制。建立跨区域应急预案体系，跨区域应急预案是对跨区域突发事件所做的提前处置计划，是各级行政主体之间签订应急管理援助协议的重要依据。形成科学、系统化的预案体系还需要从以下两个方面做出进一步努力。

一是从全局角度规范跨区域应急预案框架。有必要形成工作组调研国内外跨区域应急合作的基本程序，并以跨区域应急总体预案的形式确定下来，统一跨区域应急管理术语及处置的一般程序，使我国各级别跨区域应急预案有章可循。

二是京津冀地区各城市根据跨区域应急总体预案的思想，结合地方现状，与周边地区签订跨区域应急预案，以规范地方各个层面的跨区域卫生应急管理活动。

（2）建立区域合作监测预警体系，根据需要联合建立风险管理体系和传染病疫情的监测预警、重大灾害的联合信息互通机制。在应急预警方面，京津冀建立各级应急管理机构之间的常态信息交流机制，对本市（省）发生的、可能会波及其他市（省）的突发事件，第一时间向相关方通报准确情况，并及时、有效开展联合处置。充分发挥三地监测预警体系的作用，根据需要联合建立风险管理体系和危险源、危险区域的管理制度，健全安全隐患排查整改工作机制。在遇到突发事件时，结合三地突发事件共性风险，研究提出对策建议，共同做好突发事件预防工作。跨区域突发事件灾情信息的公开及其准确性、及时性及对称性有利于稳定民心和应急救援处置。跨区域应急信息网络可以通过技术和管理两方面来构建。

一是技术方面，以信息标准化及接口规范化为目标，结合信息技术、电子政务及其他应急标准化工作，尽快开展应急信息系统相关标准的研制。保证畅通的专业无线通信网络及地面固定通信系统能够形成一个整体的、覆盖事件全范围的专业通信网，为我国跨区域应急管理提供高科技支撑。

二是管理方面，尽快推出国家共同遵守的协议或规章制度，明确在跨区域应急管理信息网络中各区域的利益、责任和义务，保证信息分类管理，满足各种用户的需求。

（3）加强区域卫生应急实验室检测和疾病预防控制合作，尤其在雄安新区发展阶段，充分与周边区域建立实验室合作和疾病控制人员培训交流等合作机制。完善重大传染病疫情与突发公共卫生事件联防联控机制，实现信息、技术等资源的共享和人员、物资相互支持，打造“疾病防控一体化”合作平台，提升区域疾病预防控制能力。

（4）建立应急资源保障合作机制。发生跨区域突发事件后，按照属地为主的原则，由事件发生所在地成立现场联合指挥部，统筹协调应急力量和资源开展处置工作。资源是跨区域应急管理中的核心因素之一，现代应急管理从纵向走向纵横交错的根本原因，是人类所具有的应急资源有限。横向跨区域协作能够提高应急资源利用率，增加可利用应急物资数量。全力推进应急联合指挥机制建设，通过组织跨区域应急联合演练，强化协调配合，提高应急处置实战能力。

（5）建立区域合作数据共享机制。加强京津冀突发事件信息、应急队伍、物资、避难场所、专家等数据信息共享。在应急事件处置方面，雄安新区与京津冀地区进一步优化和完善技术系统，优先实现视频会议、有线通信和应急移动指挥等方面的互联互通，加强资源共享和应急响应效率。加强区域应急队伍、物资、避难场所、专家等数据信息共享和应急产业项目开发，逐步实现数据管理系统的对接，提高区域公共安全科技水平。

在突发事件信息共享、应急平台互通、应急保障能力建设等常态工作方面，雄安新区应与区域各地市进行长期交流，积极推动区域基层政府和相关部门建立应急合作机制；发生跨区域突发事件后，按照属地为主的原则，由事件发生所在地成立现场联合指挥部，统筹协调应急力量和应急资源开展处置工作。

4.5.5　雄安新区公共卫生空中医疗救援建议

因快速、灵活、高效，空中医疗救援已在发达国家广泛应用，已形成覆盖面广的空中急救网络，并且拥有了成熟的常态化运营体系，已经成为继银行、保险、电信之后的第四大产业。

随着我国近年来各种突发灾害紧急救援的实践增多，空中医疗救援得到高度重视，但目前仍处于初步阶段，建设尚未规范化、体系化，与我国经济建设的快速发展不相适应，与发达国家相比差距较大。航空医疗救援的意识、硬件、企业、行业、国家法律法规等方面存在诸多问题，致使目前国内航空医疗救援体系还未完全成熟，即便是先吃“螃蟹”的试点区域，也尚未形成体系化救援网络。让公众难以享受到急救效率更高的“空中医疗服务”，尤其是对一些大型的拥堵城市而言，对有需求的患者而言，借助航空设备，就有可能更快捷地脱离疾痛困扰。加强航空医疗救援体系建设是推动城市持续发展进程中践行人道使命、维护安全稳定的重要依托。空中医疗救援体系建设能够增强雄安新区空中救援力量。在学习借鉴发达国家空中救援成功经验的基础上，积极构建并形成雄安新区空地一体化航空救援体系是构建红十字人道救援新格局的重要举措。

以构建空地一体化发展，直升机与固定翼飞机联动型合作，京津冀协同式运行的航空救援体系为目标，整体布局与重点突破、政府主导与社会组织主动作为相结合，结合实际运行中存在的问题，在实践中逐步完善并不断加以改进。

（1）将空中医疗救援体系建设摆在重要位置。根据国家“十三五”应急体系建设重点规划项目，雄安新区已积极将航空医疗救援产业纳入。形成“政府主导、市场化运行、社会组织参与”的工作机制，需要将空中医疗救援作为雄安新区医疗体系的重要组成部分，实现空地救援一体化，为国际友人和广大市民提供基本服务，为雄安新区城市安全运营管理提供人道支撑和空地保障。

（2）积极协调空中救援、空中管制的开放和审批。尽快成立由市政府主导，军队、民航及其他各部门参与的协调议事机构，共同研究制定空中医疗救援体系建设总体规划。推出空中医疗救援优惠发展政策，建立快捷有效的航线审批程序，尽快开辟空中医疗转运绿色通道，实现救援直升机、地面救护车与合作医院全程无缝隙空中医疗转运，构建、链接覆盖京津冀地区的航空医疗救援网络。

（3）积极推动直升机救援费用的多渠道解决。事实上，直升机救援的费用虽然高额但无论是在德国、美国还是日本，已有较成熟的经验，遇到突发事件、意外伤害、急症危急的情况，保险公司都可以为患者承担部分费用，这大大减轻了个人需承担的经济压力。我国应健全居民保险制度，以社会健康保险为主、辅之以商业保险，尽量做到应保尽保、全程覆盖。

（4）推动健全相关法律法规，完善空中救援保障和服务标准体系。要制定出台空中医疗救援的法律法规和制度规定，明确行业技术和服务标准，规范报批和服务流程，要严格空中医疗救援机构的准入机制。在巩固深化基地建设及急救站点布局的基础上，扩大停机坪站点布局，直升机起降虽然不需要机场，但垂直起降也需要一定的基本条件。

（5）加强空中救援保障服务宣传，促进交流合作。积极开展空中医疗救援知识宣传教育，提高社会各界参与空中医疗救援意识，向广大市民普及空中医疗救援的新理念和做法，营造有利于空中医疗救援体系建设的良好氛围。加大京津冀地区空中医疗救援体系的合作，在借鉴国内外先进做法的基础上创建空中医疗救援新理念。

参考文献

柏鸿凌，金必红，王晔，等. 2017. 症状监测的发展与应用. 上海预防医学，29（4）：267-272.

程春华，杨久华. 2012. 未来中长期全球公共卫生安全：发展趋势及其国际政治影响. 社会科学，（11）：20-30.

郭庆. 2016. 公共卫生体系应急能力提升的对策研究. 南昌大学硕士学位论文.

李苑，刘昊. 2017. 症状监测预警技术研究进展. 江苏预防医学，28（3）：291-293.

刘宏韬. 2016. 日本的卫生应急管理体系. 社会治理，（1）：132-141.

裴刚. 2017. 基于大数据的公共卫生危机预警机制研究. 职业卫生与应急救援，35（4）：386-389.

吴朝学，涂文校，赵坚，等. 2015. 利比里亚埃博拉病毒病流行特征分析. 疾病监测，30（10）：886-890.

吴生根，翁育伟，叶雯婧，等. 2016. 探讨症状监测在疾病暴发早期发现中的作用. 中华流行病学杂志，37（4）：531-534.

吴晓旭，田怀玉，周森，等. 2013. 全球变化对人类传染病发生与传播的影响. 中国科学：地球科学，（11）：1743-1759.

吴照春. 2015. 埃博拉病毒病流行现状及防制对策. 职业与健康，31（14）：2003-2009.

谢广靖，石郁萌. 2016. 国家级新区发展的再认识. 城市规划，40（5）：9-20.

宣琳琳，常烁. 2015. 公共卫生应急管理研究现状及展望. 对外经贸，（12）：116-118.

薛澜，张强，钟开斌. 2003. 危机管理：转型期中国面临的挑战. 北京：清华大学出版社.
张明华，李峰，毛军文. 2011. 美国“公共卫生应急准备”解析与启示. 解放军预防医学杂志，29（2）：149-151.
郑欢. 2008. 我国城市应急联动中心建设的挑战与重构. 复旦大学硕士学位论文.

第5章 雄安新区城市化进程中人口风险驱动的社会安全韧性治理策略

2017年4月，中共中央、国务院做出了设立河北雄安新区的重大战略决策。作为我国继深圳经济特区和上海浦东新区之后的又一个具有全国意义的新区，雄安新区除了需要承接大量的非首都功能以外，还承担着支撑河北中部经济和区域发展、促进京津冀一体化进程的重要任务。按照目前公布的信息，雄安新区将定位为二类大城市，规划范围包括雄县、容城县、安新县三县及周边部分区域，总面积约2 000平方千米。结合国内外城市化进程的典型特征和经验教训，可以预见，随着雄安新区带动区域性城市化建设和发展，当地的人口和社会经济结构将会发生巨大改变，并由此带来一系列城市安全和社会治理问题。

城市化是复杂的系统性过程，大量的研究和实践发现其中具有一些可把握的共性特征，典型代表如人口的趋势性增长、结构性变化及其带来的一系列影响，这也是城市管理和社会治理中必然面临的普遍性问题。2017年4月，中共中央、国务院批复了《河北雄安新区规划纲要》，未来雄安新区将在《河北雄安新区规划纲要》的指引下实施大规模的城市化建设。按照“世界眼光、国际标准、中国特色、高点定位”的理念，雄安新区的城市化进程将是普遍规律和《河北雄安新区规划纲要》特色的共同体现。

因此，本章研究城市化进程中人口风险驱动的社会治理策略的总体思路，是从国内外典型城市案例反映的普遍规律和共性问题出发，结合《河北雄安新区规划纲要》相关内容，具体分析雄安新区可能面临的人口风险；基于公共安全三角形模型的理论框架，进一步研究人口风险在雄安新区社会安全中的作用机理，从风险因子和承灾载体两个维度，有针对性地探讨治理策略，为分阶段、有重点地防控人口风险、保障社会安全、构建韧性雄安提供研究支撑和政策建议。

5.1　城市化进程中人口风险带来的社会安全问题

城市化进程带来人口风险及其衍生的一系列影响，既有经验教训也有科学研究。雄安新区的规划建设刚刚起步，人口风险及其衍生的一系列影响是面向未来的预测性问题，本节从国内外现有案例研究入手，为进一步结合《河北雄安新区规划纲要》的具体分析提供参考。

5.1.1　国内外典型城市案例研究

1. 国内城市化人口风险案例分析

城市新区发展伴随着中国的经济腾飞，而建设过程中对经济及人口增速的误判，以及城市规划滞后及持续的调整容易导致城市资源浪费，并引起人口风险的提升。

1）深圳特区

深圳从 20 世纪开始进行产业的转型升级，并渐渐发展为一线城市。但是，对经济增速及人口增速的误判对深圳的规划造成了一定负担。深圳是国内特区建设的先驱，在产业转型升级的驱动下，城市人口大规模增长，图 5-1 为 1979~2015 年深圳人口变化情况（深圳市统计局，2017），曲线反映了流动人口占比的大幅提升，从 20 世纪 80 年代初不到 10%，经过短短 10 年就超过并长期保持在 70%以上，2000 年前后甚至达到 80%的高位水平，这表明其城市化中的人口增长主要源于外来人口的大量快速涌入。2015 年，深圳的常住人口总量达 1 137 万人，早已超出《深圳市城市总体规划（2010—2020 年）》中提出的在 2020 年达到 1 100 万人口的限度。

深圳长期处于户籍与非户籍人口的不合理倒挂状态，劳动密集型产业带来了当地经济的加速腾飞，同时也给城市带来了一定的人口风险。社会治安方面，人群数量大且结构复杂等问题在短期内难以解决；较长一个时期内，人口发展处于相对脆弱区域，当地的治安资源投入很难进一步增加；基础薄弱导致治安问题突出，“城中村”现象普遍，其内部集中了大批无业、无稳定收入者。交通方面，机动车保有量早已超314万辆，管制压力较大，从而呈现一定风险。深圳政府实施了住房管控、户籍政策等一系列手段，在 2005 年后该地人口流动比例已有一定改善。

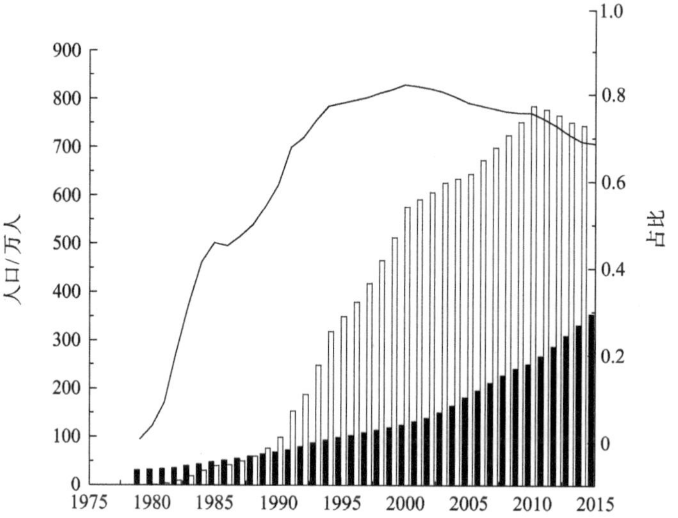

图 5-1 1979~2015 年深圳人口变化情况

2）浦东新区

类似的情况也困扰着上海市浦东新区，由于外来人口大规模增长，2016 年浦东新区平均人口密度达到约 4 000 人/千米^2，数据显示，浦东新区人口密度超过上海市，稍低于深圳，为全国平均水平的近 28 倍；数据显示当地治安事件数量同步增长，仅 2016 年查处的行政治安案件数近 200 万件，是 2010 年的 3 倍多；浦东新区也存在类似的城市规划滞后、人口激增所导致的交通拥挤和社会公共服务相对薄弱等一系列问题，也同样蕴含着巨大的社会风险（上海市浦东新区统计局，2017；上海市浦东新区人民政府，2011）。

高密度人口容易引发一系列问题。首先，浦东新区的人口空间分布呈现“北高南低”的态势。此外，第二产业在中心区等区域的分布较为密集，容易激化群体间的矛盾，如表 5-1 所示，人口的不合理分布造成了当地治安事件数量较高，而近些年经过一定整治，治安事件得到了一定改善。其次，中心部分区域人口接近饱和，一方面将会导致交通拥挤等一系列的社会问题，另一方面容易对未来推进人口空间的合理化布局带来困难。最后，随着人口的快速增加，浦东新区在社会公共服务方面的投入在人均化后极其容易被摊薄，将加大公共财政负担。

表 5-1 浦东新区社会治安数据 单位：件

指标	2010 年	2015 年	2016 年
刑侦案件立案数	23 517	29 600	29 871
行政（治安）案件查处	622 580	1 878 647	1 973 847

续表

指标	2010 年	2015 年	2016 年
治安案件查处数	95 669	157 772	174 289

资料来源：《上海浦东新区统计年鉴》（2017）

2. 国外城市化人口风险案例分析

从雄安新区疏解北京非首都功能及首都圈区位特点等方面来看，国外亦有类似先例可以为鉴。

1）密尔顿·凯恩斯新城

20 世纪 60 年代中期，英国政府为疏解伦敦的人口压力、改善中部城市的工业发展及增加就业率等（任泽平，2017），建设了密尔顿·凯恩斯、彼得伯勒、北安普敦三座新城，至 1974 年，英国先后设立了 32 个新城。从地理区位和功能定位上看，雄安新区与密尔顿·凯恩斯新城具有非常相似的特点。

密尔顿·凯恩斯新城的建立如期产生了一些正面的成效，但同时带来了一些问题，其中比较突出的是与大量就业人口不相适应的产业布局，未能在城市内部达到居住就业平衡，相当一部分居住人口“输出”到伦敦就业，又有相当一部分就业人口由外地居民“输入”而来，导致每天都有数量庞大的就业群体在不同城市和地区之间大规模往返穿梭，形成巨大的交通负担和安全隐患（陈云峰，2004）。该城市约 1/3 的职员都需每天到伦敦城区工作，无法在城市内部达到居住就业平衡，而且该问题难以人为控制。密尔顿·凯恩斯新城最后能达到 20 万人口的数量也是出乎意料的。

2）日本东京都市圈

类似的“职住分离”现象普遍存在于以超级城市为中心的都市圈，另以东京都市圈为例，通过东京区域规划，日本建设了多摩、筑波等多个新城，东京都市圈成为世界最大的城市群之一。虽然东京政府通过完善而密集的交通网及高额停车费等手段解决了当地的交通拥堵，但来往城区的时间成本巨大，周边新城区的职住不平衡问题严重。2010 年数据显示，东京都中央的千代田区白天人口为 81.9 万人，为夜间人口的 17.4 倍；至 2015 年，该区域昼夜人口比仍高达 14.6 倍（东京都总务局统计部，2018）。

3）世宗市新城

韩国政府为解决首尔市自 20 世纪 90 年代来人口快速增长导致的高房价、拥堵、环境污染严重等问题，决定在燕岐–公州地区建立新行政中心（张可云和董静媚，2015）。这一决定使得首尔市人口有一定幅度的减少，但新城出现了职住不平衡问题。首先，世宗市的定位是“行政中心复合城市”，但这两块区域的建设较为缓慢。其次，世宗市和首尔市两个行政中心的设立使得大量行政人员和办理手续的居民需要长途跋涉，容易导致事务办理水平低下。同时新行政中心的建设造成新迁入普通居民的生活成本的提高，造成社会的分化。

4）巴西利亚

巴西政府在 20 世纪 70 年代建设了新都巴西利亚，作为城市规划功能主义的典型代表。巴西利亚城区的布局规划井然有序，但该城市过度强调功能分区，造成当地居民生活不便。此外，该城区预计 21 世纪初人口容量为 60 万人，但当时早已达到 200 万人，爆炸式的人口增长使得约 60%的居民聚居于未规划的城区，构成了大规模的贫民窟及较高的犯罪率（范维，2016）。

5）巴黎新城

同样的社会治安问题也困扰着巴黎都市圈。在法国，巴黎都市圈北郊在 2005 年发生过长达 20 天的社会骚乱（袁朱，2006），调查发现该地区 57%的青年是外国涌入的移民，而该群体的文化程度普遍较低。

通过上述典型案例研究发现，新建城区容易冲击和改变原先的人口结构，并带来治安、交通和教育等社会问题。分析认为，快速的城市化过程容易引发区域内部人口与各种资源的相互作用，以及区域外部资源供应、经济发展及政策制度等压力叠加。两者共同作用于新城区内复杂的社会系统，将带来一系列社会安全问题，其中“职住分离”现象和社会治安风险是与大型都市圈人口密切相关的突出问题。所以，在城市化发展进程中，应注意主动超前、科学地预测城区未来的经济和人口变化态势，保持历史耐心并分阶段、分层次开展，避免人口风险的堆积。

5.1.2 雄安新区的主要特点和典型问题

1. 区位和人口条件

雄安新区地处京津保三角区域，与北京、天津、保定和石家庄的距离分别为 105 千米、105 千米、30 千米和 150 千米。

1993~2018 年，雄安新区人口持续增长，增速略高于河北，但远低于京津。目前人口总量约 124.33 万，主要集中在安新县、雄县和容城县，人口数量分别为 44.94 万、36.94 万和 30.56 万。平均人口密度 700 人/千米^2，根据《河北雄安新区规划纲要》，“新区规划建设区按 1 万人/平方公里控制”，未来特别是建设初期的人口膨胀潜力和压力之巨大，显而易见。

2. 雄安新区规划纲要

2018 年 4 月 21 日，《河北雄安新区规划纲要》正式发布，并专辟一章“构筑现代化城市安全体系”，规划内容覆盖应急防灾体系、水安全、城市抗震、能源安全等主要方面，其中应急防灾体系包括社会治安防控体系；事实上，《河北雄安新区规划纲要》是对环境、设施、人口等城市要素的总体协调和部署，人口及其关联的相互作用在《河北雄安新区规划纲要》中贯穿始终、多处体现，本章结合国内外城市发展的普遍规律和理论研究，从内生动力和外部条件两个角度，各举一例分析可能蕴含的人口风险。

3. 雄安新区人口风险典型问题分析

（1）产业功能定位带来的人口变化。《河北雄安新区规划纲要》指出，加快改造传统产业，建设实体经济、科技创新、现代金融、人力资源协同发展的现代产业体系。我们认为为了实现该目标，未来雄安新区必将吸纳大量的中高端人才就业及创业。长期来看，产业发展带来的人口素质、经济活力将显著辐射周边地区，极大改善人口结构现状。而在新区建设的前期阶段，也将面临外来流动人口短时间快速增加的情况，一方面会对当地人口就业带来冲击；另一方面在融入当地社会生活的过程中，会带来较多的社会安全问题，如刑事犯罪、群体事件等可能会在一定程度上有所增加。

（2）城市交通对人员流动性的影响。《河北雄安新区规划纲要》指出，雄安新区建设过程中将优化高速铁路网、完善高速公路网，重点加强雄安新区和北京、天津、石家庄等城市的联系。我们认为城市间交通的优化升级将在现有基础上进一步提升雄安新区和周边区域之间的交通能力，降低交通成本，形成更加完善、高效、便利的流通网络。由此带来的人员、资源、信息的快速流通，一方面将显著增强城市间活力；另一方面将带来城市发展过程中多要素流动性增强所引发的各种社会安全问题。

5.2　基于公共安全及韧性理论模型的社会治理策略研究框架

5.2.1　“人”在安全系统中的角色和作用机理

本章以“人”为研究对象，是公共安全及韧性理论模型中一个既关键又特殊的子系统。与一般的要素不同，“人”在安全系统中可能具有不同的角色、发挥不同的作用，从而体现在模型中与三条边都有密切关联。在公共安全或城市安全韧性三角形理论模型中，可将三条边笼统地划分为事件维度、载体维度及管理维度。

从事件维度上看，城市公共安全事件主要分以下四类。

（1）自然灾害。指风灾、水灾、火灾、雪灾、地震、泥石流、海啸等给人类生存带来危害或损害人类生活环境的自然现象。

（2）事故灾难。主要包括工矿商贸等企业的各类安全事故、交通运输事故、公共设施和设备事故、环境污染和生态破坏事件等。

（3）社会安全事件。主要包括恐怖袭击事件、经济安全事件和涉外突发事件等。

（4）公共卫生事件。主要包括传染病疫情、群体性不明原因疾病、食品安全和职业危害、动物疫情及其他严重影响公众健康和生命安全的事件。

可见，人的主观故意或客观行为容易导致大部分社会安全事件及部分事故灾难和公共卫生事件的发生。“人”在公共安全事件中往往是一类重要的风险因子。“天灾人祸”中“天灾”主要指自然灾害，而由人的主观故意或客观行为直接或间接导致的“人祸”，包括大部分社会安全事件及部分事故灾难和公共卫生事件。

从载体维度看，坚持“以人为本、生命至上”的安全观，安全科学研究和工作实践要以“人”为中心，说明“人”在安全系统中同时又是具有特殊重要地位的承灾载体，需要重点关注“人”的脆弱性和韧性。

此外，从管理维度看，“人”具有能动性、社会性、组织性等特点，决定了其在管理维度上也是最主要的关注对象。此处所述管理维度之范畴，分别对应于公共安全及安全韧性模型中的应急管理和安全韧性管理，包含本章将要探讨的社会治理。

与一般的要素不同，人在安全系统中可能具有不同的角色，发挥不同的作用，从而体现在模型中与三方面都有密切关联。综上所述，“人”在安全系统中既是风险因子，也是承灾载体，甚至在某些情况下，如群体性事件中，同时扮演风险因子和承灾载体；同时“人”又是社会治理的关键抓手，全面贯穿于三角形模型的各个维度和节点。

5.2.2 “以人为本”的社会治理策略研究框架

城市是包括“物理世界–信息空间–人类社会”三个基础维度的复杂大系统，其中，“人”是城市构建和运行的核心，所以本章内容“以人为本”，从人口风险的角度切入，研究雄安新区的城市安全和社会治理问题，为构建安全韧性雄安新区提供决策支持。我们认为，安全韧性雄安新区首先需要符合安全韧性系统的一般规律，可以利用公共安全三角形及其衍生的安全韧性三角形的理论模型，通过分析人口风险在安全系统模型中的作用机理，构建人口风险驱动的社会治理策略研究框架。

由此，提出基于理论模型的社会治理策略研究框架为“两个维度着眼”——考虑“人”作为风险因子和承灾载体两个方面；“第三维度着手”——从管理维度针对上述两个方面开展策略研究，形成人口风险驱动的社会治理策略。

5.3　人口风险驱动的社会治理策略

按照上述研究框架，从风险因子维度，在人员管控的常规策略基础上，全面提升社会治安防控体系的智慧化水平，以主动智能增强防控韧性；运用韧性城市规划的新理念，充分发挥产业、建设等规划手段的引导作用，实现人与城市和谐共融的本质强韧。从承灾载体维度，围绕“以人为本、生命至上”的安全观，重点加强人员自主防护和自组织疏散能力，提升全民防灾、减灾、救灾的群体韧性。

5.3.1　主动智能的韧性防控策略

《河北雄安新区规划纲要》提出：“坚持数字城市与现实城市同步规划、同步建设”，为了以主动智能提升社会治理韧性，应结合新区总体智能化进程，在不同阶段采取不同的重点策略，逐步推进智能化社会治安防控体系建设。与此同时，人口方面将经历从大量、快速、高动态逐渐过渡到基本稳定、常态化的演进过程，要按照城市建设与发展过程中不同阶段可能存在的问题特点，分阶段、有重点地采取针对性措施，具体分析及建议如下。

（1）雄安新区起步建设和发展前期阶段。该阶段的显著特点为城市基础设施建设大规模实施，大量参与新区建设的劳动力人口快速涌入；信息化建设基础相对薄弱、起点较低，以现状衔接和过渡为主。建议着力推进以天网工程、雪亮工程、互联网安全等为重点的社会治安立体化防控体系建设和实施。

（2）雄安新区建设基本建成阶段。在这一阶段，各项产业开始布局进驻，部分外来人口将落地雄安；物联网感知体系的建设和应用逐渐完善。建议与贯彻落实《河北雄安新区规划纲要》中“同步建设数字城市”相关规划相结合，重点加强城市天眼、交通卡口、身份认证识别等物联网感知体系建设，形成立体化、全覆盖的雄安新区社会安全和人员感知网络。

（3）雄安新区全面建成阶段。在这一阶段，城市建设和产业布局全面完成，经济社会效益开始全面产出；新区总体上进入良性循环和发展阶段，人员结构基本稳定；社会治安防控体系基础建设和部署已基本完成，智能基础设施、全域智能化环境等已具备支撑条件。建议高标准建设主动智能的社会治安防控体系，重点推动新技术应用和“智慧社会”治理模式创新，实现重大突发性社会安全事件的快速感知、快速预警和快速响应，着力识别及防范非传统安全事件的发生。

综上所述，雄安新区从建设前期、基本建成到全面建成的阶段性进程，在人口方面对应从大量、快速、高动态逐渐过渡到基本稳定、常态化的阶段性特征，也是《河北雄安新区规划纲要》中“坚持数字城市与现实城市同步规划、同步建设”逐步推进的过程。围绕人口风险管控目标，三个阶段的政策建议循序渐进。第一步，构建新区的“眼睛”，针对无差别的“人”，能够看得见、找得着；第二步，构建新区的“大脑”，针对有具体身份、特征和信息档案的“人”，能够记得住、认得出、想得到——有足够的数据和模型可支撑风险研判、情景推演和预测预警；第三步，升级“更好的大脑”，使其运转和功能实现更智慧、更快速、更精细，符合《河北雄安新区规划纲要》中“打造具有深度学习能力、全球领先的数字城市”“建设绿色智慧新城”的规划目标和要求。

5.3.2 和谐共融的本质强韧策略

以上所述的管控目标明确、手段直接，是公共安全框架下的常规管理策略。然而，在构建安全韧性雄安新区的新理念、新要求下，更加重视“人”与城市的关系，即把“人”放到城市系统的整体环境和复杂联系中，关注其作为潜在的、流动的风险因子，在与城市中其他子系统或要素相互影响和作用中可能导致的结构性风险；基于这样的考虑，通过产业布局、建设规划、政策导向、资源分配等系统性手段，引导人口优化配置、良性流动，与城市系统和谐共融，降低人口潜在风险，促进城市本质强韧。

以“大城市病”的一个典型症状——“职住分离”为例，如 5.1.1 节中所述，人们在家庭和工作之间钟摆式通勤，系统性地加重了市内交通负担和昼夜交替的人群聚集，也增加了多种公共安全风险。为了寻找韧性的解决方案，我们不妨借鉴城市防灾领域中熟悉的成功案例，如卡特里娜飓风中严重受灾的美国新奥尔良市，其在灾后重建中重点打造的海绵城市就是韧性策略的典型代表。从防洪堤坝到海绵城市，意味着从隔灾护城到城灾共融的转变，根本上是安全理念从传统的“防御”思维向“韧性”转变，同样的理念和策略也可以应用于社会治理领域。

海绵城市虽然是针对自然灾害，但我们深入研究了其韧性机理，发现在社会治理问题中，类似的逻辑是贯通的，策略是成立的。海绵城市中布满孔洞样的调蓄设施，用于容纳洪水（风险因子），韧性机理是吸收风险使其化整为零，在城市中分散开来，形成相对均衡的分布，就可以达到城灾共融。对应到社会治理问题，人就像洪水一样是容纳在城市中的风险因子，如果采用组团式的布局，也同海绵城市有着高度相似的拓扑结构，那么基于同样的机理，可以获得人与城市和谐共融的社会韧性。具体建议是在产业空间布局和建设规划中采取集中与分散相结合的模式，通过“组团布局”“产城融合”“职住均衡”等策略，从根本上优化系统结构，提升系统韧性，将大部分风险抑制在形成阶段。

5.3.3 全民减灾的群体韧性策略

针对“人”的减灾广义上包括被动和主动两个方面。被动方面主要指人员防护，主要依靠设施和装备，防止或减少人员在灾害事件中受到伤害。除了在技术上提升防护性能，着力完善和规范个体防护设施装备的配置管理、强化民众自主防护的意识和技能也是管理上的关键环节，特别是提高基层社区安全设施、家庭及个人应急装备的覆盖率和灾害中的有效使用率，对于提升城市系统韧性具有重要意义。

较之于相对被动的人员防护，人员疏散体现了“人”对风险的主动趋避。与传统的人员疏散不同，在安全韧性理念引领下，建议充分利用人员行为的自组织性，在公共设施和管理策略中采取自组织主导的设计思想，从本质上提升疏散能力。

强调精细化和针对性，结合《河北雄安新区规划纲要》及其细化方案，第三章第一节“总体城市设计”提出“在新区特定范围规划建设高层建筑，集中承载中央商务、金融、企业总部等功能”；第三章第二节“城市风貌特色”提出“结合城市组团布局以及城市各级中心、重要公共空间和标志性建筑，打造城市空间景观廊道和景观节点体系”；第八章第三节提出“合理开发利用地下空间”等，在提升疏散能力的过程中，应对高层建筑、地下空间、城市廊道、大跨度建筑、商业综合体等新型城市化中出现的建（构）筑物类型加强研究。

对人员类型加以区分，从性别、职业、文化程度、心理行为特点等方面开展关注个体差别的精细化研究，实施有针对性的安全文化教育、自救互救培训等，科学提升基层民众的防灾参与度和有效性，也是增强社会安全韧性的重要方面。

值得注意的是，除了传统安全强调的“科技-管理”双轮驱动，“人”的安全教育和文化提升需要引起特别关注，因为人的基层属性及其具有的机动、应变、自适应、沟通、互助、学习等能力，很大程度上符合安全韧性系统的基本特征。在安全发展理念和需求不断深化的新形势下，范维澄院士进一步提出应以“科技-管理-文化”三足鼎立为支撑，全面推进公共安全应急治理体系和治理能力现代化建设。“治理”的思想与“韧性”是一脉相承的，因此，高度重视、充分依托“科技-管理-文化”的合力支撑，也是构建以雄安新区为代表的安全韧性城市的重要内涵和本质要求。

5.4 本章小结

本章梳理总结了国内外典型城市化中人口问题的经验教训，为雄安新区提供参考；在此基础上，结合雄安新区建设规划，具体分析其建设发展过程中可能面临的人口风险及其衍生影响；利用公共安全及安全韧性三角形理论模型，分析“人”作为风险因子（行为主体）、承灾载体（受害对象）和社会治理关键抓手的多维度要素和作用机理，研究提出了以“公共安全/韧性城市三角形”为理论框架、“人”的要素为核心的安全韧性社会治理策略（图 5-2），包括主动智能的韧性防控策略、和谐共融的本质强韧策略、全民减灾的群体韧性策略，并强调应特别关注“人”的安全教育和文化提升，依托“科技-管理-文化”三足鼎立支撑城市化进程中公共安全应急治理体系和治理能力现代化建设。

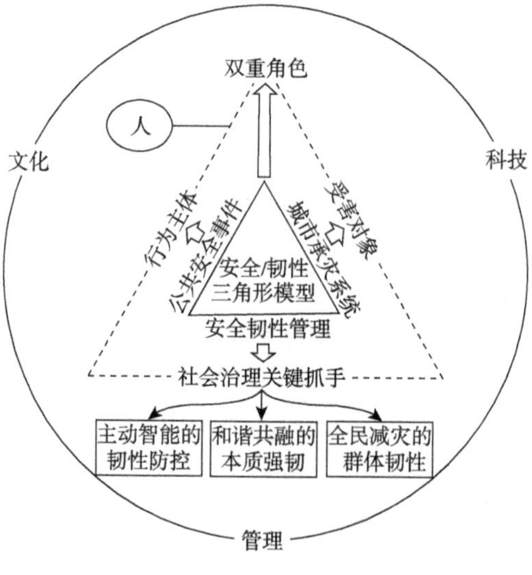

图 5-2　基于三角形模型的韧性社会治理策略研究框架

参考文献

陈云峰. 2004. 主要发达国家城市化经验教训及其对我国的启示. 吉林大学硕士学位论文.

东京都总务局统计部. 2018-08-15. 东京都统计年鉴平成 28 年. http://www.toukei.metro.tokyo.jp/tnenkan/2016/tn16q3i002.htm.
范维. 2016. 巴西过度城市化教训的再思考. 重庆工商大学硕士学位论文.
任泽平. 2017-06-12. 从国内外新城建设经验教训展望雄安新区未来（国际篇）. http://www.sohu.com/a/148077946_467568.
上海市浦东新区人民政府. 2011-10-12. 浦东新区常住人口分布状况分析. http://www.pudong.gov.cn/shpd/InfoOpen/20111012/014004003_e8a9aab9-ef46-4b6e-8f3a-a03c1fe0d918.htm.
上海市浦东新区统计局. 2017. 上海浦东新区统计年鉴 2017. 北京：中国统计出版社.
深圳市统计局. 2017. 深圳统计年鉴 2017. 北京：中国统计出版社.
袁朱. 2006. 国内外大都市圈或首都圈产业布局经验教训及其对北京产业空间调整的启示. 经济研究参考，（28）：34-41.
张可云，董静媚. 2015. 首尔疏解策略及其对北京疏解非首都功能的启示. 中国流通经济，（11）：64-71.

第 6 章 雄安新区安全韧性社区构建研究

6.1 雄安安全韧性社区构建的背景

6.1.1 政策背景

2015 年 5 月 29 日，习近平总书记在主持中共中央政治局关于健全公共安全体系的第二十三次集体学习时强调："维护公共安全体系，要从最基础的地方做起。要把基层一线作为公共安全的主战场，坚持重心下移、力量下沉、保障下倾，实现城乡安全监管执法和综合治理网格化、一体化。"[①]随着雄安新区城市化进程的发展，外来人口的迁入、新兴产业的形成，社区面临的灾害风险多种多样，物理空间的各类地上建筑、地下空间、公共设施与社会空间的高密度、高流动性、高异质性的各类人群交织作用，在一定的情况下关联耦合，还会带来更大的次生、衍生危害，尤其是作为新兴城市化地区，社区将面临更多的不确定性。

十八届三中全会提出："全面深化改革的总目标是完善和发展中国特色社会主义制度，推进国家治理体系和治理能力现代化。"[②]建立以人民安全为中心的社区风险治理机制，提高社区公共服务水平，成为新形势下社会治理的一项重要内容。针对社区风险防范能力的提升，目前国际社会提出了新的提升社区治理水平和抗风险能力的发展理念，即社区安全韧性发展和提升。基于韧性目标的社区建设要求社区具有较低的易损性，即扰动的发生不易对社区造成破坏；较高的可恢复性，即扰动形成破坏后社区易恢复或修复。

---

① 新华网. 2015-05-30. 习近平主持中共中央政治局第二十三次集体学习.

② 新华社. 2013-11-12. 中国共产党第十八届中央委员会第三次全体会议公报（2013 年 11 月 12 日中国共产党第十八届中央委员会第三次全体会议通过）.

雄安新区城镇化进程中人口结构正由城-乡-外来人口三元变为核心区-老城区-新城镇化地区-乡村-外来人口五元结构，思想认识和利益诉求多元。如何使基层社会在雄安新区城市化飞跃式提升过程中能够平稳过渡；如何利用好本身现有资源环境，实现外来资源与本地资源的多层面的磨合，回避根植性带来的负面作用，从而真正实现外部优势转化为内生力量；如何在区域固有的自然风险、既有与发展叠加的技术风险、发展过程中新的社会风险共轭压力下，提升社区运行稳定性及韧性能力，这是一系列亟待研究和解决的问题。

6.1.2　安全韧性社区研究现状

彭翀等（2017）全面综述了国外社区韧性理论研究和实践的进展，梳理了社区韧性的概念和内涵，从理论研究、政策导向和实践三个维度讨论了社区韧性的提升策略。大部分学者把社区韧性总结为某种或某几种能力或过程，另有一些学者将之看作能力获得或成功适应的结果，即社区韧性是一系列能力的集合，同时也是社区能力提高及灾害适应的过程，并可作为社区发展的目标（Norris et al.，2008；俞孔坚等，2015）。其中，能力主要可划分为三类：稳定能力、恢复能力、适应能力，如美国国家科学院在韧性的定义中加入了提前准备和制定规划的能力。在过程方面，威尔逊（Wilson，2015）把韧性看作适应能力提升的过程，另有一些学者虽未直接把韧性定义为过程，但提出通过具体举措或自身资源的发展来应对未来灾害；诺里斯（Norris）等把韧性看作系统适应灾害的过程。在目标方面，威尔逊将韧性和适应能力相联系，把适应能力提高视为结果。所以，韧性的内涵可以理解为一系列能力的集合，包括稳定能力、恢复能力、适应能力，前两种能力是被动的，而适应能力是主动应对（Bruneau et al.，2003）。能力集合贯穿灾前、灾中、灾后三个阶段，具体表现为防减灾（prevention/mitigation）、准备（preparedness）、响应（response）、恢复和重建（recovery/reconstruction）（邵亦文和徐江，2015）。诺里斯等（Norris et al.，2008）认为适应能力是系统内部可调动资源和资源的稳健性、冗余性、迅速调动性的结合体，只有当能力同时具备这三种属性时才可称为系统性适应能力，并可以细化为灾害发生时的经济发展、社会可调动资本、信息和通信、社区竞争力等能力的集合。

当前社区韧性的研究已经从社区的物理环境、住区选址和场地设计的探讨转移到关注社会和人在防灾减灾方面的作用及与社区的合作和运行机制，社区居民成为社区韧性的研究主体。在灾害中，韧性社区是一种有效应对不确定性的方式（Luederitz et al.，2013）。Stevens 等（2010）通过对比研究处于洪泛平原上的 33 个配对的新城市主义发展社区和传统发展社区，来评估新城市主义发展所包含的灾害减损措施是否比传统发展方式更多更有效，并建议为了创造具有灾害韧性的社区，当地政府和新城市主义设计师应将灾害减损技术集成到场地设计中。沿海城市的社区目前成为研究社区灾害韧性的重点。Oktari 等（2015）从灾害教育的角度出发对印度尼西亚班达亚齐的社区进行研究，通过建立一个学校和社区合作的网络模型来加强沿海社区的韧性。Smith 等（2011）从社会学的角度设置了一套与社区合作的方法来应对快速城市化过程中的气候变化和不确定性。Cutter 等（2008）针对社区的灾害韧性建立了一套指标体系来进行对比评价，指标体系包含生态、社会、经济、制度、基础设施和社区权限六个方面。Joerin 等（2012）对比研究了位于金奈的两个社区在经济、社会和物理环境三方面对气候灾害的韧性。Ainuddin 和 Routray（2012）对俾路支省的社区进行了灾害韧性评估，并提出了针对地震灾害的社区韧性研究框架。Vallance 和 Carlton（2015）以人的行为作为研究视角对社区群体和非政府组织在灾后重建和降低灾害风险等方面的作用进行了研究。

王艳和张海波（2017）系统分析了灾害抗逆力（韧性）的内涵和外延，提出韧性包含鲁棒性、冗余性、丰富性、快速性四个维度。朱伟（2014）从业务连续性的角度回顾了社区风险管理的方法，分析了社区物理空间、社会空间、信息空间的风险特点，提出的风险登记和情景构建的标准化方法对提升社区韧性提供了借鉴。另外，他通过对安全概念的深入剖析，梳理了不同时期对安全的认识，提出了安全概念的“三阶段论”，揭示了安全研究所经历的事故预防-风险控制-韧性建设的发展过程（朱伟，2017）。

在社区建设过程中，由于人群结构和社会形态的变化，可能出现新的风险类型，可称为“新兴风险”。新兴风险可能是新出现的风险，也可能是不断变化的风险。由于现在社会政治、经济、技术、环境的变化及这些相关依赖性的增加，风险的影响是一个累积的效果，是很难量化的。虽然我们知道这些风险对我们影响很大，但难以有一个模型具体测算风险将产生的影响程度（李欣等，2016）。

社区的风险治理需要多部门参与社区防灾减灾，确保有效实施社区风险治理工作，在积极预防的基础上，逐步建立“防灾安全共同体”。建设的基础是共同的组织协调机制、多部门合作、韧性防灾政策，应对灾难的预防措施，灾后恢复计划，使得韧性社区的每一部分都具有相应的韧性特征（Ahas and Mark，2005；Ratti et al.，2006；刘叶婷和唐斯斯，2014；U.S. National Security Council，2002）。目前国内社区防灾资源主导的是行政资源，依靠政府有关部门自上而下分配资源，基层资源开发程度相对较低。因此在民间防灾志愿团体培育、企业防灾参与及专家学者的专业技术支持方面均有较大的提升空间。其中，社区的上级政府组织可以为社区提供灾害预警、资源调配、专业的防灾救援等宏观层面的支持，这将有力地促进社区风险治理；企事业单位、学术专业团队则能为社区风险治理提供资金、物资与技术支持等方面的重要保障。多种外部支持将共同促进社区推动社区持续改善与维护防灾环境、稳定防灾资金的来源，促进防灾技术专业化，为社区风险治理创建良好的外部环境（U.S. Department of Homeland Security，2006）。

6.2　智慧社区背景下的雄安新区社区风险监测预警

6.2.1　雄安新区智慧社区建设要求与展望

1. 雄安新区智慧城市建设要求

《河北雄安新区规划纲要》指出，雄安新区要着力建设成为绿色智慧城市，并提出了“智慧防灾”的理念，具体包括以下两个方面。

加强智能基础设施建设。与城市基础设施同步建设感知设施系统，形成集约化、多功能监测体系，打造城市全覆盖的数字化标识体系，构建城市物联网统一开放平台，实现感知设备统一接入、集中管理、远程调控和数据共享、发布；打造地上地下全通达、多网协同的泛在无线网络，构建完善的城域骨干网和统一的智能城市专网；搭建云计算、边缘计算等多元普惠计算设施，实现城市数据交换和预警推演的毫秒级响应，打造汇聚城市数据和统筹管理运营的智能城市信息管理中枢，对城市全局实时分析，实现公共资源智能化配置。

构建全域智能化环境。推进数字化、智能化城市规划和建设，建立城市智能运行模式，建设智能能源、交通、物流系统等；构建城市智能治理体系，建设全程在线、高效便捷、精准监测、高效处置、主动发现、智能处置的智能政务、智能环保、数字城管。建立企业与个人数据账户，探索建立全数字化的个人诚信体系。健全城市智能民生服务，搭建普惠精准、定制服务的智能教育医疗系统，打造以人为本、全时空服务的智能社区。

这些表述为智慧社区的建设指明了方向，也勾勒出了雄安新区智慧社区的蓝图。未来雄安新区的建筑、道路、桥梁、停车场、信号灯乃至灯杆、井盖、垃圾桶都是智能的，它们有自己的身份证，社区构建形成时时处处能够感知、万物互联、信息相通的智能城市体系，出现问题也能及时得到快速响应处理。城市统一的物联网平台将真正实现，整个新区的基础设施智慧化水平将大于 90%。依托大数据，新区的智能城市信息管理中枢将成为“城市大脑”，它具有深度学习、自我决策、自我优化能力，通过大数据模拟仿真，制定最优方案，实现科学决策。

2. 雄安新区智慧社区建设展望

智慧社区是上连智慧城市，下连社区居民的重要桥梁。随着智慧城市建设的大力推进，居民对智慧社区的发展提出了更高的要求。

智慧社区的建设需要涉及物联网、传感网、云计算、智能楼宇、智能家居等诸多领域，充分发挥信息通信产业优势，打破信息孤岛，加强各方面的信息互联、互通、互享。同时智慧社区将房地产业、物业、互联网、各级政府部门（民政局、社区管理局、街道办事处、公安局、城市管理综合行政执法局等）结合起来，完全符合智慧城市的从小到大的建设规划。建智慧城市者，先建智慧社区。社区安全风险监测预警和防范是智慧社区的基本功能和主要落脚点。

在社区风险监测监控方面，社区内的人、事、物及系统运行，是社区风险的主要来源，也是智慧社区开展风险监测监控的重点。近年来，人员定位、身份识别、无线传感网等相关技术迅猛发展，在社区风险监测监控和网格化创新管理方面得到了快速推广应用。在人员定位技术方面，以卫星导航定位、惯性导航和超宽带（ultra wide band，UWB）、紫蜂（zig bee）技术和 Wi-Fi 为代表的定位技术，可以提供较高精度的室内外定位，但仍缺乏一体化的解决方案。已有定位技术利用通信基站发送通导一体化信号，实现了室内外统一技术框架下的定位技术。在开放场景下的身份识别，基于单一生物特征的技术存在应用困境，非配合式身份识别技术的国际发展趋势是采用多种生物特征进行融合验证。基于深度学习机制的实战人像比对引擎和基于深度学习框架的指纹特征比对引擎，已为公安系统及政务应用提供全国范围的生物特征融合验证与身份识别服务。目前我国自主研发的基于计算机视觉的人脸识别算法在多项国际比赛中获第一，并在安防、追逃等实际工作中得到应用，具有显著优势。在工业 4.0 智能制造的浪潮推动下，物联网架构下的工业传感网也取得了蓬勃发展，分布式控制系统（distributed control system，DCS）工控总线和可编程逻辑控制器（programmable logic controller，PLC）网络通信技术不断发展，对接融入“互联网+”应用模式，极大地推动了云端社区重大基础设施的状态监测与预警管理。国内的浙大中控、华为海思等厂商纷纷在架构和物联网芯片层面积极推广 4G 时代窄带物联网（narrow band internet of things，NB-IoT）、工控物联网的深度应用，国外的老牌工控厂家西门子、三菱等也纷纷布局。总体上，与社区风险监测监控的相关技术如人员定位、身份识别、无线传感网等各项技术取得较多成果，但社区风险监测监控还处于人、机、物分隔的现状，缺乏一体化的监测监控技术与系统装备。

在社区风险预测预警方面，基于大数据分析和高性能计算的方法已成为主流，谷歌（Google）、IBM 公司和微软等均开展了基于大数据分析的预测预警技术研究。国内清华大学公共安全研究院在公共安全大数据分析、预测预警与应急决策等方面拥有领先技术并承担了国家应急平台的设计与研发。大数据融合和超大规模数据密集型计算、大规模快速计算技术方面也在不断发展。当前预测预警技术主要存在基于数据分析和基于模型计算两大类，未来数据与计算交互集成分析的方法将成为趋势，会在未来雄安新区智慧城市建设中逐步成为现实。

在社区风险智能防范技术方面，主要关注于智能感知与现代化管理平台的融合创新，智能感知主要在物联网架构下体现对社区人员、重大基础设施的泛在感知和无碍互联，而现代化管理平台更关注创新社会治理理念的信息化实现。国内外智能防范感知研究方面差异不大，在社区治理模式方面则根据各自国情进行设计。北京市东城区首创的网格化管理为社会治理提供了新思路，并不断发展形成综合网格管理模式和业务系统，为创新社区治理和智能安防提供了平台应用。总体上，国内外在智能感知方面已有较多成果，但网格化和平台化的社区风险智能防范技术与系统的研究仍远不能满足实际需求，在全新的智慧城市建设背景下，形成一体化社区智能防范，成为雄安新区社区风险治理的主要目标。

综上，社区风险监测与防范技术已有一定积累，但全体系社区风险监测监控方法与技术、大数据分析与高性能计算相结合的预测预警技术、一体化社区风险智能防范技术等是主要趋势，雄安新区智慧城市的建设，为社区风险管理运用新技术、新方法，大幅提升社区安全治理和风险管理提供了创新动力和重要契机。

6.2.2 社区风险监测预警现状及优化策略

1. 社区风险监测预警现状

1）美国

美国风险监测预警体系建设的特点是“大整合、大融合”。以综合公共警报与预警系统为核心，整合了国家预警系统、应急警报系统、国家海洋与大气管理署下属的两个气象预报系统与商业移动警报系统，以及网络警报与转播网络、地理定位警报系统等多个预警系统。除此之外，警报器、数字公路信号、计算机模拟系统、数字信号、警报器系统、互联网搜索引擎、社会分享网站和即时通信等方式也融入了预警网络。

2）日本

日本的灾害应对法律体系十分完备，《气象业务法》等法律明确规定了日本放送协会（Nippon Hoso Kyoukai，NHK）等公共媒体和日本电报电话公司（Nippon Telegraph & Telephone，NTT）等电信运营商免费向公众发布预警信息等强制性责任。各民营公司均能积极投入资金、技术和设备，保障预警信息发布需要。

3）联合国

为促进基于社区的风险监测预警能力，联合国国际减灾战略提出了以人为本的社区灾害预警系统，提出一个全面有效的预警系统应包括四个相互关联的关键要素，从风险及脆弱性的知识到应对的准备及能力，并在菲律宾进行示范。菲律宾针对社区防洪采取了一种基于社区的洪灾预警系统，它是一种非结构化的防洪减灾措施，授权地方政府单位和社区进行防洪，并提供本地化的预警系统，使社区能够进行实时性的操作，该系统操作简易而且成本低，通过招募本地的自愿观测员来实行设计监测、信息共享、预警、灾害准备和响应等行动。基于社区的洪灾预警系统为社区的风险监测预警承担重要的功能，除了建成能够获取降水量和水位的监测网络以外，还研究制定基于降水量和水位观测的社区行动方案。

这套思路在其他国家也得到了应用。泰国通过与亚洲减灾中心及研究院校的合作，以参与式评估的方式咨询了解在社区预警及减灾过程中参与者的经验，促进预警的相关利益者对环境的理解并给他们提供一些建议和行动的指导，从而提高预警过程中技术与社区的联系。泰国强调减灾、政策制定、建立网络、志愿者管理过程中的社区参与，并把利益相关者间的合作作为重要的机制。新西兰在研究旨在提高社区抵抗力的有效的复合风险预警系统的过程中，不但讨论了预警系统建设和预警信息发布的法律框架、组织的角色和联系，还提出了由预警系统、预警计划、合作与交流、预警教育、预警演练五个部分组成的有效的、端对端的预警系统模型。

4）我国的北京市西城区

通过调研，西城区社区通过发光二极管（light emitting diode，LED）在预警方面发挥作用，居民对 LED 的依赖性较高，接受程度也较高，在紧急情况下，LED 发布预警信息能够在一定程度上提高信息传递效率。在建设比较完善的社区，街道办事处有自己的办公自动化（office automation，OA）系统，即楼门长系统，从居民代表家中到社区居民委员会再到街道办事处，已经形成一个联通的网络，可以进行信息的上报与传达。已经开发手机版的 OA 系统，街道管理人员和居民代表能够在社区突发事件发生时，第一时间进行信息的报送。总体存在的问题是硬件老旧、信息传递存在延迟。

5）启示

（1）推进跨域合作，联合应对各类灾害风险。

现代社会所面临的风险环境更为复杂，各类突发事件的影响程度深、破坏强度大、波及范围广，往往会超出某一行政区域和单一部门的应对能力，或者突发事件本身就是跨行政区域甚至跨国界，需要开展跨域合作，联合应对灾害事件可能造成的影响。当灾害影响超出自身应对能力或资源时，国外许多国家往往会事先签订跨区域的灾害风险监测预警支持协议。我国也在联席会议制度、共享资源与信息等方面开展了有益的探索与尝试，建立了多个应急管理区域合作机制，但同国外比较来看，推进应急管理跨区域合作需要做好相关顶层设计与制度安排。

（2）注重信息沟通，建立权威的信息报告与发布机制。

灾害信息沟通是社区灾害预警工作中的重要环节。在实践中各国普遍建立了一整套通过信息技术统一的信息报告和通报机制，通过明确报告时限、程序，严格责任制度，建立上下通畅的信息网络，各有关部门在第一时间迅速向指挥中心报送信息。为了做好灾害信息的沟通，FEMA 还在公共信息管理方面的人员安排上与公共媒体相互任职，实现互通有无和相互交流，以保证信息交流的一致性、准确性。

（3）强化科技创新，提升风险监测预警科技水平。

发达国家在灾害预警科技研发上投入了大量的人力、物力和财力，以促进该领域的科技创新。防灾减灾科技创新的主要特点是强调多学科交叉研究、重视科研基地建设及其相关大型软硬件系统研发。美国防灾减灾科技创新体系框架中涉及科学技术理事会、国土安全研究中心、课题和项目组织机构三方面的内容，科学技术理事会管理国土安全部实验室和能源部国家实验室，这些实验室均开展防灾减灾相关研究，具备较强的科研实力，引领本领域的研究方向，拥有大量的国家重大科技基础设施。国土安全研究中心管理九个研究中心，这些中心均依托知名大学建设，如佛罗里达国际大学国际飓风研究中心建立固定和移动风墙来模拟飓风，并耦合相关的降雨装置，用于研究飓风和暴雨及二者耦合作用造成的破坏。日本非常重视建设大规模的科研机构，对实验设备和设施的投入力度较大，模拟地震的振动台遍布各研究机构，其中最大的台面尺寸达到 20 米×15 米，最大承载能力为 1 200 吨。例如，日本防灾科学技术研究所建设多个多灾种耦合的实验装置，重点研究地震、火山、洪灾、冰雪灾害等耦合机理；京都大学防灾研究所不仅建设有供研究用的城市水害模拟实验装置和大型降雨模拟实验装置等，还有用于公众体验的洪水灾害下的推门实验和上楼梯实验等装置。

2. 监测预警终端优化布局

监测预警终端的目的是为尽可能多的社区人员提供风险指引信息，所以该优化问题可以抽象成两类问题：最大覆盖模型和 P-中心模型。此前有国外研究者提出了导向标识可视区域（visibility catchment area，VCA）的概念，指出任何导向标识由于其自身属性的不同，如大小、形状、亮度，都有一点的可见范围，人员在此可视范围内可获得监测预警的疏导路径信息。通过优化使得社区内监测预警信息的可接收范围总和最大化的过程，即最大覆盖优化问题。在监测预警终端数量有限的情况下，其可视范围的总和不能将社区全部覆盖时，通过最大覆盖问题的求解，将可能出现部分区域终端分布集中，部分区域无终端设置。这种设置同样不能对社区人员进行最有效疏导。只有社区内每个点位到监测预警信息科接收域的距离都尽可能小，才能使得每个人员在最短时间内获得监测预警的疏导信息，该问题的求解即 P-中心问题。

最大覆盖问题和 P-中心问题都是对监测预警终端的优化设置的理论抽象，而此两类问题都是多项复杂程度的非确定性问题（non-deterministic polynomial complete，NP-完全问题），目前尚无有效的算法求解，枚举算法将会花费无法承受的计算时间，是绝对不可取的。因此采用两步求解的方法，来对导向标识进行优化设置，即首先利用贪心算法求解最大覆盖问题，得到导向标识的初始分布，其次利用类枚举算法求解 P-中心问题，得到最终的设置。

3. 社区监测预警分类分级

选取雄安新区某典型社区重点场所进行风险分析，该场所风险影响因素多，交通及配套设施不足、经营商铺管理松散、卫生状况较差、安全问题存在隐患等。在遇到大型活动、节庆日、恶劣天气或者其他突发事件等因素影响下，局部地点或路段可能会出现人群瞬时聚集的状况。管理主要手段依然偏重单纯的人力监控，没有形成有效的常态–应急结合、协调联动机制。该场所具体的风险预警分级如表 6-1 所示。

表 6-1　社区风险预警分类分级

风险类型	预警分类	预警分级	应对措施
人群聚集风险	超量预警	四级预警	限制人群流量
	趋势预警	四级预警	疏导客流方向或限制人群流量
	全局预警	四级预警	全局疏导
	局部预警	四级预警	预警区域向周边区域疏导
	个体异常预警	无级别	监控和控制异常个体
	群体异常预警	无级别	监控和控制异常群体
火灾风险	燃气泄漏预警	无级别	找出泄漏原因及时解决
	线路老化预警	无级别	断电整改
	电力超负荷预警	无级别	降低电力负荷
	储气罐超期预警	无级别	报废超期储气罐
	易燃易爆物超量预警	三级预警	隔离易燃易爆物放置区域，减少存储量

续表

风险类型	预警分类	预警分级	应对措施
燃气泄漏风险	发现泄漏或有燃气味	无级别	断气，堵漏
	供气设备存在缺陷	无级别	断气，更换设备
	燃气设备超期，存在胶管老化脱落	无级别	断气，更换设备
气象风险	暴雨预警	四级预警	通知民众做好预防措施
	大风预警	四级预警	通知民众做好预防措施
	高温预警	四级预警	通知民众做好预防措施
	雾霾预警	四级预警	通知民众做好预防措施
	暴雪预警	四级预警	通知民众做好预防措施
	冰冻灾害预警	四级预警	通知民众做好预防措施
管理风险	风险排查制度不完善	无级别	制订计划完善制度
	应急预案体系不健全	无级别	针对典型场景健全预案体系
	重点区域特殊时期应急措施缺失	无级别	建立特殊情况下的应急措施

6.2.3　面向雄安新区的社区风险监测预警机制设计

1. 设计思路

面向雄安新区的社区风险监测预警机制设计应遵循以下原则。

1）统筹规划，整合资源

本着经济合理的原则，充分利用和整合新区基础、队伍、装备、物资等现有存量资源，以及引进、入驻、新发展的社会资源，挖掘潜力，提高效率，实现资源共享，避免重复建设。

2）突出重点，注重实效

根据雄安新区社区风险监测预警工作所涉及的重点内容，有针对性地进行项目建设。着重解决涉及社区风险智能监测预警系统建设全局的共性问题，重点提高社区基层风险监控和应急响应能力，提高预防和处置突发事件的综合能力。

3）技术先进，安全可靠

充分利用国内外物联网、云计算、大数据等技术手段，集成突发事件预测预警与智能决策等先进技术研究成果，采用符合当前发展趋势的先进技术，并充分考虑技术的成熟性，保障建成的社区风险监测预警平台的稳定运行。

4）立足当前，着眼长远

以社区风险治理业务需求为导向，以应用促发展，把当前和长远结合起来，既要满足当前工作需要，更要适应未来技术和应用的发展，不断提升社区安全韧性水平。

总之，要面向社区风险监测与防范的重大需求，以智慧城市建设为基础，以社区“人–事–地–物–组织”综合系统为对象，重点关注社区人员风险和设施安全风险，综合运用和研发数据技术、计算技术、人员定位与生物特征识别技术、传感与物联网技术等前沿技术，形成社区风险大数据系统，推进社区风险防范网格化功能拓展，构建“警务–政务–物业管理–综合治理”一体化的社区风险智能防范平台，创新社区风险监测预警模式，全面提升社区安全韧性水平。

2. 机制架构

1）社区风险数据采集、汇聚、融合与集成共享机制

针对社区“人–事–地–物–组织”数据类型众多、结构差异巨大、时空属性不一致、采集手段不完备、管理机构交错、集成共享困难等问题，形成面向社区风险监测的空间数据一张图和面向社区风险防范的“人–事–地–物–组织”风险数据库，基于统一时空演化的社区风险数据汇聚与融合分析，建立社区大数据集成、共享、分发、服务平台，实现风险驱动的社区数据共享应用机制。

2）基于社区人群“管理即服务”理念的风险监测预警机制

针对社区人员构成和不同流动性的特点，梳理不同类型人群的日常管理与服务需求。要形成以一般人群服务为主体、兼顾重点人员管控、特殊人群救助的风险监测预警机制，结合基础设施运行参数、信息空间数据分析、生产生活数据挖掘的主被动一体化的人员风险监测预警管理和服务模式。

3）基于物联网技术的社区设备设施实时运行监测预警机制

针对社区各类设备设施众多，运行条件各异，运行参数和阈值纷杂，设备设施间存在交互影响和密切关联等特点，面向构建多设施一体化智能监测预警的目标，建立基于智能物联的社区设备设施实时运行在线监测、动态诊断和主动预警机制，实现从基于周期检测和用户上报的静态风险评估到基于实时运行监测和动态故障诊断的风险评估；从被动检修的风险控制到主动防控容错的风险控制；从单线独立式监控到基于智能物联网和大数据分析的设备设施全生命周期风险预警机制。

4）面向社区风险防范的网格化功能拓展机制

针对社区人员出入频繁，人员居住场所与水电气等运行设备设施空间交叠、程式化管理与机动式服务需求并存的特点，在现有网格化管理经验的基础上，推进社区风险防范网格化功能拓展，使得“人–事–地–物–组织”综合集成

的社区风险防范网格优化，构建符合雄安新区特点的社区风险防范网格化功能拓展业务规范。

5）一体化社区风险智能防范平台

针对社区风险对象“人-事-地-物-组织”复杂交错、社区风险管理机构多头并存且协同不足的现状，以智慧城市建设为契机，面向智慧社区的重大需求，形成社区多主体在线协同、多信息共享融合、交互式动态切换的风险防范机制，尤其是“强中心-无中心”交互式社区风险防范管理机制，搭建警务、政务、物业管理、综合治理一体化的社区风险智能防范平台。

3. 配套保障

1）体系保障

健全社区风险信息监测报送网络，完善专业监测和社会监测相结合的突发事件监测体系，合理划分职责、确定任务，强化具体责任人的主体意识，夯实信息报告激励体系建设。强化基层组织、单位和信息报告员的主体责任意识，提高突发事件社会监测能力。在利用多形式（“村村响”、农村高音喇叭、社区预警工程等）、多备份的预警信息发布手段和扩大预警发布渠道的同时，充分利用街道与社区的动员、联动能力，着力解决预警发布的“最后一公里”问题。重点要完善基层预警信息快速传递机制，规范和细化基层各类预警响应措施与协调联动机制。

2）制度保障

建立社区信息交流制度，并通过交流会收集信息与发布信息；指定专门发言人，与媒体、公众保持交流；建立社区内部信息沟通程序、社区与其他相关组织的信息沟通程序；建立良好的通信硬件网络，包括电话、电视和网络等；建立保证社区 24 小时信息畅通的机制。建立雄安新区互联网重要舆情信息报送的标准和制度。

建立完善的信息工作人员培训制度。信息工作人员的素质决定重要紧急信息报送工作的效率，在重要紧急信息的报送标准、流程等业务方面切实加大信息工作人员队伍的培训力度，制订培训制度和年度培训计划。

3）能力保障

社区风险监测预警的有效性，与基层的辅助处置和先期处置能力密切相关。辅助处置要充分发挥街道和社区拥有良好群众关系和对辖区情况了解的优势，发挥好街道办事处和社区的社会动员能力，做好现场保护、协助处置和善后处置工作。街道乡镇与社区（乡村）应进一步完善基层现场处置和保障主体及职责分工，加强与各专业部门的协调联动机制建设，建立起快速反应、合理调配、密切协作的工作机制，并将工作机制流程化、卡片化，使职责不仅停留在纸面上，更要落到实处。

4）力量保障

调动全社会各方面的积极性，把社会、民众的参与同政府管理有效地结合起来，整合社区（乡村）内防范力量，包括驻社区（乡村）单位安保人员、物业公司保安、志愿者队伍、施工地安全员、巡防队、协管员、民警等，实现辖区单位、居民全员参与。加强志愿者组织和群众组织建立工作，提高全员参与率。对于雄安新区，社区成分相对不够稳定，各种力量从各方入驻，要同步加强应急组织建设，搭建居民参与平台，如创建居民论坛，建立居民议事会等。

6.3 基于巨灾情景构建的社区韧性分析

6.3.1 巨灾情景设定

巨灾通常会造成大规模的人员伤亡、巨大的财产损失和环境影响，或者巨大而深远的社会影响。此外，巨灾需要调动数量巨大的应急响应资源，通常超出相关行政区域、相关监管部门的处置协调能力，需要区域甚至国家层面统一组织协调应对和处置。同时，巨灾也会直接影响到社区乃至每个居民的正常生活。

巨灾的设定需要运用特定的方法，对某类事件发生的可能性、发生发展的方式和过程、可能产生的严重后果等做出尽可能基于科学的可信描述，是对该类事件在设定环境下有可能出现的某种严重后果的战略判断。对巨灾开展全景描述，包括巨灾的诱发条件、破坏程度、波及范围、复杂程度及严重后果。描述巨灾情景事件可能造成的人员伤亡情况、基础设施损害情况、需要疏散/迁移的人口数量、环境污染情况、直接经济损失情况、同时发生多起事件的可能性和恢复重建所需要的大致时间等。《河北雄安新区规划纲要》2018 年才公布，目前具体规划还在制定过程中，未来雄安新区社区的情况尚无法描述，本节仅在一个假定的巨灾情景下从路径上进行推演分析。

雄安新区作为首都功能疏解重要承载地，其重要的指挥中心、控制中心、经济目标、生命线工程都是外部打击的主要目标，同时该区域发生严重自然灾害的风险也存在。由于电力设施具有大型化、特征显著、抗损性差、容易识别、系统内部组成要素之间关联度高、连带破坏范围广及修复工作量较大等特点，平时其潜在问题难以发现，在灾害情况下容易受损。近年来全世界发生的一系列典型大面积停电事件，都凸显了电力设施自身的脆弱性。

《河北雄安新区规划纲要》中提出，增强区域电力供应，建设区域特高压供电网络。改造提升现有变电站，新建 500 千伏和 220 千伏变电站。积极引入风电、光电等可再生能源，作为新区电力供应的重要来源。依托现有冀中南特高压电网，完善区域电网系统，充分消纳冀北、内蒙古等北部地区风电、光电，形成跨区域、远距离、大容量的电力输送体系，保障新区电力供应安全稳定、多能互补和清洁能源全额消纳。未来，雄安新区电网将在华北电网中处于十分重要的地位，电力主要来自外送，本地电源则建设可再生能源发电站。通过以上分析，本节选择电力设施受到破坏的巨灾情景，开展情景构建与韧性分析。

6.3.2　巨灾情景下社区安全运行推演

巨灾情景下，重要基础设施灾害的蔓延具有时间上的前后连续性和空间上的由点到面的扩散性，针对相应的事故阶段和扩散程度，城市系统的破坏程度、对社区的影响及应急救援的业务重点也应有不同的针对性。借鉴系统工程方法论中的霍尔三维结构模型，本节提出巨灾情景安全运行推演的三维模型，包括时间维、空间维和业务维，如图 6-1 所示。本节根据由物理层面到社会层面的次序将业务维划分成设施层、服务层、社会层三个层面。

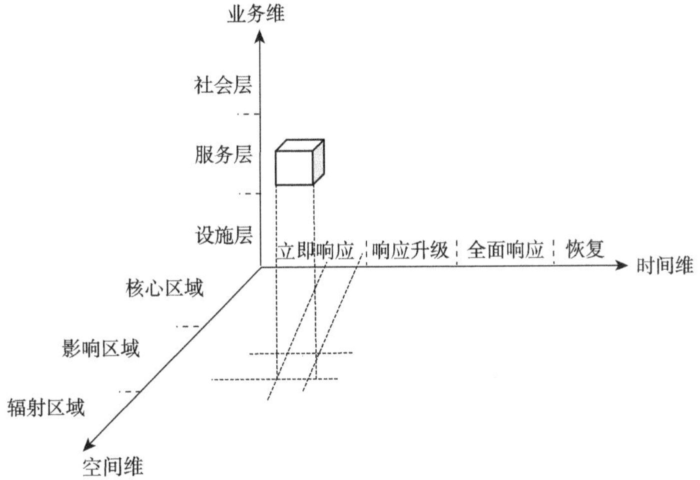

图 6-1　巨灾情景下构建的三维模型

在研究方法上，可利用物理模拟、灾害链推演两种模拟方法与手段，分别针对极端条件对某一类重要基础设施的影响范围和影响程度、不同重要基础设施之间关联性影响、事件对城市和社区运行及社会的影响进行分析，研究重要基础设施灾害发生后可能出现的各种后果，包括本设施系统内部及其对其他设施系统的影响、社会服务需求的满足情况、社会面衍生事件等，模拟特定条件下灾害发展的路径与影响程度。

1. 物理模拟

以电网破坏为例，将极端条件造成的电力破坏缺口作为物理模拟的初始条件，通过仿真系统可以全面了解事件过程中整个网络平衡性变化情况，从而采取措施保证全网运行安全。

2. 灾害链推演

各种灾害在发生的时间上有先后顺序，同样在灾害发生的原因上，前面灾害是后面灾害的诱发因素或必要条件，整个灾害链既包含单一事件自身的形成过程，还包含事件演化出其他事件的过程。对于重要基础设施灾害来说，各类设施之间的相互依赖关系及与城市运行的密切联系，使得整个灾害链更加复杂。基于对城市公共设施运行环境的分析，可以从自然环境系统、城市社会系统、管理与控制系统三个方面来推演整个灾害链，如图 6-2 所示。

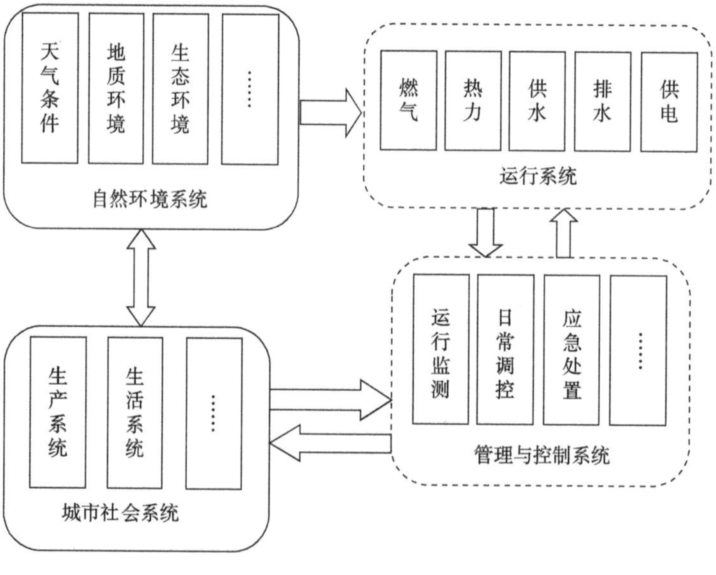

图 6-2　城市安全运行灾害链因素分析

6.3.3　巨灾情景下社区安全影响分析及任务梳理

结合雄安新区发展蓝图，设定电力设施被破坏后，对某社区内重要用户和一级用户银行分行计算机中心和二级用户有线电视、网络通信的主供电源切换或启动备用发电机；二级用户科研机构全停，启用备用发电机；全停电缆直配户：学校、宾馆、大型写字楼等五十余户；全停架空线路高压用户三百余户，低压动力及居民三千余户。具体业务层影响如图 6-3 所示。

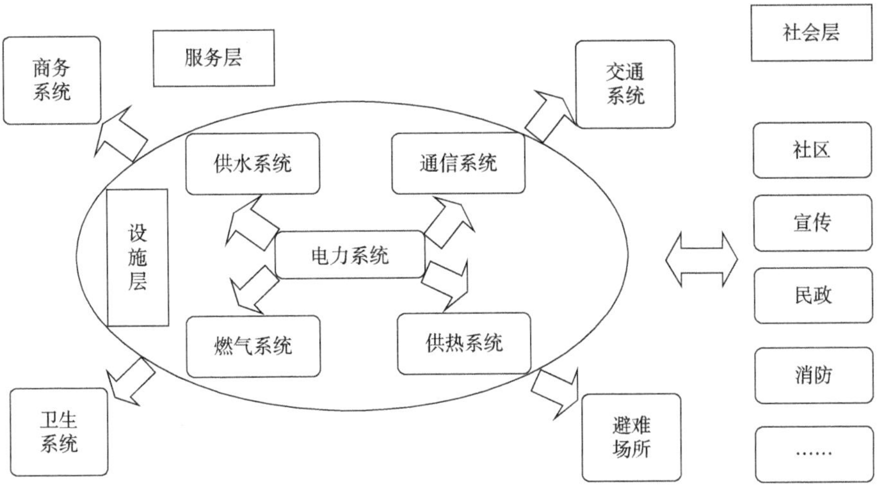

图 6-3　巨灾情景业务层影响分析

1. 商务系统

停电造成社区内商业广场全部停电，虽然广场内有发电机，但无储备油，具有不间断电源（uninterrupted power supply，UPS），可为应急疏散指示灯标志提供 30~40 分钟电力保障。停电造成商业广场内影城（高峰时约 300 人）、写字楼（其中有公司、教育机构等）、地下 B2 层的大超市停电。容易造成电梯困人、中央空调和消防系统无法正常运行，不间断电源只能为应急疏散指示灯标志提供 30~40 分钟电力保障，30~40 分钟后将陷入一片漆黑。人员疏散指引人员不能满足疏散要求。商场每年都组织人员进行疏散演练工作，但没有进行疏散演练效果评估工作，突发状况时人员疏散难以达到应急疏散演练效果。

2. 教育科研机构

雄安新区将入驻大量教育科研机构。某社区内的国家大型科研院和高校分校停电，科研设备紧急启动不间断电源，网络中断。教研、网络、食堂、供水、供热、消防等系统全部因失电而无法正常运转，受影响的主要有若干国家重点实验室、网络、职工食堂及学生宿舍。机构后勤部门立即联系供电公司了解停电情况，确定停电情况后，试验工作和教研工作全部停止。影响在校师生两万余人。

停电后，教师负责维护秩序，稳定学生情绪，组织学生有序疏散，防止踩踏事故发生。

3. 交通系统

供电区域内交通路口信号灯停止运行；交通信息显示屏部分停止运行，视频监控系统不能监控路面交通运行情况及突发事件；交通指挥、引导将全面失去作用，造成有信号灯的交通路口发生交通拥堵，引发区域性拥堵、环路主干道拥堵，并随着长时间停电进一步造成多条道路交通拥堵。如果无人驾驶交通工具得到启用，停电可能造成不可预料的交通风险。

4. 供水系统

城市自来水系统遭受供电区域大面积停电后，停电区域内自来水停水，市民生活饮用水紧张、部分地区自来水加压站不能运行。需要紧急调配供水车或环卫车、消防车等车辆向社区运水。

5. 燃气系统

城市天然气供应系统遭受供电区域大面积停电后，运行监测系统失效，城市天然气加气站由于采用电控阀门，加气站停止运行，对停电区域范围内用户造成影响。

6. 供热系统

雄安新区供热将全部来自电力、燃气或依靠电力带动地热资源。大面积停电后，导致供热管网供热出力下降，负荷压力下降，使区内供热系统受到影响。

7. 银行金融

停电后，银行分行计算机中心受到影响，停电区域内银行网点、金融机构营业网点和ATM（automated teller machine，自动取款机）服务系统全部中断，无法正常工作，金融秩序受到冲击，容易引发银行挤兑等影响社会稳定的事件。

8. 人员转移

巨灾情况下，在就地防护之后，社区人员需要按照计划疏散与自主疏散相结合、临战疏散与紧急疏散相结合、属地疏散与跨区域疏散相结合、要地疏散与非要地疏散相结合的原则进行转移。在电力设施破坏的情景中，无论是外部打击造成的还是重大自然灾害造成的，都存在这样的后果可能性。

9. 社会稳定

以上影响显然都会进而对居民心理和社会秩序造成不利后果，如果舆情引导不力，谣言控制不当，将会影响到社会稳定。

针对新区电力设施被破坏的巨灾情景应对全过程的任务结构，笔者对情景应对的任务进行了详细的梳理，并对应急指挥部门的工作职责及任务进行了有效的明确和分配。针对分析得出的应急任务，笔者对应急能力需求与现有能力进行分析，在两者基础上评估应急能力差距。由于各项任务包含的要素各不相同，笔者从准确性、充分性、及时性三个维度进行能力分析。

1）准确性

准确性重点描述掌握“信息”的客观情况，包括对事件演化过程、应急能力等的认识与掌握水平。

在巨灾发生前，对可能发生的各种事件或事故有客观准确的认识，并能够准确地掌握现有资源、队伍等应急物资情况，建立各种应急物资、队伍、设施设备等的清单，实现对城市安全运行现状及其应急能力的准确掌握。

在应对过程中，一方面，通过专业分析、计算机模拟等能够准确分析影响，对可能的发展趋势进行预测，实现对巨灾发生、发展与演化的客观准确认识；另一方面，基于对应急能力的准确掌握，能够准确地调动相关资源，合理有效地应对。

2）充分性

充分性反映现状与需求的差异，即现有物资和人员条件是否能够满足应对的预期需求。根据巨灾全过程的分析，提出人员、物资、应急流程、应对方法等方面的客观需求；通过调研现有物资储备、应急队伍与人员、应急预案、应急机制与体制等，分析现有条件是否能够满足应对的客观需求，应急能力的充足性直接决定了巨灾应对的效果。

3）及时性

巨灾应对相比于常规工作必须更加强调“时间”的重要性与紧迫性。在应急能力评估过程中，一方面，根据情景的分析，确定开展各项应急任务的时间，包括启动时间、落实时间等，以达到应有的应急效果；另一方面，基于现有的应急预案、机制体制、物资条件等，分析开展各项应急任务所需要的时间。然后，通过比较情景发展要求的应急时间和现有条件下开展应急需要的时间，确定现有能力存在的差距。

6.4　社区韧性定量评估及优化策略

6.4.1　社区韧性定量评估指标

韧性定性评估框架有助于系统认识社区韧性，但如果要进行定量评估则存在指标难以量化的问题。本节提出一个从社区具体要素角度考量的定量指标体系。

1. 指标选取

指标主要从社区的固有属性、社区的管理两个角度选取。

1）社区的固有属性

（1）社区的地理位置（C_1）。

社区的地理位置决定了社区的安全性。社区的地理位置一方面影响社区遭受各种灾害的频次与程度，另一方面影响着社区的治安、社区与外界的交流等。

（2）社区的规模与结构（C_2）。

社区的规模决定着社区管理的难易程度。社区内建筑物的分布、建筑的格局、社区大门的数量与位置、消防通道的数量与位置等都会影响社区安全。

（3）社区的新旧程度（C_3）。

社区的新旧程度影响着社区因自然老化、历史条件限制等所形成的隐患类型、数量与大小。

（4）社区的人员组成与人口密度（C_4）。

社区的人员组成与人口密度一方面影响着社区的治安与稳定，另一方面影响着突发事件时人们的逃生能力。社区的人员组成包括年龄分布、职业组成、流动人口所占比例等。

（5）燃气等易引发事故的设施的维修频次（C_5）。

社区内燃气、热力、电力、水管等设施的维修频次可以反映出设施的故障程度，从而可以反映出社区的安全隐患程度。

（6）社区的周边资源（C_6）。

社区周边与应急相关的资源影响着社区在发生突发事件时的应对速度与应对能力。

（7）社区的监测预警设施的配备水平（C_7）。

社区的监测预警设施的配备水平对一个社区的安全与应急有重要作用。社区的监测预警设施配备水平主要从以下几个方面考察。

监控系统（$C_{7\text{-}1}$）

监控系统的配置程度主要指监控摄像头的分布与数量等。

可燃气体报警器（$C_{7\text{-}2}$）

烟雾报警器（$C_{7\text{-}3}$）

烟雾报警器的分布与数量对应急能力的提高具有重要作用。

（8）社区的应急救援设施的配备水平（C_8）。

消防设施（$C_{8\text{-}1}$）

消防设施的配置包括是否有防火门与消防通道、灭火器的分布与数量、消防水源情况等。

防汛设施（$C_{8\text{-}2}$）

防汛设施的配置程度主要指防汛设施的种类与数量及排水系统的好坏等。良好的防汛设施可以减缓暴雨等突发事件给社区带来的危害。

应急电力（$C_{8\text{-}3}$）

社区是否有应急电力系统。

社区应急广播与通信（$C_{8\text{-}4}$）

可以通过广播或者手机短信等形式将灾情及时告知社区的人员。

社区内的应急避难场所与物资（$C_{8\text{-}5}$）

社区内是否有足够安全的场所，食物、水源等维持灾民基本生活的物资是否充足。

应急逃生指示标志（$C_{8\text{-}6}$）

社区内的应急逃生指示标志是否齐全并放置在合适的位置。

应急救援物资储备（$C_{8\text{-}7}$）

社区是否储备了一定数量常见应急救援物资。

周边社区防灾减灾资源情况（$C_{8\text{-}8}$）

是否能够更快地从周边社区调来防灾减灾资源。

（9）社区以往的事故类型与事故率（C_9）。

2）社区的管理

（1）社区应急预案情况（C_{10}）。

社区应急预案情况主要指应急预案的种类与数量、应急预案的科学性与实用性、应急预案的修订情况等。

（2）社区的应急管理组织机构情况（C_{11}）。

社区是否成立专门的应急管理组织机构，组织架构与成员组成情况如何。

（3）社区的物业人员配置（C_{12}）。

社区的物业人员配置主要指单位面积配备的保安数量、维修人员数量、保洁人员数量、绿化人员数量等。

（4）社区的应急志愿者数量与素质（C_{13}）。

（5）社区风险评估频次（C_{14}）。

（6）社区对固定人口与流动人口的管理（C_{15}）。

社区对固定人口与流动人口的管理对于社区的安全具有重要作用。

（7）社区内针对民众的宣教、培训、演练的频次与质量（C_{16}）。

宣教、培训的次数与质量对于民众安全应急知识和能力的提高具有重要作用。

（8）社区应急管理者的培训和演练频次与质量（C_{17}）。

（9）全民动员机制（C_{18}）。

动员社区内所有人员发现险情时都及时上报、协助应急救援。

（10）社区应急经费情况（C_{19}）。

（11）对外协调能力（C_{20}）。

良好的协调能力有利于更迅速有效地从周边调度资源，更有利于资源共享。

2. 理论评估模型

以社区为对象来利用上述指标建立模型。假设一个社区共有 m 项韧性指标，每种指标均有其恢复目标和即时状态。考虑到即时状态距离目标状态越远越难恢复，于是我们定义该社区的如图 6-4 所示的状态点 A 的韧性能力如式（6-1）所示。

$$\text{Resil}(A)=\sum_{i=1}^{m}\boldsymbol{w}_i\left(G_{ij}-S_{ij}\right)^2 \tag{6-1}$$

其中，$\boldsymbol{w}_i$ 表示第 i 项恢复指标的权重，它表示该项指标在恢复过程中的重要程度；G_{ij} 为指标 i 在子阶段 j 的恢复目标；S_{ij} 为点 A 在第 j 阶段的即时状态。

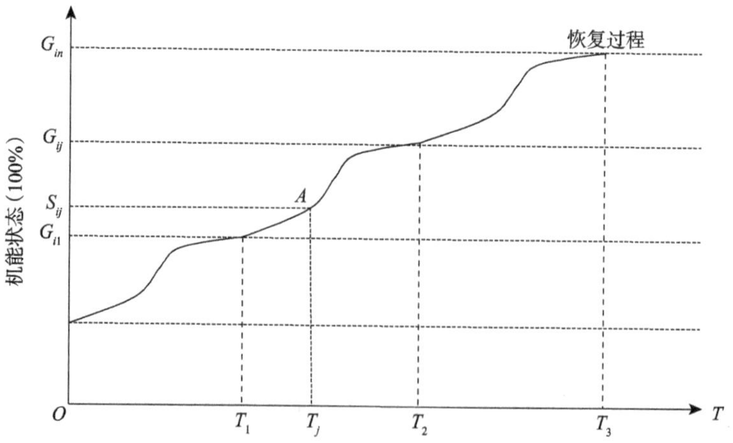

图 6-4　社区韧性评估模型

3. 评估指标体系

通过专家调查，参考了应急管理、韧性理论及社区实践方面多位专家的意见和建议，并基于层次分析法专用软件——Yaahp 对各项指标进行了权重计算。

具体到评估指标，权重超过 0.07 的指标（重要指标）主要包括社区的应急救援设施的配备水平、社区应急预案情况、社区的应急管理组织机构情况、社区应急管理者的培训和演练频次与质量、社区应急经费情况，而权重在 0.05~0.07 的指标（次重要指标）主要包括社区的新旧程度、社区的人员组成与人口密度、社区的监测预警设施的配备水平、社区以往的事故类型与事故率、社区的物业人员配置、社区风险评估频次，以及社区内针对民众的宣教、培训、演练的频次与质量及全民动员机制，而其余指标在评价社区韧性时重要性不显著。

在评价指标体系及权重确定后，可以组织专家针对不同社区在各个指标上的表现分别打分，再对各个指标的得分进行加权平均，从而计算该社区韧性的综合评价值。

6.4.2 社区防灾减灾资源分类

本节仅以社区可以自己优化的防灾减灾资源为例。社区防灾减灾资源与可能发生的灾害事故是多对多的不确定形式，某一种资源亦可以对不同的灾害起到韧性提升的作用。社区内防灾减灾资源管理较为集中，基本是由该社区所属的街道办事处进行统一管理。通过改进社区防灾减灾资源的数量及配置方案，最大化地发挥社区防灾减灾资源的效力，从根本上提高整个社区乃至城市的韧性。根据对实际调研社区的分析及相关文献资料的研究，归纳出以下几类在一般城市社区内常见的防灾减灾资源。

1. 避难空间

对于社区而言，最根本的目的就是在巨灾发生时社区人员能够安全撤离到安全地带。社区内常见的地上避难空间主要包含以下三类。

（1）改建为具有抗震性能的广场、体育场。

（2）公园（尤其是现在越来越多的公园由普通公园向抗震公园转型）。

（3）室外停车场及操场。

地下避难空间则主要用于发生恐怖袭击及爆发战争时人员的安全逃生，包括以下两类。

（1）社区内的地下停车场（绝大多数社区将地下停车场兼作人民防空工程）。

（2）具有独立职能的人防工程。

2. 医疗单位

在现今城市街道建设中，一般每个街道都会配有一个街道卫生医疗服务中心，主要用于向街道居民宣传各类卫生医疗知识、执行防疫措施，对街道人员进行健康检查及疾病的诊疗等工作。有些社区内也会有医院，当巨灾发生时，医院就会发挥其高效的医疗救治职能，抽调医护人员对伤员进行帮助救治。社区内主要的医疗单位包括以下几种。

（1）医院。

（2）街道卫生医疗服务中心。

（3）社区医疗卫生服务站。

3. 应急力量

应急力量包括以下几类。

（1）消防队伍，包括官方消防队伍、企业单位的消防队、社区义务消防队。

（2）公安队伍。一般每个街道均会配有街道派出所，其主要任务是预防和控制各类治安事故的发生，有些社区也设有警务室，承担社区日常治安维护工作。

（3）交通治安亭，设置在车流量较大的商业社区及半开放型社区，用于维护社区内车辆的行车安全。

（4）应急志愿队伍，由应急志愿者组成，定期或不定期组织训练。

（5）社区各类巡逻队伍，包括保安及热心群众。

4. 应急预案

社区应急预案属于基层应急预案，是由各市（地）、县（市）人民政府及其基层政治组织（如区级政府或街道办事处）统一制定下发，主要包括社区内常见灾害事故的应急预案。居民委员会人员必须做到掌握应急预案内容，在发生突发公共安全事件时能够做出合理有效的决策。

5. 应急物资储备点

社区内的物资储备仓库应该有专门的管理人员来维护物资的更新及日常管理调配。现在许多的社区与附近的商场或超市签订了紧急物资调用协议。一般的应急物资主要是指生活基本需求品和防寒用品。例如，速食食物、瓶装饮用水是发生大规模灾害，尤其是大地震后最实际有效的基本生活物资，所以社区应保证物资储备点速食食物及瓶装饮用水的储备量。

6. 应急知识宣传

每个社区在社区公告栏旁都应设立一个专门的应急知识宣传栏，用以向社区居民宣传各类公共安全事件的正确应对方法及预防方法，尤其是最新出现的各类灾害事故。社区应针对不同的灾害事故，组织社区居民进行相关的应急知识学习，对于有条件的社区应当安排社区居民积极参加有关的应急演练。

7. 应急装备

应急装备可以包括但不限于以下几种：社区内的发电设备；水泵；挖掘机；吊车；储水设备；遮蔽物；监控室；消防救援配备；防雷设施；锹铲、扫把；救生衣；灾害上报系统。

6.4.3　基于社区防灾减灾资源的典型韧性评估

同类型社区发生的人为灾害基本相同，而同一地区所面临的自然灾害又有较强的相似性。通过对大量相关文献资料研究分析，基本可以确定出社区内主要发生的七类灾害事故，包括地震、火灾、雨洪、治安、大面积停电停水、疫病和交通事故，并利用层次分析法及专家打分，直观地得出社区防灾减灾资源针对单项灾害的韧性能力。以下以地震和大面积停电停水事件为例进行探讨。

1. 地震

按照常见的 Saaty 标度法将地上避难空间、医疗单位、应急预案、地震应急知识宣传、应急物资储备这五类资源的相对重要性量化，得出各类资源的权重系数，对社区内主要地震防治资源进行打分，具体如表 6-2 所示。

表 6-2　社区地震防治资源调查打分表

防灾减灾资源及权重值		分级	分值
地上避难空间（0.143）	类型（0.25）	广场、体育场	100
		公园	60
		地上停车场、操场	20
	人均面积（0.75）	≥2 平方米	100
		1~2 平方米	60
		不足 1 平方米	20
医疗单位（0.143）		医院	100
		街道社区卫生服务中心	60

续表

防灾减灾资源及权重值	分级	分值
医疗单位（0.143）	社区医疗卫生服务站点	20
应急预案（0.143）（备注：应急预案掌握程度应由街道或者上级行政单位组织专家对社区工作人员进行相关的考察评定）	居民委员会有专职人员能够在地震发生后做出得当的紧急处置，沟通汇集并及时上报信息；做好群众的安全疏散撤离工作	100
	应急预案仅停留在书面部分，居民委员会人员没有掌握预案实质内容	60
	没有任何地震应急预案文件	20
地震应急知识宣传（0.428）	定期组织（至少为 2 次/年）社区人员学习地震逃生应急知识	100
	不定时（一般频率小于 1 次/年）组织社区人员学习相关地震逃生知识	60
	没有任何形式的地震安全知识宣传	20
应急物资储备（0.143）	方便面及饮用水的存储容量能够满足社区居民 1~2 天的生活需求（备注：与社区协定的供应超市及社区自设的物资储备仓库中存放的方便面数量应至少满足社区内常住人口 1 天 3 顿的生活需求；矿泉水应满足每人 1 天 2 瓶的生活需求）	100
	社区内的饮用水能保证居民 1 天的基本生存需求（备注：与社区协定的供应超市及社区自设的物资储备仓库中存放的方便面数量应至少满足社区内常住人口 1 天 2 顿的生活需求；矿泉水也应满足每人 1 天 1 瓶的基本需求）	60
	社区内不存在任何形式的物资储备点	20
得分		
加分项目	分级	分值
挖掘机/台	＞2	5
	1~2	2
	0	0
吊车/台	＞2	5
	1~2	2
	0	0
总分		

2. 大面积停电停水事件

社区内大面积停电停水会给社区居民的日常生活带来很多不便，因此，社区应将这一问题当作社区突发事件来应对，并且提出相应的应对措施。由此，针对社区内常见的三类大面积停电停水防治资源，可以做出如表 6-3 所示的分级打分。

表 6-3　社区大面积停电停水事件防治资源调查打分表

防灾减灾资源及权重值	分级	分值
发电机发电量（0.2）	满足社区内居民基本生活用电量（假定基本生活用电是指室内照明，即 1 户 1 天照明用电量设为 2 千瓦时）	100
	满足社区内居民基本生活用电量的一半	60
	未配有发电设备	20
储水设备（0.6）	满足社区常住人口 2 天的基本饮用水量，即 4 升/人	100
	满足社区常住人口 1 天的基本饮用水量，即 2 升/人	60
	未备有任何储水设备	20
应急预案（0.2）	居民委员会成员有专职人员能够在灾害事故发生后做出得当的紧急处置，合理安排储备用水的分配	100
	应急预案仅停留在书面部分，居民委员会人员没有掌握预案实质内容	60
	没有任何形式的应急预案文件	20
总分		

6.4.4　防灾减灾资源优化建议

以新区某社区为例进行了基于社区防灾减灾资源的韧性评估（由于数据不完整，部分指标参照类似社区打分），根据评分结果提出相应灾害韧性提升的社区防灾减灾资源优化建议。

1. 地震

地震应急知识的宣传与演练是社区地震防治资源中最重要的一项。具体过程如下。

（1）当体系分值在 42~60 分时，首先对资源中地震应急知识的宣传与演练一项进行优化。

定期组织（至少为 2 次/年）社区人员学习地震逃生应急知识。对于地震多发地带，可以以季度为单位，根据每季不同的气候条件，因势利行，组织居民参加社区组织的地震知识学习和逃生演练活动。

社区居民委员会成员有专职人员能够在地震发生后做出得当的紧急处置，沟通汇集并及时上报信息，做好群众的安全疏散撤离工作。

（2）当体系分值在 42 分以下时，除了按照（1）进行优化，社区内的饮用水和方便面的存储量要能保证居民 1 天的基本生存需求，即方便面数量（桶）÷社区人口（人）÷3≥1/3；矿泉水数量（瓶）÷社区人口（人）÷2≥1/2。

2. 大面积停电停水事件

首先对储水设备一项进行优化：增设社区内的储水设备，增加社区储水量，能够满足社区常住人口 1 天基本饮用水量，即 2 升/人。

其次对发电机发电量一项进行优化：社区发电设备的发电量力求能满足社区内居民基本生活用电量，即 1 户 1 天照明用电量为 2 千瓦时社区基本用电量=2×门户数（户）。

最后对大面积停电停水事件应急预案一项进行优化：及时通知居民提前做好生活用水储备，社区应当腾出大量储备罐盛放生活用水。

6.5 雄安新区安全韧性社区管理机制与建设路径

6.5.1 基于韧性的社区应急管理运行机制

基层应急管理运行机制只有不断提升自我调节能力与内部的协同能力，才能逐步增强韧性。基层应急管理工作要坚持“以人为本”，维护广大群众的根本利益，将经济为主的单一目标多元化；坚持“预防为主”，预防与应急相结合，在日常管理之中，增强系统的自我调节能力；坚持“专业指导”，开展安全检查、隐患排查、预测预警与前期处置等工作，提升紧急状态的协同性；坚持“辅助处置”，充分发挥基层政权组织熟知辖区情况的特点，以及与群众自治性组织拥有良好群众关系的优势。

1. 建立社区风险管理机制，预防治理各类风险因素

若能及时发现社区内部可能降低韧性的各类因素，这些因素可以是物理空间、人的因素、组织结构、信息沟通等方面的。例如，在城市化过程中出现的运行系统与现有功能不匹配、社区内部信息渠道不畅通的问题等。主要内容包括基层安全现状调查、危险源识别与分析、风险分级和提出降低或控制风险的安全对策。

在高风险社会中，通过全面识别、沟通与评估风险，识别系统中可能降低韧性的因素，尽早达成风险治理格局，应该是社区韧性优化升级的重要突破方向。基层开展风险评估需要在专业部门和专业机构的指导下进行，通过开展基层安全现状调查，运用系统安全分析方法，进行危险源识别与分析，找出基层中可能存在的各类危险源及其风险等级，并针对不可接受的风险提出降低或控制风险的安全对策。基层风险评估强调分析结果的共享和共用，重视企事业单

位与街道办事处的知情和信息互通，也应该定期向居民公布辖区内危险源的控制情况和隐患的整改进展。

通过多元参与的方式进行风险沟通，识别社区降低韧性的因素，依托常态行政管理体制，健全科学、规范、系统、动态的综合性风险管理长效机制，制定有效的风险处置措施，努力解决提升社区韧性的基础性、源头性、根本性问题。

2. 周密的社区监测预警机制，实时监测预警因素的演化动态

基层应完善风险信息的监测与报送机制建设，时刻监测预警社区韧性是否接近威胁社区稳定与恢复能力的边界，以便做好第一时间的应对。需进一步完善由政府部门、专业机构、监测网点、居民委员会和村民委员会等构成，专业监测和社会监测相结合的突发事件监测体系，尤其是居民委员会、村民委员会和有关单位的负责人的主体责任意识有待进一步加强，人员之间的职责、分工需要明晰。推进基层应急信息报告员、社会公众报告和举报奖励制度建设，分别在街道、社区建立信息直报点，配备专兼职应急工作信息员，并加强相关人员监测预警能力方面的培训，形成高效、快捷、安全的信息报送体系。

完善基层预警机制。根据《国家突发事件应急体系建设“十三五”规划》和市应急预警能力建设要求，进一步强化基层预警机制建设，逐步实现预警信息沟通共享。

3. 快速的应对机制，提升社区组织稳定与恢复能力

在突发事件发生后，需要社区中的各子系统能够迅速提供维护社会稳定的力量，以抵消和抑制外部干扰。从突发事件应对的经验来看，突发事件后人员多以自救为主，公救为辅，增强基层的第一响应能力，至关重要。

基层突发公共事件应急管理强调基层的辅助处置和先期处置，并且以辅助处置为主。辅助处置要充分发挥街道和社区拥有良好群众关系和对辖区情况了解的优势，发挥好街道和社区的社会动员能力，做好现场保护、协助处置和善后处置工作。例如，在发生灾害时，马上进行初期处置，引导居民避难，对受伤人员进行救援，收集和传递信息，提供食品和水，检查危险地段并进行巡视。

街道乡镇与社区（乡村）应进一步完善基层现场处置和保障主体及职责分工，加强与各专业部门的协调联动机制建设，建立起快速反应、合理调配、密切协作的工作机制，并将工作机制流程化、卡片化，使职责不仅停留在纸面上，更要落到实处。

4. 强有力的协同与合作机制，助力社区快速恢复有序状态

突发事件后，社区要重新恢复进入有序状态，需要空间、时间、功能结构上

的协同与合作，协同学创始人、德国物理学家哈肯指出："种种系统都以其集体行为，一方面通过竞争另一方面通过合作，间接地决定自己的命运。"（朱晓娜和袁望冬，2009）在专项应急指挥部介入之前，基层的处置工作尤为重要，其快速的事件信息上报和有效的先期响应，有利于突发事件的有效控制。在事故处置过程中，由于街道掌握所属区域的各类信息，应急指挥部需要基层单位的协助，如在居民疏散时，需要街道和社区提供人员名单并组织居民疏散。因此，需要建立先期处置的相关工作机制，具体的职责分工如下：街道办事处负责综合协调并开展应急信息收集、信息上报和信息发布（通告，告知相关部门）工作；专业部门负责应急处置和应急救援工作；社区居民委员会负责开展突发事件现场保护工作、居民社会动员和居民安置工作。定期召开区应急管理办公室、专项应急指挥部办公室、街镇和社区之间的沟通联席会，厘清其在事故中的主要职责；根据机制和预案，定期开展应急演练，不断磨合，加强日常协调联动。

5. 顺畅的信息沟通机制，提升社区组织的稳定与恢复效率

只有畅通系统的信息渠道，才能在第一时间进行物质、能量与信息的交换，提升社区稳定与自我恢复的效率。应建立街镇与社区信息交流制度，并通过交流会收集信息与发布信息；指定专门发言人，与媒体、公众保持交流；建立社区内部信息沟通程序、社区与其他相关组织的信息沟通程序；良好的通信硬件网络，包括电话、电视和网络等；保证社区24小时信息畅通的机制。收集、反馈、上报的信息包括社区危险因素情况，社区资源状况，紧急和非紧急信息，街道办事处、居民和属地单位、职能部门之间信息交换与上传下达等。

6. 创新型的社区价值重构机制，营造全社会参与韧性提升的氛围

唤醒社会上的非政府组织与个人对社区韧性的关注，深入基层推崇社会公义、社会整体安全与公信等价值观，进行价值重构，打破以经济取向为主导的社会系统，营造全社会参与韧性提升的社会氛围。因为突发事件应对本身是一项复杂系统工程，需要全社会的共同支持和参与，基层应急工作仅仅依靠政府的力量是不够的，工作重心要调动区域内全部社会单元的力量，群策群力，整合各类应急资源，形成全社会积极参与的新局面。

驻区单位和居民的价值重构与动员工作，街镇以驻区单位为主，社区居民委员会负责对居民的社会动员工作，对于需要进行社会动员的单位可以上报街道办事处。

一是要在全体居民中广泛开展应急教育活动。有组织有计划地通过学校、报纸、杂志、网络、影视等媒介，广泛宣传防灾减灾、应对危机的知识和技能，特别是社区和物业公司领导的危机意识和应急防范能力。

二是要广泛发动驻区企事业单位、社区团体和居民，积极做好突发事件的防范和应对准备。

三是充分发挥社区、机关、企事业单位等社会力量的作用，组建具有一定救援知识和技能的志愿者队伍，在第一时间减少和削减灾害的损失。志愿者队伍的组织、技术装备、培训、应急预案演练，由街道和相关专业职能部门给予技术指导和帮助。

四是利用市场机制，组织动员社会力量参与应急管理和服务的长效机制。

6.5.2 雄安新区韧性社区建设路径

雄安新区正在经历从农村、小城镇到现代化城市的巨大转变，大量外来人口迁入、新兴产业形成、物态面貌巨大改变，将会催生新的社区在全新的物理空间下运转。社区面临的风险将更加多样化，物理空间的各类地上建筑、地下空间、公共设施，在时间轴上与社会空间的高密度、高流动性、高异质性的各类人群交织作用，与固有灾害风险通过各种关联耦合，带来一系列可预见的风险，以及未来不可预见的突发事件与次生、衍生危害。“基础不牢，地动山摇”，研究雄安新区社区韧性能力的提升路径，就显得尤为迫切。

1. 强化“使能性”，明确社区韧性提升的主体职责

“使能性”不是要替代现有职能或进行统一管理，而是要从总体统筹规划的角度考虑社区韧性提升，推进各相关方在社区稳定性与恢复能力提升中构成坚实有力的联动网。因此，在雄安新区的韧性社区的构建体系设计中，应围绕社区韧性提升的政策目标，在原有部门边界的前提下构建跨界、跨部门的组织合作，着重于协商、沟通机制的“精细化”，实现基层安全风险网络治理模式。在此基础上，逐步建设完善与临近行政区及京津冀毗邻区域之间的防灾减灾救灾联动机制，出台相关应急预案，促进信息共享及队伍联动。

2. 考虑“双融合”，建立雄安特色的社区安全风险动态研判机制

雄安新区的发展过程必定是外来群体和当地居民、新兴产业和既有业态“双融合”的过程，从“规划-建设-运行”全过程识别社会风险与产业融合的技术风险，以及两类风险相耦合形成的新兴风险，形成雄安新区基层社区风险因素清单与典型风险演变链条和网络。以系统动力学的思路推演雄安新区社区风险演变过程，以风险演变链条为机理，推演社区风险情景，剖析各因素间的影响关系，量化“双融合”中的过程参数和社区风险等级之间的相互关系，动态跟踪分析各类影响社区韧性因素的可改正性、可控制性和可选择性。

3. 运用“智慧防灾”，构建社区风险监测与预警机制

在雄安新区，突破社区风险监测监控、预测预警、智能防范的理论方法与技术瓶颈，应用风险驱动的“任务-数据-模型”智能化集成管理方法，提出社区多主体在线协同、共享与动态协调的监测与预警机制。基于社区人群“管理即服务”理念，形成以一般人群服务为主体、兼顾重点人员管控、特殊人群救助的风险监测预警机制，结合基础设施运行参数、信息空间数据分析、生产生活数据挖掘的主被动一体化的人员风险监测预警管理和服务模式，将“智慧防灾”理念运用到社区韧性提升中，搭建警务、政务、物业管理、综合治理一体化的社区风险智能防范平台。

4. 注重“标本兼治”，强化社区管理的韧性能力

社区韧性能力强调标本兼治。社区韧性应在适宜、和谐的管理体系下，强调超前预防，从各类突发事件的诱因着手，深层分析，以消除风险与各类不良因素。为此，雄安新区在韧性社区建设中，必须在现有以结果导向的基础上强化诱因导向，从根源上考虑如何消除或降低各类风险发生的概率，如应推动公共决策的民主化、公正化、科学化、高效化进程，促进管理结构适应社会现状等。

5. 采取“分类治理”，推行分区域特征的社区安全风险治理模式

按照“一主、五辅、多节点”的新区城乡空间布局要求，对不同区域的风险特征进行分析，以目标导向采取不同的治理模式。“一主”应以“城”为重，通过新技术、新理念打造本质安全型城区，在基层注入更多的力量以点带面，确保城市运行平稳有序；“五辅”则以“区”为重，做好社会力量参与安全风险治理的规划，给予一定的政策倾斜，培育和引进社会力量，以社区为单元增强韧性。作为新区，社区安全风险治理则应凸显政府主导和多元参与，对于各类可能引发“灰犀牛”事件的风险从严治理，绝不姑息。“多节点”则以生态涵养为主要目的，可建设以村居为单元的灾害风险数据库，利用信息化手段提高治理效率和公众的参与度，并有效借助生态系统的自然灾害天然屏障功能，保护生态系统和天然缓冲区，以减少洪水、暴雨和其他灾害的影响。

6. 瞄准“主体外移”，形成社会力量参与社区风险治理的引导机制

厘清各个参与主体的地位、职责和作用，减少政府对基层单位的行政干预并释放资源和下放权力，给予其相应的政策倾斜，搭建平台，引导社会力量参与。雄安新区政府应从政策环境、制度规范、管理方法等方面提供全方位的支撑和引导，尽早搭建服务导向平台。在社区建立应急志愿服务站，强化村居的应急队伍

和物资建设，以“站”带动村居的风险排查、备勤、信息联络、培训交流、先期处置等能力提升；将灾害信息员、安全员、综治人员、网格人员、楼门长等职能融进“站”中，解决“站”中的人员空缺问题，改变网格的虚化现象。引导各类应急组织及其行动支持者日益壮大，成为政府“主体外移”后的重要力量。与辖区内企业开展联防机制、物资储备等工作。

6.6　本 章 小 结

雄安新区的建设，既是千年一遇的重大发展机遇，同时也对雄安这个区域本身带来前所未有的挑战，本章从社区的视角对雄安新区建设过程中的动态风险评估和监测预警进行剖析，提出基于情景构建的社区韧性评估和优化策略，对雄安新区社区管理机制进行研究和探索，并对雄安新区安全韧性社区的建设给出如下建议。

1. 创新基层社区安全风险治理体制机制

促进社会成员广泛参与安全风险治理，实现安全风险管理关口前移、重心下移、主体外移的基层安全风险网络治理模式。社区层面的各个主体，包括社会组织、企事业单位、非营利组织、社会居民等都是安全风险应对的主体。成都市锦江区在老旧院落推行院落自治管理，每户一票选举产生院落自治管理委员会（以下简称院委会），院委会负责召集院落居民大会，选聘、监督物业，拟定院落规章制度，监督院落居民自治公约实施和日常巡查等，通过发挥居民自治，打造和谐安全院落。利用雄安新区“新”的优势，推进基层安全风险网络治理模式，是强化城市风险治理的主要任务，且能实现以最小的成本，获得最大安全保障的目的。在此基础上，逐步建设完善与临近行政区及京津冀毗邻区域之间的防灾减灾救灾联动机制，出台相关应急预案、信息分享及队伍联动等机制。

2. 推行分区域特征的社区安全风险治理模式

按照“北城、中苑、南淀”的布局要求，对不同区域的风险特征进行分析，以目标导向采取不同的治理模式。首都功能核心区应以“都”为重，当“国事”来临时，基层组织体系则必须协助政府做好安全保卫工作；北京城市副中心则应以“城”为重，通过新技术、新理念打造本质安全型城区，政府也应在基层注入更多的力量以点带面，确保城市运行平稳有序；雄安新区则以“区”为重，做好社会力量参与安全风险治理的规划，给予一定的政策倾斜培育和引进社会力量的参与，以社区为单元增强韧性。作为新区，社区安全风险治理则应凸显政府主导和多元参与，对于各类可能引发“灰犀牛”事件的风险从严治理，绝不姑息。生态涵养区可建设以村居为单元的灾害风险数据库，利用信息化手段提高治理效率和公众的参与度，并有效借助生态系统的自然灾害天然屏障功能，保护生态系统和天然缓冲区，以减少洪水、暴雨和其他灾害的影响。

3. 强化巨灾情景下“去中心化”的基层应急能力建设

在巨灾情景下，常态的基层行政组织体系遭到破坏，可引入“去中心化”方式，构建具有韧性的局部应急网络。提升基层安全风险治理与应对能力，不仅需要强有力的政府中心，更需要去政府中心之后的全社会共同参与的安全风险治理。其中，日益发展的各类防灾减灾组织及其行动支持者，他们将在安全风险治理中填补政府的不足；许多社会力量更将安全宣教、协同救援作为自己的社会责任。这些组织去政府中心，自成中心，但其行动与政府的安全观保持一致。行政力量从原来的中心节点转变为关键节点，从原来的领导者、管理者转变为积极的协调者、参与者。

4. 多角度全方位提升社区应急准备

通过多元参与的方式进行社区安全风险沟通，发动居民参与风险登记册与风险地图的绘制，建设以社区为单元的风险数据库；基于典型风险在基层开展情景构建，理顺村居、企事业单位、志愿者组织等与政府和各专业部门在预防、准备、响应、恢复全流程的职责与关系，据此编制与京津冀各级顺畅衔接的应急预案体系和应急准备规划；在社区建立应急志愿服务站，强化村居的应急队伍和物资建设，以“站”带动村居的风险排查、备勤、信息联络、培训交流、先期处置等能力提升；将灾害信息员、安全员、综治人员、网格人员、楼门长等功能融合，建立分级管理的综合网格人员队伍，借助网格化的常态工作，治理“网格”中的社区安全风险，改变当前网格化工作中网格功能虚化现象。

5. 鼓励社会力量参与，实现治理主体外移

厘清各个参与主体的地位、职责和作用，减少政府对基层单位的行政干预并释放资源和下放权力，给予相应的政策倾斜，搭建平台，引导社会力量参与。新区各级政府应研究制定和完善社会力量参与防灾减灾救灾的相关政策法规、行业标准、行为准则；搭建社会组织、志愿者等社会力量参与的区级协调服务平台和信息导向平台；完善政府与社会力量协同救灾联动机制，落实税收优惠、人身保险、装备提供、业务培训、政府购买服务等支持措施；建立社会力量参与救灾行动评估和监管体系，完善救灾捐赠组织协调、信息公开和需求导向等工作机制；

鼓励社会力量参与常态减灾、应急救援、过渡安置、恢复重建、风险隐患排查、防灾减灾宣传教育等工作。与辖区内企业开展联防机制、物资储备等工作。

参 考 文 献

李欣，王静静，杨梓，等. 2016. 基于 SAO 结构语义分析的新兴技术识别研究. 情报杂志，35（3）：80-84.

刘叶婷，唐斯斯. 2014. 大数据对政府治理的影响及挑战. 电子政务，（6）：20-29.

彭翀，郭祖源，彭仲仁. 2017. 国外社区韧性的理论与实践进展. 城乡研究，32（4）：60-66.

邵亦文，徐江. 2015. 城市韧性：基于国际文献综述的概念解析. 国际城市规划，30（2）：48-54.

王艳，张海波. 2017. 灾害抗逆力：定义、维度和测量. 风险灾害危机研究，（1）：37-51.

俞孔坚，许涛，李迪华，等. 2015. 城市水系统弹性研究进展. 城市规划学刊，（1）：75-83.

朱伟. 2014. 城市社区业务连续性管理及其标准化探讨. 标准科学，（S1）：46-48.

朱伟. 2017. 安全概念再认识：从间接到直接. 风险灾害危机研究，4（1）：10-24.

朱晓娜，袁望冬. 2009. 自组织理论视野下的自主创新系统. 系统科学学报，17（2）：84-86.

Ahas R，Mark Ü. 2005. Location based services—new challenges for planning and public administrations. Futures，37（6）：547-561.

Ainuddin S，Routray J K. 2012. Community resilience framework for an earthquake prone area in Baluchistan. International Journal of Disaster Risk Reduction，（2）：25-36.

Bruneau M，Chang S E，Eguchi R T，et al. 2003. A framework to quantitatively assess and enhance the seismic resilience of communities. Earthquake Spectra，19（4）：733-752.

Cutter S L，Barnes L，Berry M，et al. 2008. A place-based model for understanding community resilience to natural disasters. Global Environmental Change，18：598-606.

Joerin J，Shaw R，Takeuchi Y，et al. 2012. Assessing community resilience to climate-related disasters in Chennai，India. International Journal of Disaster Risk Reduction，1：44-54.

Luederitz C，Lang D J，von Wehrden H. 2013. A systematic review of guiding principles for sustainable urban neighborhood development. Landscape and Urban Planning，118：40-52.

Norris F H，Stevens S P，Pfefferbaum B，et al. 2008. Community resilience as a metaphor，theory，set of capacities，and strategy for disaster readiness. American Journal of Community Psychology，41：127-150.

O'Connell D，Walker B，Abel N，et al. 2015. The Resilience，Adaptation and Transformation Assessment Framework：From Theory to Application. Canberra：CSIRO.

Oktari R S，Shiwaku K，Munadi K，et al. 2015. A conceptual model of a school-community collaborative network in enhancing coastal community resilience in Banda Aceh，Indonesia.

International Journal of Disaster Risk Reduction，12（5）：300-310.

Ratti C，Pulselli R M，Williams S，et al. 2006. Mobile landscapes：using location data from cell phones for urban analysis. Environment and Planning B：Planning & Design，33（5）：671-785.

Smith T F，Daffara P，O'Toole K，et al. 2011. A method for building community resilience to climate change in emerging coastal cities. Futures，43（7）：673-679.

Steven M R，Berke P R，Song Y. 2010. Creating disaster-resilient communities：evaluating the promise and performance of new urbanism. Landscape and Urban Planning，94（2）：105-115.

U.S. Department of Homeland Security. 2006. National Planning Scenarios. Washington：U. S. Department of Homeland Security.

U.S. National Security Council. 2002. National Strategy for Homeland Security. Washington：Office of Homeland Security.

Vallance S，Carlton S. 2015. First to respond，last to leave：communities' roles and resilience across the "4Rs". International Journal of Disaster Risk Reduction，14：27-36.

Wilson G A. 2015. Community resilience and social memory. Environmental Values，24（2）：227-257.

第 7 章　雄安新区生态安全格局研究

中国正处于经济与社会转型期，高速的城市化与城市生态环境建设的滞后，导致中国城市环境质量的急剧恶化。2016 年，全国 338 个地级及以上城市中，254 个城市环境空气质量超标，占 75.1%，平均超标天数比例为 21.2%。全国地表水 1 940 个评价、考核、排名断面（点位）中，Ⅰ类、Ⅱ类、Ⅲ类、Ⅳ类、Ⅴ类和劣Ⅴ类分别占 2.4%、37.5%、27.9%、16.8%、6.9%和 8.6%。同时，土地退化、资源短缺、生态功能下降及自然灾害频发等已成为区域可持续发展的障碍，严重威胁着城市生态安全。因此，加强城市生态安全与风险研究，能为提升城市生态安全预警能力与生态韧性提供技术支撑，是保障城市生态安全，促进城市可持续发展的迫切需要（欧阳志云等，2016；肖笃宁等，2002）。

2017 年 4 月 1 日，中共中央、国务院决定设立河北雄安新区，这是继深圳经济特区和上海浦东新区之后又一具有全国意义的新区，是千年大计、国家大事。雄安新区的定位在于疏解北京非首都功能、产业和人口，将集中推进京津冀协同发展，优化京津冀城市布局和空间结构，具有重大现实意义和深远历史意义。雄安新区规划范围地处河北省腹地保定市，涵盖雄县、容城县、安新县三县及周边部分区域，占保定市域面积的 9.0%；而白洋淀是新区规划的核心区域，水域占新区总面积的 23.4%。白洋淀流域水问题极为突出，水资源短缺、地下水超采、环境污染严峻、干旱与洪涝等极端气候风险成为制约雄安新区可持续发展的突出问题。如何提升雄安新区应对诸多生态风险的预警与应急能力，完善新区生态安全保障对策，为雄安新区规划与建设提供科学依据，成为当前急需解决的科学问题和现实需求。

7.1　生态安全的内涵概念

7.1.1　中国自古以来对于生态安全的重视

中国作为一个拥有五千多年历史的泱泱大国，历史自诞生起就从未间断。以史为镜，当代中国人一代代传承下来的除了经济、文化、艺术，更有着对自然、生态的思考与重视。

《左传·成公·成公六年》中，韩献子劝阻晋景公迁都郇瑕氏，曰“郇瑕氏土薄水浅，其恶易覯。易覯则民愁，民愁则垫隘，于是乎有沉溺重膇之疾。不如新田，土厚水深，居之不疾，有汾、浍以流其恶，且民从教，十世之利也。夫山、泽、林、盬，国之宝也。国饶，则民骄佚。近宝，公室乃贫，不可谓乐”。《孟子·梁惠王上》记载，孟子建议梁惠王“不违农时，谷不可胜食也；数罟不入洿池，鱼鳖不可胜食也；斧斤以时入山林，材木不可胜用也。谷与鱼鳖不可胜食，材木不可胜用，是使民养生丧死无憾也”。《淮南子·主术训》亦有描述，“先王之法，不涸泽而渔，不焚林而猎”。

由此可以看出，中国自古以来都在思考生态安全的内涵及重要性，生态安全不仅与环境本身有关，与人民的日常生活有关，与可持续发展相关，更与军事、政治、经济安全一样，事关全局，与当代民生相连，与未来国运相通。

7.1.2　新时代背景下生态安全的概念及特点

在新的时代背景下，为全面贯彻十八大和十八届三中、十八届四中、十八届五中全会精神，按照“五位一体”总体布局和“四个全面”战略布局，牢固树立创新、协调、绿色、开放、共享的新发展理念，认真落实中共中央、国务院决策部署，立足中国国情和发展阶段，着眼经济社会发展全局；生态安全应该是实现地区生存和发展所处生态环境，保持“自然资本”的保值增值和永续利用，使之能够适应人民日益增长的美好生活需要；同时，在一个健康而有活力的动态过程中不断维持生态系统的健康和完整，改善生态系统的脆弱性，避免因自然衰竭、资源生产率下降、环境污染和退化给社会生活和生产造成的短期灾害和长期不利影响，甚至危及国家军事、政治和经济安全。

生态安全具有以下特点。

1. 整体性

生态环境的大系统中一切都是相连相通的，牵一发而动全身，任何局部环境的破坏，都有可能引发全局性的灾难，甚至危及整个国家和民族的生存条件。例如，自工业革命以来，人类向大气中排入的二氧化碳等吸热性强的温室气体逐年增加，最终导致全球气候变暖、极地冰川融化、海平面上升，引发一连串的环境后果，甚至诸多太平洋海岛面临着海平面上升而被淹没的威胁。

2. 不可逆性

生态环境的支撑能力有一定的限度，与经济衰退能在短期内迅速恢复不同，生态破坏一旦超过其环境自身修复的“阈值”，往往会造成不可逆转的后果。例如，野生动植物物种一旦灭绝就永远消失，人力无法使其重新恢复。

3. 长期性

与政治、经济问题可以通过采取有力、有效的措施在十数年内转变不同，生态安全的“成本”和“效益”会在“代际”转移。许多生态环境问题一旦形成，若要解决就需要在时间和经济上付出比从一开始保护生态安全更高的代价；而维持生态安全、治理生态危机所付出的努力，则可能要在更长的时间才能看到回报。例如，改变沙化土地，使之恢复原来的面貌，往往要数十年甚至几代人的努力，经济代价也很高。

4. 全球性

正如全球经济一体化之后，国与国之间的经济安全密切相关一般，生态安全也是跨越国界的。一国的生态灾难有可能危及邻国的生态安全，如国际性河流中，上游国家的污染物排放或渗漏，就有可能危及下游国家的用水安全。实际上，目前世界各国已经面临各种全球性环境问题，包括气候变化、资源短缺、生物多样性迅速减少、土地沙化、水源和海洋污染、有毒化学品污染危害等。在生态安全上，各国有着相当广泛的共同利益，也最应该开展国际合作。

5. 相对性

安全是风险的反函数。安全是指评价对象在期望值状态的保障程度，或防止不确定事件发生的可靠性，因此生态安全没有绝对安全，只有相对安全，需要针对具体情况做出具体分析。生态安全由众多因素构成，其对人类生存和发展的满足程度各不相同。若用生态安全系数来表征生态安全满足程度，则各地生态安全的保证程度可以不同。因此，生态安全可以通过反映生态因子及其综合体系质量的评价指标进行定量的评价。

6. 动态性

安全不是一个瞬间的结果，而是对系统在某一时期、某一阶段过程状态的描述，因此生态安全是一个动态概念。一个要素、区域和国家的生态安全不是一劳永逸的，它可以随环境变化而变化，反馈给人类生活、生存和发展条件，导致安全程度的变化，甚至由安全变为不安全。

7. 宏观调控性

生态安全可以调控。对于不安全的状态、区域，人类可以通过一系列措施整治，加以减轻。与军事、政治安全相同，国家生态安全事关全局，且必须由一国的最高决策当局承担主要责任，一般不能依赖微观主体或市场自发作用，这是由于市场盲目及逐利的本质多数情况下是以牺牲当下资源谋求短时间内最快的发展，这与保证生态安全所需的预见性、超前性相悖。尽管微观个体的行为可以对生态安全造成破坏，但决策当局制定的制度对微观主体的行为有极强的引导作用，因此通常情况下维护生态安全需要由国家自上而下进行宏观调控（陈星和周成虎，2005；朱晶和付爱华，2015）。

7.2 雄安新区生态安全现状、问题

7.2.1 雄安新区生态环境现状

1. 空气质量现状

根据2017年河北省环境空气质量排名情况报告，雄安新区所辖三个县的环境空气质量综合指数分别为安新县7.07，在全省166个县中排名62位；雄县7.42，排名87位；容城县7.74，排名101位。由于三个县的环境空气质量自动站是近年建成的，缺乏长时间序列环境空气质量数据。

有关研究结果（2016年5月24日与2017年4月30日）显示，雄安新区的首要污染物是$PM_{2.5}$和PM_{10}，二者超标天数分别为170天和118天，年均浓度分别是国家二级标准的2.9倍和2.1倍，重污染事件主要集中在秋冬两季。臭氧污染主要在夏季，二氧化硫没有出现超标。新区在秋冬两季小风频率高，且温度较低，不利于边界层的发展和大气污染物的扩散。

2. 水环境质量

根据保定市2017年环境质量公报，反映雄安新区水环境质量状况的地表水体主要有白洋淀及其上游的承纳大清河系南支潴龙河、孝义河、唐河、府河、漕河、瀑河、萍河及北支白沟引河8条河流。在20个监测断面中，拒马河落宝滩断面和漕河马庄断面全年断流，其余 18 个有水断面中水质状况为优（Ⅰ~Ⅱ类水质）的断面占55.6%，比上年下降4.5个百分点；水质良好（Ⅲ类水质）的断面占5.6%；水质中度污染（Ⅴ类水质）的断面占 11.1%；重度污染（劣Ⅴ类水质）的

断面占 27.8%，增加 5.5 个百分点。监测断面达标率为 61.2%（按Ⅲ类标准计算），与 2016 年持平。

主要河流中，府河焦庄、望亭和安州断面水质劣于Ⅴ类，主要污染指标为氨氮、总磷和化学需氧量（chemical oxygen demand，COD）。拒马河源头涞源和紫荆关断面水质为Ⅱ类，大沙地和张坊断面水质为Ⅰ类，北河店断面有水期间水质为Ⅲ类。新盖房断面水质为Ⅴ类，主要污染物为总磷、氨氮和 COD。紫荆关断面 8 月断流；张坊断面 4～7 月断流；北河店断面 3 月、7 月、10 月和 12 月有水，其余各月断流。落宝滩断面全年断流。大石河由北京入境，入境断面码头水质劣于Ⅴ类，主要污染物为氨氮、总磷和 COD。唐河总体水质优。南水芦、倒马关和白合断面为Ⅱ类水质。潴龙河（大沙河）总体水质优。杜里村、阜平和王林口断面为Ⅱ类水质。沙河灌渠大寺头断面水质劣于Ⅴ类，主要污染物为氨氮和总磷，6 月、8～11 月断流。孝义河蒲口断面水质为Ⅴ类，主要污染物为 COD、总磷和高锰酸盐指数。漕河马庄断面全年断流。

2017 年白洋淀平均水位为 8.12 米，较 2016 年升高 0.04 米，水质较 2016 年无变化。9 个常规监测点位中，光淀张庄、烧车淀和枣林庄三个点位为Ⅳ类水质，采蒲台、圈头和王家寨三个点位为Ⅴ类水质，端村和南刘庄两个点位水质劣于Ⅴ类；鸪丁淀水位低，不具备采样条件。全淀主要污染物 COD 的年平均浓度为 30.3 毫克/升，较 2016 年升高了 2.4%；总磷的年平均浓度为 0.125 毫克/升，较 2016 年下降了 25.6%；高锰酸盐指数年平均浓度为 7.0 毫克/升，较 2016 年下降了 13.6%。2016 年白洋淀平均水位为 8.08 米，较 2015 年升高 0.22 米，水质较 2015 年有所好转。9 个常规监测点位中，除鸪丁淀外的 8 个点位水质状况与 2017 年相同，均未达到功能区划要求；鸪丁淀处于干淀状态。全淀主要污染物 COD 的年平均浓度为 29.6 毫克/升，较 2015 年下降了 3.58%；总磷的年平均浓度为 0.168 毫克/升，较 2015 年下降了 26.6%；高锰酸盐指数年平均浓度为 8.1 毫克/升，较上年升高了 24.6%。富营养化程度与 2015 年相同，仍为轻度富营养。

另外，根据河北省环境地质勘查院保定勘查院和保定水环境监测分中心 2001~2010 年地下水水质监测资料，雄县、容城县和安新县的 17 眼地下水井水质，仅 7 眼井（41%）水质符合Ⅰ~Ⅲ类，而另 10 眼井（59%）水质为Ⅳ类和Ⅴ类，其中雄县地下水污染最严重。

20 世纪五六十年代，白洋淀流域水质优良，是周边居民的主要饮用水源地。自 1970 年以来，入淀河流和淀区水质逐渐恶化，主要为Ⅲ类水，属于轻度污染。80 年代出现多次干淀，水生态环境发生较大变化。根据淀区 15 个监测断面 90 年代以来的监测资料，白洋淀在 90 年代初期水质较好，尚有Ⅲ类水质。随着流域工农业发展，污染不断加重，到 1993 年、1994 年水质最差，1994 年Ⅴ类、劣

Ⅴ类水质占整个淀区面积的 78%，主要超标指标为高锰酸盐指数、COD、总磷和总氮。1995 年水质有好转趋势，15 个监测断面Ⅴ类、劣Ⅴ类水质仅 4 个，67%的淀面为Ⅳ类水。1998 年，保定市两个污水处理厂建成并正式投入运行，淀区水质明显改善，15 个断面中 7 个监测断面为Ⅲ类水质。但 2000 年以后白洋淀流域已为重度污染状态，大部分水域水质为Ⅴ类或劣Ⅴ类，劣于水功能区水环境保护目标Ⅲ类水标准，水体仅适用于农业灌溉。超标污染物包括 COD、总磷、总氮等；府河入淀口及安新县端村和南刘庄一带污染最严重，水质长年保持在劣Ⅴ类，人口密集的村庄周围水域次之。2002 年之后，经过引水补给和治污力度加大，白洋淀总体污染小幅下降，但至今其总体水质状况仍为严重污染状态，水少、水污染、生态恶化趋势尚未扭转。

3. 土地利用变化

根据遥感解译结果，2015 年雄安新区的土地利用中面积占比最大的是耕地，面积约 900.15 平方千米，占新区面积的 47.4%；其次是湿地，面积为 313.76 平方千米，约占总面积的 16.5%；然后是建设用地，其中农村建设用地 187.27 平方千米，约占 9.8%，城镇建设用地 94.50 平方千米，约占 5.0%；林地 62.98 平方千米，约占 3.3%；草地和其他用地面积较小，都不到 1%。

从 20 世纪 80 年代以来，雄安新区变化面积最大的也是耕地，减少了 267.66 平方千米，2005 年后的变化幅度最大，减少了 220 平方千米；城镇建设用地和农村建设用地都有显著的增长，其中城镇建设用地增加了 81.2 平方千米，农村建设用地增加了 57.39 平方千米；林地也有较明显的增加，增加了 58 平方千米；湿地面积增加了 44.38 平方千米，但其中的水域面积减少了 222.81 平方千米，滩地增加了 178.43 平方千米。

根据 20 世纪 80 年代、1995 年、2005 年、2015 年的 1∶100 000 土地利用数据（来自中国环境科学研究院环境信息研究所），2015 年，大清河流域的土地利用中面积最大的是耕地，达 4 254.95 平方千米，约占流域总面积的 41.73%，其次是建设用地，面积约为 3 100.81 平方千米，约占 17.27%，其中农村用地占 9.99%，城镇用地约占 7.28%；林地、草地、其他用地、湿地的面积在 6.13%~14.18%。

自 20 世纪 80 年代以来，大清河流域的耕地面积减少了 8 232 平方千米，是变化最大的土地利用类型；草地面积减少了 1 462 平方千米；其他用地类型都有所增加，其中城镇用地面积增加了 2 319.62 平方千米，农村建设用地增加了 1 542 平方千米，林地面积增加了 1 028 平方千米，湿地面积增加了 755 平方千米。

7.2.2 雄安新区的生态风险源项分析

城市的生态风险按照其风险源的不同可分为自然风险和人为风险两大类（表 7-1）。城市化过程包含了城市建设、城市维护及支撑城市发展的生产生活过程等，其产生的风险主要包括环境污染直接导致的生物体的健康风险；环境质量恶化间接引起的系统结构损害和功能退化的风险；城市建设过程和生产生活过程导致的资源紧缺的风险；生态系统破碎化、脆弱化，生态结构损害和功能退化的风险。同时，城市化改变了原有的生态系统过程，激化了部分自然灾害的发生频率和程度，增加了损害人类生命安全和脆弱生态系统的风险。

表 7-1　城市化的典型生态风险类型

风险源	风险类型	主要风险	影响因素
自然	灾害	降水减少；气温上升；洪涝灾害；水土流失	气候变化；不透水面增加；植被覆盖率降低；地下水开采等
人为	污染	大气、水和固体废弃物污染；热岛效应；生物地球化学循环的改变	重金属、持久性有机污染物污染；农药化肥施用
	生物	物种灭绝；生物多样性减少；生物入侵；病原体及有害生物	生境减少；外来物种引入；等等
	资源	水资源、土地资源短缺	人口增加；城市用地扩展；资源过度开采；等等

不同地理位置、处于不同发展阶段或者主导产业不同的城市所面临的城市问题会有所差异，雄安新区开发建设面临的生态风险源项主要包括以下几项：①自然灾害。极端气象条件下的灾害风险，如干旱、洪灾等。②土地利用变化的风险。开发建设过程中建设用地扩展带来的生态基础设施结构和功能的破坏、污染棕地的生态风险。③环境污染。城市开发过程中带来水、大气和固体废弃物，以及热岛效应等。④生物栖息地的退化、生物多样性的减少。

1. 自然灾害

1）小气候变化

华北平原近 60 年最低气温显著升高，最高气温基本稳定，平均气温呈明显升高趋势；空间分布上，整体呈由西南向东北逐渐降低、由沿海向内陆增高的趋势。降水平均值为 560.0 毫米，总体呈逐渐减少趋势，下降速率−2.8~−34.3 毫米/10 年，存在明显的年际变化特征，空间分布上由山前向滨海呈逐渐减弱后增强的趋势。华北平原年水面蒸发量均值为 1 112.8 毫米，整体呈下降趋势，高值区逐渐缩小，低值区先缩小后扩大，空间分布呈现南、北部大于中部的分布特征。华北平原气候总体向着暖干化方向发展，两次突变主要发生在 20 世纪 60 年代中期和 70 年代初期。20 世纪 60 年代后期以后，雄安新区所在的保定市气象观测连续数据显示，保定地区温度呈增高趋势，尤其是 1980 年以后，气温明显高于多年平均温度。1996 ~ 2000 年的平均温度比 1961 ~ 1965 年的平均温度高 1.13℃。

气温升高引起各种水文变量发生变化，如降水减少、蒸发增多、土壤温度升高、农业耗水量增多和径流减少等，白洋淀区降水量呈减少的趋势，尤其是 1980 年开始，白洋淀降水量显著减少，10 年平均降水量比 20 世纪 60 年代减少了 69.68 毫米，到 2000 年以后进入了又一个典型的干旱期，2001~2003 年平均降水量比 20 世纪 60 年代减少了 139.68 毫米。这些都直接或间接造成了湿地退化萎缩。

2）洪灾

区域年内降水量极为不均，且年际变化很大，流域汛期发生的暴雨具有时间集中、强度大、突发性强的特点，暴雨变差系数居全国各大流域之首，防洪问题极为突出。自 1949 年以来，白洋淀流域发生水灾的年份有 1949 年、1954 年、1956 年、1963 年、1964 年、1977 年、1988 年、1996 年，其中 1956 年、1963 年、1988 年和 1996 年为洪水灾害，1949 年、1954 年、1964 年、1977 年为沥涝灾害，可见流域内 20 世纪五六十年代前半期洪涝灾害发生非常频繁，流域处于丰水期；1965 年之后，流域内降水量逐渐减少，洪水灾害发生频率明显降低，流域开始进入平水期和枯水期，尤其是 80 年代至今 40 多年中，只有 1988 年和 1996 年两年出现中常洪水。据汛期初步统计，1996 年洪灾大清河系共计淹没农田 67.6 万亩，紧急转移 12.4 万人，迫使 610 家乡镇企业停产，造成直接经济损失七十多亿元。

这两次洪水过程显示流域暴雨洪水具有以下几个特点。暴雨中心均发生在太行山迎风坡，由于地形陡峻，土层覆盖薄，植被覆盖率低，众多支流河道源短流急，汇流时间很短，洪水暴涨陡落，洪峰高、历时短，洪量比较集中，致灾性强。洪水到达白洋淀具有以下规律。藻苲淀（漕河入淀口）峰现时间最早，其次是本淀（白洋淀，唐河入淀口），最后是马棚淀（潴龙河入淀口），“63 · 8”洪水唐河和潴龙河的入淀洪峰发生洪水遭遇，淀区水位上涨迅速，对白洋淀造成严重威胁；“96 · 8”洪水洪峰、洪量都远小于“63 · 8”洪水，又由于王快水库对入库洪水削峰较大，下泄流量较小，洪水在河道中传播较慢，唐河和潴龙河入淀洪峰相差时间较长，对白洋淀威胁相对较小（吴现兵，2009）。

3）水土流失

大清河流域山区面积 18 659 平方千米。2005 年，流域水土流失面积 10 111.76 平方千米，占总面积的 54.2%。其中，轻度侵蚀面积占总流失面积的 33.6%，中度侵蚀面积占总流失面积的 62.4%，强度侵蚀面积占总流失面积的 3.9%。每年水土流失内侵蚀模数为 3 238 吨/千米^2。侵蚀类型以水蚀为主，局部地区存在严重的人为水土流失（凌峰，2005）。

造成流域水土流失严重的因素有两方面：一是自然因素，流域内分布最广的中–深变质及混合岩化的各类花岗片麻岩极易风化，抗蚀性较差，上游植被覆盖度相对较低，加上降雨季节性强，降雨历时短、强度大，汛期降雨以暴雨为主，容易引发泥石流；二是人为因素，主要是毁林毁草、陡坡开荒、超载放牧等人为活动。

2. 土地利用变化

自 20 世纪 80 年代以来，雄安新区的土地利用变化总体呈现耕地、水域面积减少，城镇用地、农村用地、林地、滩地面积有所增加，对区域生态系统影响最大的土地利用变化是水域的减少和滩地的增加。大量的研究显示，白洋淀湖泊生态系统的退化主要也是体现在淀内的耕地与建设用地的增加，水面的急剧减少方面。按照雄安新区的发展预期，未来城市建成区面积将达到 500 平方千米，由此带来的土地利用变化，可能对流域生态系统带来风险。

3. 水资源开发

1）水资源

雄安新区所处区域水资源短缺、水资源供需矛盾突出。新区三县多年平均降水为 516 毫米，水资源总量为 1.2 亿$米^3$/年，其中 91%为地下水。2015 年新区总用水量为 2.53 亿立方米，其中地下水开发利用量为 2.47 亿立方米，占总用水量的 97.6%。总用水量中，农业用水量占 77.3%，居民生活用水量占 9.9%，工业用水量占 8.6%。目前用水赤字为 1.4 亿$米^3$/年，水资源承载力已达到上限。白洋淀自身蓄水量为 4 亿立方米，年耗水量为 2 亿立方米，源头水源因水库截流和工农用水量的加大，大多数河流断流，每年需从外流域调水。

2）地下水超采

保定市城市用水量的 90%以上使用地下水源，多年平均开采地下水约 29 亿立方米，年超采地下水 9.56 亿立方米，平原区超采尤为严重，其中农业用水占地下水开采量的 80%以上，全市的农田灌溉水有效利用系数与国内及世界先进水平有一定差距。多年来的地下水过量开采，形成了大面积的地下水下降漏斗区。全市平原区的地下水下降速率在 0~1 米/年的一般超采区占超采区总面积的 98%以上，雄安新区就位于一般超采区。

雄安新区所辖三县，地下水位快速下降，2006~2015 年，容城县地下水埋深由 19.2 米下降到 22.5 米，雄县地下水埋深由 17.8 米下降到 19.2 米，安新县地下水埋深由 7.8 米下降到 10.8 米，下降幅度达 38.46%。新区三县地下水已不同程度超采，容城县因严重超采而形成 20 米深的漏斗。

2017 年 4 月，雄安新区所涉及的雄县、安新县、容城县三县全部实现调引南水。地表水厂经南水北调保定配套输水管道工程，从天津干渠口头、北城分水口通过泵站加压取水。根据南水北调中线一期工程规划方案，雄县、容城县、安新县年均规划分配南水北调水量分别为 1 200 万立方米、1 100 万立方米、700 万立方米。

4. 环境污染

雄安新区环境空气质量较差，重污染天气较多，受京津冀区域大气污染影响较大，新区水环境质量状况的地表水体主要有白洋淀及其上游河流，承纳大清河系南支潴龙河、孝义河、唐河、府河、漕河、瀑河、萍河及北支白沟引河 8 条河流。

20 世纪 90 年代以来对于白洋淀的有机污染有了广泛的研究，王怡中和刘季昂（1995）研究发现，白洋淀水体中石油烃类污染较为严重，不同湖区污染物种类浓度差异较大。窦薇和赵忠宪（1998）研究发现，白洋淀水体、沉积物和鲫鱼体内滴滴涕（DDTs）富集能力高于六氯环己烷（hexachlorocyclohexane，HCHs）。朱樱等（2009）研究发现，白洋淀水体、沉积物、悬浮物中多环芳烃（polycyclic aromatic hydrocarbons，PAHs）均以 2~3 环为主，沉积物中 PAHs 来源以生物质和煤燃烧为主。秦宁等（2010）研究发现，PAHs 在白洋淀 7 种挺水植物组织中分布模式极为相似。胡国成等（2010）研究发现，DDTs 和多溴联苯醚（poly brominated diphenyl ethers，PBDEs）在白洋淀鸭子肌肉、肝脏、脑组织中含量水平差异较大（$P < 0.05$），HCHs 差异不明显（$P > 0.05$）。王乙震等（2017）研究了白洋淀水体中 PAHs 和前花青素（oligomeric proanthocyanidin complexes，OPCs）季节性变化特征和来源。

5. 白洋淀生态系统退化

白洋淀是一个大型的平原洼淀，直接受上游降雨和入淀河流洪沥水影响，淀区主要由水域、芦苇沼泽、台田及浅滩湖滨带等生态系统组成，面积分别占淀区的 50%、36%、14%。其中水域一般分布在高程 7.5 米以下，芦苇沼泽一般分布在高程 6.5~7.5 米，台田一般分布在高程 9.0 米以上，浅滩和湖滨带一般分布在高程 7.5~9.0 米的水陆交错带上。当水位低于 6.5 米时，白洋淀就会出现干淀，当水位低于 5.5 米时，整个湿地生态系统将退化为陆地生态系统。

20 世纪 60 年代以来，白洋淀最高水位由 60 年代的 11.58 米下降到 2019 年的 6.82 米；最低水位由 6.21 米下降到 2019 年的 5.5 米以下。水位不断下降的结果是干淀频次越来越高，历史上白洋淀多次干淀。1919 年白洋淀十方院开始设水文观测站，除 1945~1947 年记录中断，1942 年、1948 年、1949 年记录不全外，其他年份均有完整的水位资料。白洋淀干淀标准以十方院水位 6.5 米为干淀标准。对十方院站 1919~2005 年资料分析，年内或全年出现干淀的共 18 年，其中 20 世纪 20 年代 1 年（1922 年）、60 年代 1 年（1966 年）、70 年代 4 年（1971~1973 年、1976 年）、80 年代 8 年（1981~1988 年）、90 年代 1 年（1994 年）、2000 年以后 3 年（2001 年、2002 年、2003 年）。水域面积也从原来的 561 平方千米减少到 2010 年的 228 平方千米，减幅为 59.4%。

白洋淀流域水生生态系统的生物多样性呈现退化趋势。20 世纪 80 年代中期以来，白洋淀多次连续干淀，湿地生境破碎甚至部分消失，加之水污染严重，湿地生物多样性急剧减少。以藻类为例，20 世纪 60 年代到 90 年代初，藻类种类减少了 15.5%，数量增加了 181.4 倍。藻类种类的减少和数量的增加，是湖泊富营养化的标志。其间，白洋淀内鱼类种类也减少了 44. 4 %。

7.2.3　小结

综上，雄安新区开发建设的突出生态风险问题主要包括以下几个方面。

（1）流域水生态环境风险依然是最大的问题，水少、水污染、水生态全面退化的趋势尚未扭转。作为新区原水来源的白洋淀生态缺水现象严重，流域内监测断面达标率为 61.2%，区域地表水、地下水污染恶化趋势尚未改变，白洋淀已经进入湖泊演替的衰退期，并向沼泽化方向发展，现在及很长的一段时间需要靠黄河及南水北调工程补水维持白洋淀生态和地下水资源补给。

（2）土地利用变化总体呈现耕地、水域面积减少，城镇用地、农村用地、林地、滩地面积有所增加的趋势，对区域生态系统影响最大的土地利用变化是水域的减少和滩地的增加。大量的研究显示，白洋淀湖泊生态系统的退化主要也是体现在淀内的耕地与建设用地的增加，水面的急剧减少方面。按照雄安新区的发展预期，未来城市建成区面积将达到 500 平方千米，由此带来的土地利用变化可能对流域生态系统带来风险。

（3）极端气象条件下的灾害如干旱、洪灾等风险及由此衍生的生态灾害不容忽视，气候变化自然灾害面临的主要生态风险源项包括以下几个方面：①自然灾害。极端气象条件下的灾害风险，如干旱、洪灾等。②土地利用变化的风险。开发建设过程中建设用地扩展带来的生态基础设施结构和功能的破坏、污染棕地的生态风险。③环境污染。城市开发过程中带来水、大气和固体废弃物，以及热岛效应等。④生物栖息地的退化、生物多样性的减少。

7.3　生态安全保障体系的构建

7.3.1　构建框架

生态安全格局是指对维护生态过程的健康和安全具有关键意义的景观元素、空间位置和联系，旨在解决如何在有限的国土面积上，以最高效的景观格局，维护土地生态过程、历史文化过程、游憩过程等的安全与健康的问题。它起源于奥姆斯特德、霍华德等提出的“公园系统”和“花园城市”理论，随后国际上兴起以绿道运动为代表的生态网络构建、绿色基础设施规划等自然资源保护的新途径。俞孔坚（1999）针对中国严峻的人地关系矛盾，首次在国际上提出了生态安全格局的理论和方法，并持续地在多个尺度上进行了国土“生态安全格局”的研究。

在中国，生态安全格局被认为是实现区域或城市生态安全的基本保障和重要途径。它以景观生态学理论和方法为基础，基于生态过程和格局的关系，来判别对这些过程的健康与安全具有关键意义的景观格局。目前较为成熟的是俞孔坚提出的构建生态安全格局的三步骤方法框架，即“源地识别-阻力面构建-廊道提取”，该方法框架已在不同尺度、不同区域的关键生态地段的辨识和生态安全格局构建中得到广泛应用，成为国内外学者研究生态安全格局构建的基本模式。

雄安新区位于大清河流域腹地，生态本底良好，辖“一淀、两库、十河”（一淀即白洋淀，两库即西大洋水库和王快水库，十河即北拒马河、唐河、磁河、府河、潴龙河、沙河灌渠、孝义河、金线河、漕河和瀑河），水资源丰富；农田生态系统分布广泛，耕地占新区总面积的47%左右。同时，雄安新区作为北京非首都功能疏解集中承载地，即将与北京城市副中心共同解决北京“大城市病”，降低北京人口密度。根据《河北雄安新区总体规划（2018—2035 年）》，新区远期承载人数将达到200 万~250 万人，因此有必要在新区建设初期充分考虑人口要素，建立资源环境与人口需求相匹配的生态新区。

综合考虑雄安新区的生态本底特征和人口发展需求，基于生态系统服务供给-需求视角构建生态安全格局，将为新区开发建设生态城市提供空间指引。针对雄安新区自然本底特征，选取粮食供给、产水量、土壤保持、固碳释氧、生境维持五项典型生态系统服务进行评估；针对人类对于生态用地的需求，以人口密度、地均GDP和土地利用程度来共同表征区域生态系统服务需求。综合生态系统服务供需状况识别重要生态源地，并利用夜间灯光强度修正基于土地利用类型赋值的生态阻力面，基于最小累积阻力（minimum cumulative resistance，MCR）模型提取生态廊道，构建区域生态安全格局，以期为雄安新区的开发建设和保障区域生态安全提供科学参考。整体研究框架如图 7-1 所示。

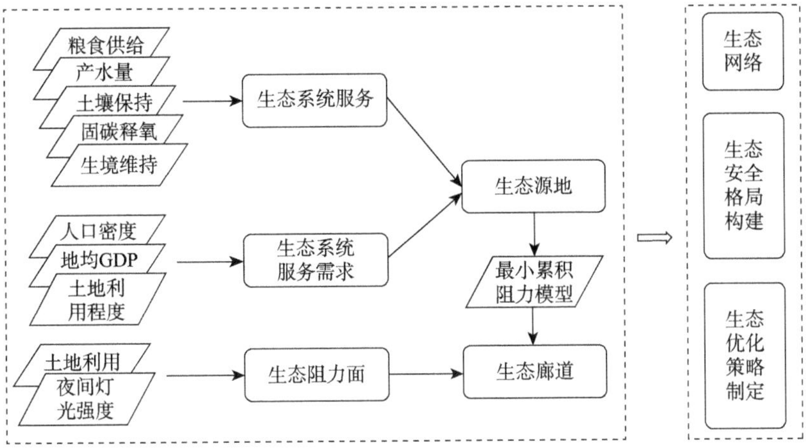

图 7-1 雄安新区生态安全格局构建技术路线

7.3.2 构建方法

1. 生态源地识别

源地是指现存的乡土物种栖息地，它们是物种扩散和维持的源点，其存在对于维持区域生态健康和保障区域生态安全至关重要。源地识别作为区域生态安全格局构建过程的基础，其准确性极其关键。一方面源地要保证生态系统服务的可持续供给，另一方面源地要满足人类对生态用地的需求。鉴于此，本书从生态系统服务的供给与需求两方面属性综合识别生态源地。

1）生态系统服务供给

生态系统服务涵盖人类直接或间接从生态系统得到的所有收益（Daily，1997），是生态系统健康状态的关键度量指标。定量评估区域生态系统服务，明晰生态系统服务供给优势区，筛选生态价值较高的关键斑块，是生态源地识别的基础。雄安新区土地利用类型以耕地为主，植被覆盖良好，且分布着华北地区最大的淡水湖泊——白洋淀，为人类提供了多种生态系统服务。针对雄安新区自然地理特征，本书选择粮食供给、产水量、土壤保持、固碳释氧、生境维持五项典型生态系统服务进行评价。

2）生态系统服务需求

生态系统服务需求指人类对生态系统所提供服务的消耗或偏好需求（Villamagna et al.，2013），参考前人研究（彭建等，2017；黄智洵等，2018），从人口、经济和土地三方面选取指标以表征人类对生态系统服务的需求。其中，人口需求以人口密度表征（刘纪远，1992），反映人类对生态系统服务需求的数量，人口密度越大，需求越高；经济需求以地均 GDP 表征，反映人类对生态系统服务需求的偏好，地均 GDP 越高，需求越高；土地需求以土地利用程度表征，反映人类对生态系统服务的消耗，土地开发利用程度越高，需求越高。

整合生态系统服务供给与需求指标，分别选取每项生态系统服务供给及生态系统服务需求前 10%的区域作为生态系统服务重要性区域，除产水服务选择产水量最低的 10%区域（蓄水量位于前 10%），土地需求选择土地利用程度为 4 的区域外，对所筛选区域取并集并剔除非生态用地部分，得到生态源地。

2. 生态阻力面构建

物种在水平空间的运动及生态功能的流动与传递，主要受土地覆被状况和人类活动影响，生态阻力面即反映了这一影响程度（王洁等，2012）。参照前人研究（孔繁花和尹海伟，2008；张理卿，2014），设定雄安新区基本生态阻力系数，如表 7-2 所示。其中，林地植被覆盖程度最高，提供生态系统服务的能力最强，受人类活动干扰最小，阻力值应为所有土地利用类型中最小，赋值为 1；其次为耕地，其植被覆盖程度仅次于林地，且会受到一定的人为干扰，将其阻力值赋为 30；水体虽属于生态用地，但与其他陆域生态用地之间阻隔较大，将其阻力值赋为 50；而建设用地承载的人类干扰最强，对于物种移动的生态阻力最大，赋值为 500。

表 7-2 基本生态阻力系数

土地利用类型	林地	耕地	水体	建设用地
基本生态阻力系数	1	30	50	500

阻力面构建是廊道提取的前提，其精确程度直接影响生态安全格局构建结果。然而，依据土地利用类型赋值的生态阻力系数设定方法掩盖了同一土地利用类型内部的阻力差异。夜间灯光数据可综合表征人类活动强度，反映城市发展水平，本书以 NPP-VIIRS 夜间灯光数据的灯光亮度值作为指标，修正基本生态阻力面，计算公式为

$$R_i = \frac{NL_i}{NL_a} \times R$$

其中，NL_i 为栅格 i 的灯光亮度值；NL_a 为栅格 i 对应的土地利用类型 a 的平均灯光亮度值；R 为基本生态阻力系数。

3. 廊道提取

廊道是景观中与相邻基质有明显区别的狭窄通道，用于相邻两源地之间的物种迁移和扩散，通常为源地之间的阻力低谷（张理卿，2014）。本书基于最小累积阻力模型识别生态廊道（Knaapen et al.，1992），该模型从源地、距离和景观介质三方面考虑，估算物种从源地至目的地之间水平运动所需耗费代价，进而提取相邻两源地之间的阻力低谷作为生态廊道，基本公式如下：

$$\text{MCR} = f_{\min} \sum_{j=n}^{i=m} D_{ij} \times R_i$$

其中，MCR 为最小累积阻力值；D_{ij} 为物种从源地 j 到景观单元 i 的空间距离；R_i 为景观单元 i 的阻力系数；f 为最小累积阻力与生态过程的正相关关系。

7.3.3　生态安全格局构建结果

1. 生态源地识别

1）生态系统服务供给

基于植被指数（normalized difference vegetation index，NDVI）对雄安新区县域粮食产量进行空间化，可知粮食供给高值区主要位于容城县和安新县南部，该区域耕地分布广泛，以旱地为主，土地肥沃，是新区内粮食高产区；粮食供给低值区位于安新县东部，该区域主要分布在白洋淀等水域，无粮食供给。基于生态系统服务和交易的综合评估（integrated valuation of ecosystem services and trade-offs，InVEST）模型产水量模块，估算雄安新区产水量空间分布，可知产水服务高值区分布于建设用地，平均产水量达 393.88 毫米，这是由于建设用地不透水表面占比高，地表蒸散量低，产水量高；而林地覆盖率高，植被蒸散量高，相应的产水量低，平均产水量仅为 152.09 毫米。基于修正通用土壤流失方程（the revised universal soil loss equation，RUSLE）模型评估雄安新区土壤保持服务，可知新区土壤保持量呈现西部和北部高、东部低的格局，雄安三县平均土壤保持量为每年 20.11 吨/公顷，这与研究区地形密切相关，雄安新区总体地势较为平缓，实际土壤侵蚀和潜在土壤侵蚀均较低，相应的土壤保持量也较低。基于光合作用方程，由植被净初级生产力（net primary productivity，NPP）推算得到雄安新区固碳释氧空间分布，可知固碳释氧呈现西北高东南低的空间格局，三县平均固碳释氧量为 1 959.55 克/米^2，林地和耕地平均固碳释氧量最高，分别为 2 073.32 克/米^2 和 2 027.79 克/米^2，低值区主要分布于建设用地和水域。基于 InVEST 模型生境质量模块，估算雄安新区生境维持服务，可知生境维持的高值区位于东南部白洋淀，作为华北平原最大的淡水湖泊，该区域已于2002年被确立为省级湿地自然保护区，其物种资源丰富，在生境维持方面体现出极大的优势性；而极低值则分布于建设用地、道路等人类干扰强度较大的区域。

2）生态系统服务需求

从生态系统服务需求来看，雄安新区人口需求和经济需求表现出较为相似的空间分布特征，即北部容城县和雄县较南部安新县高，北部地区人口密度大，经济发展快，对于生态系统服务需求较高，而白洋淀 85%的面积分布在安新县内，占安新县土地面积近 50%，淀区由于建立自然保护区，人口相对稀疏，经济发展主要依靠旅游业，相对来说，生态系统服务需求较低。从土地需求来看，雄安新区内林地、草地和水域的开发程度最低，生态系统服务需求也最低，集中分布在白洋淀及其周边，约占研究区总面积的 11.9%；耕地受人类扰动程度较高，相应生态系统服务需求较高，在研究区内分布广泛（69.1%）；建设用地开发程度最高，生态系统服务需求也最高，但分布零散。

3）重要生态源地提取

生态系统服务供需共同决定了生态源地的空间分布，分别选取每项生态系统服务及生态系统服务需求前 10%的区域作为生态系统服务重要性区域，除产水服务选择产水量最低的 10%区域，土地需求选择土地利用程度为 4 的区域外，对所筛选区域取并集并剔除非生态用地部分，得到雄安新区生态源地空间格局。从空间分布来看，生态源地主要位于西北部旱地和东南部水域。从数量来看，雄安新区生态源地总面积约 484.33 平方千米，占土地总面积的 31.3%，其中 59.6%分布在安新县，26.0%分布在容城，14.4%分布在雄县。从各县级行政单元来看，容城县和安新县内部生态源地面积占比分别达 40.0%和 39.8%，生态本底良好，而雄县仅为 13.7%。一方面，雄县近年来大力调整产业结构，经济发展迅速，对生态环境有一定负面影响；另一方面，雄县内广泛分布耕地，但植被覆盖程度较低，生态系统提供服务能力相对较弱。从土地利用类型来看，生态源地主要分布于旱地和水体，分别占生态源地总面积的 64.1%和 32.1%，而 93.4%的林地均为生态源地，体现出林地虽然仅占研究区总面积的 5.9%，但总体质量较高，在维持区域生态平衡中发挥了重要作用。

2. 生态阻力面构建

夜间灯光亮度值能综合表征城市发展程度，雄安新区中心城区城市化水平最高，夜间灯光最亮，并向周围扩散逐渐降低。基于夜间灯光亮度值对雄安新区基本生态阻力面进行修正，生态阻力面在同种土地利用类型内部空间差异明显，对于地表覆盖对物种迁移的干扰程度表示更为精确。可以看出，雄安新区生态阻力系数空间分布较为破碎，高阻力值与低阻力值相间分布。阻力高值区主要分布于新区内各乡镇中心区，这些区域城镇化水平相对较高，城镇用地分布广泛，密集的人类活动对物种多样性及物种迁徙产生极大威胁。随着与建设用地距离的增加，建设用地密度逐渐下降，耕地、林地等植被覆盖程度较高的景观类型逐渐增加，生态阻力值逐渐下降，为部分物种提供了栖息场所。雄安新区东南部的白洋淀附近生态阻力极低，这些景观生态类型非常适宜物种生存，属于对物种活动几乎无威胁的优质生境。

3. 生态廊道提取

生态廊道可以将不同生态斑块联结起来，使得斑块中的物种具有更加广阔的活动空间，从而有利于信息交流、能量交换和基因流动。生态节点是指分布在生态空间中，联结相邻生态源地，并对生态流起关键作用的景观组分。本书基于 ArcGIS10.2 平台，将提取识别的雄安新区生态源地的中心点作为生态节点（共计 16 个），并以一个生态节点为中心，以剩余的 15 个节点为目标点集群，基于最小累积阻力模型，得到基于图层的最小耗费路径，依此提取雄安新区关键生态廊道。

总体上，生态廊道基本实现了雄安新区县域尺度上生态功能的延续与景观斑块的连通。识别出的生态廊道主要经过植被覆盖相对较好的林地或耕地区域，总体上避开了人为干扰较大的建设用地，能够为源地之间的物种迁移和能量流动搭建桥梁。从空间上看，雄安新区生态廊道呈现 Y 字形格局，呈树枝状从西北和东北向南部延伸，廊道总长度约 185.86 千米。在西北-东南一线，生态廊道主要沿农村居民点，分布于旱地；在东北-西南一线，生态廊道主要沿城镇用地、水系，横穿旱地而过；两条线路在白洋淀处汇聚，继续向南延伸，与安新县南部源地联结。综上，雄安新区生态廊道基本分布于农田，且避开了灯光亮度值较高的区域，将新区内部各源地有效联结，使得整个研究区景观连通性较好，为源地之间的物种迁移和信息与能量的流动提供了便利条件。

4. 生态安全格局构建

生态安全格局理论强调，景观中存在着某些潜在的空间生态格局，它由景观中的某些关键元素/空间位置及其联系共同构成，对维护或控制特定地段的生态过程具有重要意义。其中，生态源地与生态廊道是构成生态安全格局不可或缺的组分。

通过识别重要生态源地，构建源地间生态阻力面，提取关键廊道，基于ArcGIS10.2 平台构建雄安新区生态安全格局，识别出雄安新区的生态源地以旱地和水体为主，这些区域或植被覆盖程度高，野生动植物丰富，或淡水资源丰富，生态系统服务价值较高，对雄安新区乃至保定市的生态平衡都具有重要意义。雄安新区的生态廊道呈 Y 字形分布格局，从西北和东北向南部延伸，保证了雄安新区生态过程的连续性和生态功能的延续性。以旱地和水体为主的生态源地，通过沿建设用地和水系分布的生态廊道连接，构成了基质-斑块-廊道镶嵌的雄安新区生态安全格局。区域生态安全格局是维持和改善生态系统服务供给，满足人类对生态系统服务需求，实现区域生态平衡的基础生态构架和网络。

7.3.4　小结

综上所述，雄安新区生态安全格局沿用源地-识别阻力面构建-廊道提取的生态安全格局构建模式，选取粮食供给、产水量、土壤保持、固碳释氧和生境维持 5 项生态系统服务供给指标，以及人口密度、地均 GDP 和土地利用程度 3 项生态系统服务需求指标，综合生态系统服务供需两方面识别重要生态源地，利用夜间灯光强度进行基本阻力面修正，采用最小累积阻力模型进行生态廊道提取，构建出雄安新区生态安全格局。研究表明：①新区生态源地总面积约 484.33 平方千米，占新区土地总面积的31.3%，主要分布于新区西北部旱地和东南部水域。②新区生态阻力系数空间分布较零散，大部分区域阻力值较低，间或分布高阻力值，且农村居民点生态阻力高于城镇用地。③新区生态廊道总长度 185.86 千米，呈 Y 字形分布，基本沿农田等非建设用地分布，所处土地类型主要为旱地，避开夜间灯光亮度高的区域，有效连接新区内部源地。

基于生态安全格局保障雄安生态安全，雄安新区应尽量避让生态源地与生态廊道，并通过绿道、湿地、公园等绿色基础设施建设，切实提升雄安新区的生态可持续性。遵循“生态优先、绿色发展”的建设方针，加强白洋淀区域的生态修复与环境保护，提高现有植被覆盖程度，保护生态系统服务供给优势区的重要生态源地地位。同时，一方面加强生态廊道周边绿化建设，另一方面积极增加绿道，优化生态廊道网络，增强源地间景观连通性。在开发建设时注意避开生态源地与廊道，避免摊大饼式无序扩张，彻底打好新区规划建设的“生态牌”。在雄安新区发展过程中，随着城市化的不断加深，不断修正生态系统功能的新需求，不断改变经济-生态耦合的目标，从而不断调整生态政策以保证安全格局的与时俱进，保证国土空间利用的因时而动。

7.4　空间管控配套

7.4.1　雄安新区现行生态保护空间管控体系的特点与问题

1. 现行保护政策缺乏“山水林田湖草”的全面保护理念

雄安新区的生态保护以白洋淀湿地为主体。白洋淀流域隶属于保定市安新县、高阳县、雄县、容城县和任丘市管辖，其中保定安新县面积占 85.6%。白洋淀湿地自然保护区于 2002 年 11 月 6 日设立，总面积 366 平方千米，属于省级湿地和鸟类自然保护区，包括四个核心区，分别是烧车淀、大麦淀、藻苲淀和小白洋淀核心区，核心区总面积为 97.4 平方千米。白洋淀湿地保护区管理处于 2004 年成立，事权归安新县管辖，负责保护区的保护、管理和科研工作。白洋淀是华北平原存有的为数极少的湖泊之一，淀内水陆交错，形成淀、泊、塘、洼等不同景观，有“华北明珠”之称。白洋淀为大清河系中游水量调节的重要枢纽，承担滞洪、保卫天津和京沪铁路安全的功能，对维护华北平原生态平衡具有重要意义。

然而，雄安新区内现行的自然资源保护机制以白洋淀湿地生态系统保护为主，从湿地生态系统保护理论上应当从生态防护要素、水资源利用要素和水污染控制要素三部分进行发力，将“山水林田湖草”等生态要素进行整体考虑，在此基础上再对城市的发展模式进行优化，但现行的保护机制对生态的系统性统筹能力不强，造成系统保护力度明显不足，难以形成合力。

2. 现行保护管理体制难以实现协同保护和系统性保护

目前白洋淀湿地自然保护区实现综合管理和分部门管理相结合的管理体制，主管部门为河北省环保部门。由河北省政府颁发的《河北省白洋淀水体环境保护管理规定》指出，“省白洋淀地区开发建设协调管理委员会办公室设在省人民政府环境保护部门，负责白洋淀水体环境保护的具体管理工作”。保定市在安新县成立了白洋淀湿地保护区管理处，并在淀区建立 6 个鸟类监测站，开展对湿地资源的管理和研究。白洋淀湿地自然保护区管理机制现状见图 7-2。

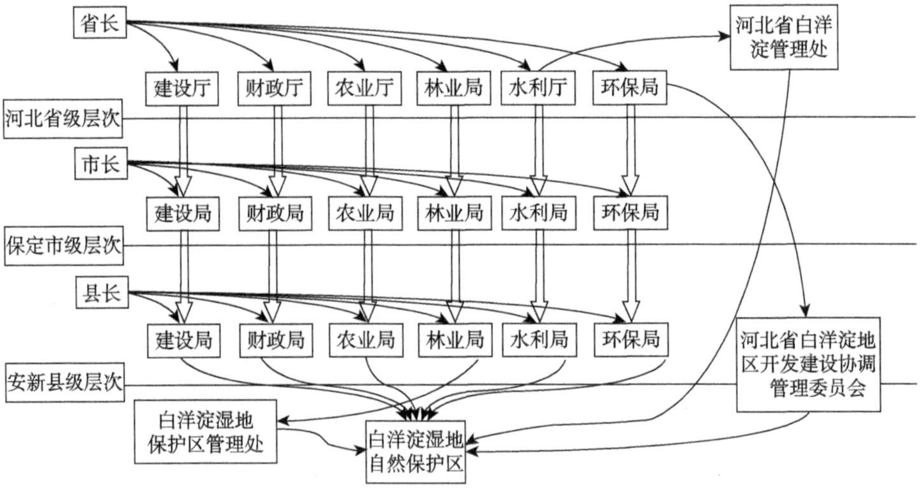

图 7-2　白洋淀湿地自然保护区管理机制现状

资料来源：《白洋淀湿地自然保护区保护政策完善研究》

目前河北省白洋淀地区开发建设协调管理委员会对白洋淀湿地自然保护区的保护起到了极其重要的协调和沟通作用。

一方面，由于该机构重点关注水质问题，生态系统性保护和修复不是其工作重点内容，如与水量有关的问题，涉及规划、资金、设备、人员等问题的主要由水利部门负责，与林业有关的问题主要由林业部门负责，因此在管理机制中存在部门间横向隔离的制度障碍，难以形成合力。

另一方面，目前管理部门的决策机制是自上而下主导的，上级部门通过下达指令交于下级部门具体执行，而下级部门往往由于行政资源、人力资源、职责权限等问题造成执行效率低下，在管理机制中存在纵向隔离的制度障碍，且集中体现在现行保护机制协调区域性生态保护的困境之中——目前白洋淀上游主要有府河（保定市生活废水）、漕河（满城县造纸厂工业废水）、孝义河（蠡县、高阳县工业废水）共 3 条河流注入白洋淀，入淀水质明显不达标，导致淀区水质恶化。

此外，雄安新区的设立将形成独立的行政区域，白洋淀地区开发建设协调管理委员会为副省级行政单位，该地区的行政层级关系将发生更为复杂的变化，而管理委员会管辖范围的生态空间需要进行系统性梳理、制定保护措施，并与新区周边地区进行协同保护，而目前以湿地自然保护区为主体形式的自然保护地体系将难以涵盖雄安新区的生态全要素保护和区域协同保护的诉求。

可见，现行的保护管理机制造成了制度交易成本过高、条块分割管理不畅的困境，缺乏一套具有统筹能力，对雄安新区生态全要素保护履行职责权力，并协调多个主体共同介入生态系统性保护的机制体制。

雄安新区的设立将为地片区的生态保护机制构建带来新的可能性，因此，应当以新区牵头协调多方利益主体，围绕以下措施，全面布局雄安新区生态保护的空间管控体系。

7.4.2　建立雄安新区生态保护红线的划管机制

生态保护红线，是指在充分认识生态系统特征与演化规律的基础上，通过科学分析生态系统结构、过程、功能的相互联系和相互作用而划定的最小安全保护空间，目的是建立最为严格的生态保护制度，对生态功能保障、环境质量安全和自然资源利用等方面提出更高的监管要求，从而促进人口资源环境相均衡、经济社会生态效益相统一，对维护国家和区域生态安全及经济社会可持续发展、保障人民群众健康具有关键作用。生态保护红线具有系统完整性、强制约束性、协同增效性、动态平衡性、操作可达性等特征。系统完整性是指生态保护红线的划定、遵守与监管需要在国家层面统筹考虑，有序实施；强制约束性要求生态保护红线一旦划定，必须制定严格的管理措施与环境准入制度，增强约束力；协同增效性要求生态保护红线划定与重大区划规划相协调，与经济社会发展需求和当前监管能力相适应，与生态保护现状及管理制度有机结合，增强保护效果；动态平衡性是指在保证空间数量不减少、保护性质不改变、生态功能不退化、管理要求不降低的情况下可以对生态保护红线进行适当调整，从而更好地使生态保护与经济社会发展形势相统一；操作可达性要求设定的生态保护红线目标具备可实现性，配套的管理制度和政策具有可操作性。

划设生态保护红线，实施生态红线制度，是生态文明制度建设的关键步骤，有利于维护国家生态安全，对破除 GDP 迷恋、塑造新的经济文化、切实践行科学发展观，将起到引领性的作用。雄安新区建立生态保护红线的划管机制，将有利于其落实生态文明改革的政策要求，彰显新时期中国城市建设的最高水准。

1. 雄安新区生态保护红线的划定依据

根据中共中央办公厅、国务院办公厅印发的《关于划定并严守生态保护红线的若干意见》，生态保护红线是指在生态空间范围内具有特殊重要生态功能、必须强制性严格保护的区域，是保障和维护国家生态安全的底线和生命线，通常包括具有重要水源涵养、生物多样性维护、水土保持、防风固沙、海岸生态稳定等功能的生态功能重要区域，以及水土流失、土地沙化、石漠化、盐渍化等生态环境敏感脆弱区域。

环境保护部、国家发展和改革委员会发布的《关于印发〈生态保护红线划定指南〉的通知》（环办生态〔2017〕48 号），明确了生态保护红线划定要遵循科学性、整体性、协调性、动态性的原则，对“山水林田湖草”生态全要素进行统筹，结合相关规划的生态保护内容和各类保护地的管控要求，并在红线划定的工作程序、技术流程、系统管理等层面提出具体工作方法。在划定工作程序层面，采取自上而下和自下而上相结合的方式，由地方组织方案划定与论证咨询并上报审批、环境保护部与国家发展和改革委员会指导全国层面红线划定工作并组织做好跨区域的红线衔接协调工作；在划定技术流程层面，要求按照定量与定性相结合的原则，通过科学评估，识别生态保护的重点类型和重要区域，合理划定生态保护红线，技术流程包含生态功能重要性与生态环境敏感性评估、叠加校验划定范围、确定红线边界、形成划定成果、开展勘界定标等步骤；在系统管理层面，通过命名编号、纳入信息化管理的方式形成成果，用于生态保护红线的动态评估与管理，严禁不符合主体功能定位的各类开发活动，严禁任意改变用途，确保“生态功能不降低、面积不减少、性质不改变”。

根据环境保护部《“生态保护红线、环境质量底线、资源利用上线和环境准入负面清单”编制技术指南（试行）》，要以“生态功能不降低、面积不减少、性质不改变”为原则，通过生态评价进行区域的生态功能重要性、生态环境敏感性的划分，对重要生态功能区进行识别，综合统筹划定生态空间，并明确生态保护红线。

在雄安新区生态红线的具体划定中，应当广泛征求各部门和利益相关者的意见，将特殊需要保护的各类重要生态功能区和生态敏感脆弱区纳入生态保护红线，确保重要生态空间保护不遗漏，并且能切实落地，通过多方博弈最终确定其空间边界。红线的面积比例一定要切合本地实际，既不能刻意追求规模和比例，“以次充好”，也不要怕被套上“紧箍咒”，不敢划、不想划。生态安全格局的最终成果应该通过立法和相关政策实现永久性的保护，使之成为保障国土、区域和城市生态安全的永久性格局，并限制无序的城市扩张和人类活动，守住雄安生态安全的“底线”。

2. 雄安新区生态保护红线的管控框架

建立生态保护红线管理协调机制。一是在立法层面，在国家明确出台相关法律之前，应提前部署进行雄安生态保护红线的地方立法，对生态保护红线的划定原则、划定范围与条件、划定程序、维护制度与措施、违法责任与追究程序等做出明确规定，借助空间规划体系的改革创新使生态保护红线优先于土地利用、城市发展及基础设施等各类规划，成为任何人都不得随意触碰或逾越的政策高压线，并在国家出台相关法律后进行地方法规的落地性深化细化（莫张勤，2018）。二是在行政层面，应健全生态保护红线的管理机制，明确监管主体，建立统一的监管制度，克服当前环境保护监管体制分散无序的弊端，由新区管理委员会环境保护行政主管部门进行统一监管，打破雄安新区地跨雄县、容城县、安新县及周边行政区的制度障碍，同时明确各行政部门在生态保护红线监督管理中的具体职责，打破条块分割，谨慎处理跨县域、市域生态敏感型地区的生态保护红线划定与衔接问题，防止“九龙治水”带来的监管执法弊端，使管理部门能够通过一系列行政手段保障国土空间的安全开发，如制止为了短期的经济利益在安全格局内建设大型永久设施的行为，通过议事协调机构协调各个行业、不同地方政府的经济利益，并使其与生态利益相协调，以利于生态红线区域环境管理的整体性和生态服务功能保护的系统性。三是结合国家层面和各部门的政策要求及技术指南，根据本地区实际情况，在雄安新区生态保护层面做好科学评估与实勘，形成具有针对性的地方层面技术标准，将特殊需要保护的各类重要生态功能区和生态敏感脆弱区纳入生态保护红线，确保重要生态空间保护不遗漏，并且能切实落地。四是在官员考核评价体系中，将资源耗损、环境损害、生态效益等生态文明建设状况的指标纳入考核体系之中，以更有效调动地方官员积极性，对不顾生态环境盲目决策、无视生态保护红线并造成严重后果的个人进行终身追责。五是结合“河长制”“生态管护员”等制度性探索，将生态保护监管的职责落实到个人，确保保护性要求落实到位。

建立生态系统性保护与修复制度。根据对生态脆弱型地区的识别，围绕“山水林田湖草”的生态全要素，制订生态系统保护与修复方案，推进生态系统保护与修复工程，采取以自然恢复为主、人工修复为辅的方式，优化生态安全屏障体系，构建生物多样性保护网络，改善生态功能，提升生态系统质量与稳定性。同时，有序推进白洋淀生态移民，推动人口适度集中安置，降低人类活动强度对生态的影响与压力。此外，强化与周边地区的污染联防联治，切实有效解决区域性生态安全问题。

建立生态保护红线动态评估制度。从全周期管控看，生态保护红线要求源头严防、过程严管、后果严惩，因此在生态保护红线的日常监管与检测基础上，建立生态保护红线及其范围内生态安全情况的动态评估机制（王金南等，2014）。从生态系统格局、质量与功能等方面，建立生态保护红线生态功能评价指标体系与方法，定期对生态保护红线进行评估，在“生态功能不降低、面积不减少、性质不改变”的原则下对生态保护红线进行动态调整，同时指导生态补偿资源等措施的进一步落实，并作为领导干部生态环境损害责任追究的重要依据，定期向社会公布。

建设生态保护红线特别准入制度。生态保护红线区域与一般生态空间的差异主要体现在行政许可上的严格程度方面，生态保护红线区域在空间利用上有着比其他区域更为严格的管控要求。应通过对雄安新区环境管控单元的划分，明确将生态保护红线纳入优先保护类的管控单元，建立最严格的生态环境保护制度，明确限制大规模的工业发展、资源开发和城镇建设，并结合白洋淀湿地自然保护区、白洋淀国家公园等保护地的法律法规管控要求，明确生态保护红线内限制与准入的活动类别，通过规划、环评等程序进行有效监管。具体来看，一是建立健全生态空间用途管制制度，根据不同生态保护红线区域的主导生态功能、保护需求及管理实际差异，确定与之相适应的生态空间用途管制要求，在保障自然资源合理用途的同时有效保护生态空间。二是建立分类分区管理制度，根据不同类型生态保护红线的保护目标与管理要求，确定各个生态保护红线区块的主导生态功能与管理属性特征，以现有法律法规为准则，对不同类型区域实施分类管理，并对人类开发建设活动设置准入“门槛”和强度“控制阀”，明确不同分区管控下的差别化管理措施，严禁任何有损主导生态系统服务功能的人类活动。三是建立健全规划及项目环评许可制度，明确开发规划及项目与生态保护红线区域的位置关系，分析规划及项目对生态保护红线区域的生态环境影响机制，预测影响程度，做出科学判断，明确规划及项目实施的生态可行性，发挥预防性保护作用。

搭建生态保护红线信息台账系统。一是通过自然资产负债台账系统的搭建，完成自然资产负债表的编制。二是建设和完善天空地一体化的安全生产应急通信网络，综合运用遥感技术、地理信息系统及各类生态监测网络的定位监测，掌握第一手数据资料，对生态保护红线进行全天候监控，全面掌握生态保护红线的生态系统结构、功能状况与动态变化，以及主要生态问题、人类活动干扰及强度。三是构建生态评估及预警标准体系和技术方法，对生态系统服务功能进行定期评估，及时预测预警生态风险。四是配合生态保护红线监测大数据平台的建设，搭建国家和地方生态红线多层级信息系统，开展大数据关联分析，为生态保护红线管控的决策、考核提供数据支持。

构建监察执法管控制度。通过生态监控网络的定位监控和日常巡查监察，同时借助生态保护红线监测网络，构建对生态保护红线区域内的各项活动的全天候严密监控，重点关注生态保护红线区域内发生的违法违规建设与不合理人为活动。对监控发现的问题进行科学判断，并及时进行现场核查，对监察中发现的问题规范执法，通报地方政府和相关行业主管部门，提出处理建议，并将问题记录在案，作为行政公职人员绩效考核和责任追究的重要依据。

3. 雄安新区生态保护红线的补偿机制

划定和严守生态红线，最大的阻力仍然是保护与开发的矛盾、眼前利益与长远利益的矛盾，这就需要把约束与激励结合起来，促使相关利益主体自觉遵守生态红线的约束。

因此，生态保护红线必须依靠生态补偿机制的构建以获得经济支持，并真正落地实施。生态补偿是以保障区域生态安全和经济社会可持续发展为原则，以资金调配手段为主的协调机制，是协调保护与开发矛盾的主要手段。建立生态补偿机制，形成损害者赔偿、受益者付费、保护者得到合理补偿的环境经济格局，有利于生态保护红线区内的保护和区外发展的共赢。

一方面，应建立雄安新区生态保护红线区域生态补偿制度，综合考虑生态保护红线区面积、生态功能类型及其重要性、人口等因素，结合环境税的落地工作，设置基本补偿标准，可依据具体经济状况和生态保护红线区与周边的关系进一步细化调节方法，明确相应补偿途径的方式，并对补偿标准进行动态调整。另一方面，应探索建立生态保护红线区绩效奖励激励机制，在一般补偿机制之外，还应以生态保护红线监测评估结果为依据，建立以生态功能保护成效为导向的奖励激励机制。此外，新区管理委员会应创新补偿资金投融资机制，积极引入市场化、社会化手段，多渠道筹措补偿资金，吸纳社会资本投入生态保护红线区的保护与恢复，逐步形成政府引导、市场推动、社会参与的生态补偿投融资机制。

7.4.3　以国家公园标准建立白洋淀保护机制

从 1956 年我国建立第一个自然保护地开始，我国建立了自然保护区、风景名胜区、森林公园、地质公园、湿地公园、水利风景区、沙漠公园、海洋特别保护区等十余类自然保护地。已建的各类自然保护地为保护我国生物多样性、自然景观及自然遗迹，维护国家和区域生态安全，保障我国经济社会可持续发展发挥了重要作用，但其建设和管理仍然长期存在如保护地交叉重叠、管理效率低下、实行分要素管理、生态系统完整性人为割裂等突出的矛盾和问题（张伟和刘延滨，2012）。

雄安新区率先探索国家公园体制建设就是要通过制度创新，充分发挥政府对重点自然资源行使所有权，解决多部门管理造成的各种问题，从而有序推动自然保护地管理体制改革。通过建立白洋淀国家公园的保护机制，将理顺区域内相关自然保护地关系，建立有效、规范、统一的管理体制，从“山水林田湖草”等生态全要素出发进行保护，从而维护生态安全，起到生态文明体制改革的示范性作用。

1. 白洋淀行政体制创建

一是组建白洋淀国家公园管理局，作为统一履行资源保护、执法监督、规划建设、宣教培训、综合管理等工作的机构，取代河北省白洋淀地区开发建设协调管理委员会办公室、白洋淀湿地自然保护区管理委员会的有关职能，并与地方政府积极协调，推进区域协同保护与治理，同时制定国家公园管理条例、编制国家公园发展规划等法律法规，健全国家公园的管理体制。

二是推动县级层面各有关部门的体制机制调整，梳理目前白洋淀流域涉及多个县级行政单元、各个行政管理部门的自然资源资产管理权和监管权，通过管理权、监管权的分离，建立统一行使全民所有自然资源资产所有权人职责的管理机制，以事权为核心进行职能整合，有效减少同一件事的部门职权交叉，提升行政管理效率。

三是在县级层面设立县级生态保护站，并在乡镇层面挂牌生态保护管理站，增加国家公园的保护管理职责，对林业站、草原工作站、水土保持站、湿地保护站等生态保护单位进行整合，按照属地进行具体管理。

四是设立白洋淀生态法庭，为白洋淀国家地区的生态环境保护工作中的生态保护审判、民事与刑事诉讼案件提供司法仲裁保障，将涵盖环境污染防治、气候变化引发的案件及各类生态资源损害赔偿诉讼案件等。

2. 白洋淀国家公园的空间协调布局

按照“生命共同体”的理念，遵循“山水林田湖草”一体化管理保护的原则，坚持规划先行，制定白洋淀国家公园总体规划，对白洋淀国家公园范围内的湿地自然保护区等各类保护地及公益林等相关保护要素进行功能重组、优化组合，划定统一的管理边界，实行集中统一管理，并且划定一级功能区和二级功能区，同时依据生态要素的重要程度和脆弱程度细化为核心保育区、生态修复保育区和传统利用区，增强园区各功能分区之间的整体性、联通性、协调性，并制定相应的管制措施，对国家公园的全域空间进行整体保护、系统修复、一体化管理，打破各类保护地和各功能分区之间人为分割、各自为政、条块管理、互不融通的体制弊端。

3. 白洋淀国家公园的实施保障政策措施

结合地方实际出台《白洋淀国家公园条例》，推动白洋淀国家公园体制的法治化。整合《中华人民共和国自然保护区条例》等多个法规、部门规章及规范性文件在雄安新区的落地措施，突破过去单个法律性文件仅适用于单个保护地类型法律效力不足的制约，从管理体制、规划建设、资源保护、利用管理、社会参与、法律责任等方面明确相关主体的责任与义务，为未来国家公园法的制定与出台提供地方立法实践。

制定白洋淀国家公园相关技术标准的系列文件。以国家公园改革试点经验为前提，在国家公园总体规划的框架下，配合研究制定相关地方技术性文件，对白洋淀国家公园未来的管理工作进行标准化、规范化引导。

建立生态管护员制度。创新生态管护公益岗位机制，通过培训持证上岗，按月发放工资，年终进行考核，实行动态管理，实现国家公园的管护能力，推动当地居民主动参与生态保护。

结合实际，建立国家公园生态补偿与多渠道资金保障制度。在现有自然保护地的生态补偿机制基础上，明确白洋淀国家公园的自然资源管理责任，回归自然保护地的公益属性，区分中央、地方财政事权，加大政府对生态保护转移支付的投入，建立用水权、排污权、碳排放权等的初始分配与有偿使用制度，建立国家公园经营性收入的合理分配制度，以鼓励周边地区共同保护白洋淀湿地，同时在资金来源上探索多渠道、多元化的投融资模式，整体解决“为何补、谁来补、补多少、怎么补”的问题。

7.4.4　建立多规合一的雄安新区空间规划体系

我国目前的空间规划体系经多年的整合，形成了以国民经济和社会发展规划、城乡规划、土地利用规划并重，其他规划互为补充的格局。在实践中，各类规划目标不一致、内容矛盾、管控空间相互重叠、管理主体各不相同，造成了目前多规混淆、多规冲突的局面。根据中央城镇化工作会议及十八大以来中央精神的指示，要“建立统一的空间规划体系”“一张蓝图干到底”，破解多规冲突，促进生态文明建设，推进国家治理体系和治理能力现代化。

2018 年，国务院推动机构改革方案，自然资源部成为统一行使全民所有自然资源资产所有者职责、统一行使所有国土空间用途管制和生态保护修复职责的机构。新时期的空间规划体系构建要以空间资源的合理保护和有效利用为核心，从空间资源（土地、海洋、生态等）保护、空间要素统筹、空间结构优化、空间效率提升、空间权利公平等方面来突破，探索“多规融合”模式下的规划编制、实施、管理与监督机制。

在此背景下，以“多规合一”为手段，构建统领雄安新区未来一定时期内空间资源保护利用与发展建设的空间规划体系将至关重要。

1. 空间规划体系改革与多规合一的政策要求

空间规划体系改革与生态文明建设、建设美丽中国的目标一脉相承。2012 年 11 月，十八大提出要“大力推进生态文明建设”，“优化国土空间开发格局”。2013 年 11 月，中共十八届三中全会通过的《中共中央关于全面深化改革若干重大问题的决定》指出，“紧紧围绕建设美丽中国深化生态文明体制改革，加快建立生态文明制度，健全国土空间开发、资源节约利用、生态环境保护的体制机制”，“从严合理供给城市建设用地，提高城市土地利用率”，“建立空间规划体系，划定生产、生活、生态空间开发管制界限，落实用途管制”。同年 12 月，习近平总书记在中央城镇化工作会议上明确，要“建立空间规划体系，推进规划体制改革，加快规划立法工作”，“城市规划要由扩张性规划逐步转向限定城市边界、优化空间结构的规划”[①]。2014年，中央经济工作会议明确提出“要加快规划体制改革，健全空间规划体系”[②]。2015年9月，中央政治局审议通过《生态文明体制改革总体方案》，明确将建立健全空间规划体系纳入生态文明体制改革八项核心内容之一，要求“构建以空间治理和空间结构优化为主要内容，全国统一、相互衔接、分级管理的空间规划体系，着力解决空间性规划重叠冲突、部门职责交叉重复、地方规划朝令夕改等问题”[③]，同时指出“编制空间规划。整合目前各部门分头编制的各类空间性规划，编制统一的空间规划，实现规划全覆盖。空间规划分为国家、省、市县（设区的市空间规划范围为市辖区）三级”[③]。自此，空间规划体系改革要求正式成为新时期建设生态文明、促进空间协调发展的重要抓手。

空间规划体系改革要以“多规合一”为基础，统筹协调各类规划，从而实现空间治理与空间结构的优化。2013年11月，中共十八届三中全会提出“健全自然资源资产产权制度和用途管制制度”，“建立空间规划体系，划定生产、生活、生态空间开发管制界限，落实用途管制”。2014年3月，《国家新型城镇化规划（2014—2020年）》正式出台，明确提出“加强城市规划与经济社会发展、主体功能区建设、国土资源利用、生态环境保护、基础设施建设等规划的相互衔接。推动有条件地区的经济社会发展总体规划、城市规划、土地利用规划等‘多规合一’”，“保持城市规划权威性、严肃性和连续性，坚持一本规划一张蓝图持之以恒加以落实，防止换一届领导改一次规划”[④]。2015年12月，重要城市工作会议精神指出，要以主体功能区规划为基础统筹各类空间性规划，推进“多规合一”。2016年2月，《中共中央 国务院关于进一步加强城市规划建设管理工作的若干意见》指出，加强空间开发管制，划定城市开发边界，根据资源禀赋和环境承载能力，引导调控城市规模，优化城市空间布局和形态功能，确定城市建设约束性指标。加强城市总体规划和土地利用总体规划的衔接，推进两图合一。在有条件的城市探索城市规划管理和土地资源管理部门合一。

在具体落实层面，2014年国家发展和改革委员会、国土资源部、住房和城乡建设部、环境保护部四部委联合发文选取28个市县，在全国层面开展市县层面的“多规合一”试点工作；2017年1月，中共中央办公厅、国务院办公厅印发《省级空间规划试点方案》，明确9个省级空间规划试点省份，强调开展省级

① 新华社. 2013-12-14. 中央城镇化工作会议举行 习近平、李克强作重要讲话.

② 新华网. 2014-12-11. 中央经济工作会议在北京举行 习近平李克强作重要讲话.

③ 生态文明体制改革总体方案（中共中央政治局2015年9月11日会议审议通过）.

④ 中共中央 国务院印发《国家新型城镇化规划（2014—2020年）》（国务院公报 2014年第9号）.

空间规划试点要“以主体功能区规划为基础，全面摸清并分析国土空间本底条件，划定城镇、农业、生态空间以及生态保护红线、永久基本农田、城镇开发边界（以下称‘三区三线’），注重开发强度管控和主要控制线落地，统筹各类空间性规划，编制统一的省级空间规划，为实现‘多规合一’、建立健全国土空间开发保护制度积累经验、提供示范”。至此，空间规划体系改革及“多规合一”的试点工作已取得突出成效，改革框架逐步明晰，雄安新区应积极借鉴试点经验、落实相关政策要求。

2. 雄安新区空间规划体系的组织框架：一个机构

合理整合部门规划事权，对接国务院机构改革的要求推进新区行政管理机构改革，形成政府（新区管理委员会）领导、规划统一编制、部门分头实施的工作机制。

雄安新区应摆脱以往新城新区管理责任机构重开发轻保护的工作目标，强调顶层设计，将资源保护与资源开发、资源配置作为重心，新区空间规划委员会作为统一的规划编制、审批、监督实施机构，成立“多规合一”工作领导小组，由党政一把手担任协调组长进行高位推动，同时建立城乡规划、发改、国土、环保等部门联合参与的“多规合一”工作组织机制和规划实施机制，与保定市相关部门联动，加强规划编制与实施过程中的多部门衔接、协作，提高政府行政效能，避免各类空间性规划从源头上的“打架”，突出空间规划体系的权威性。

3. 雄安新区空间规划体系的编制方法：一本规划

明确统一的空间开发管制要求。应将各部门、各利益相关方都认可的不可建设空间画出，通过划定覆盖全域的生态保护红线、基本农田保护线和城市开发边界三条控制线，整合各部门分头编制的各类空间性规划，作为所有空间性规划的前置条件。通过统一空间坐标，确定优化城乡空间结构与布局，具体在雄安新区层面分为全域和集中建设区两个层面，做到“一张蓝图绘制到底”，实现全域规划覆盖。

明确统一的空间用途管制规范。通过建立统一的技术标准和图例标准，做到统一编码、分类、统计、管理和共享，消除“多规”各类指标要求冲突，实现控制性指标在量化水平、发展时序、空间坐标上的统一。编制城乡规划、土地利用规划的两图用地分类对应指南，确保“多规”在技术性、实施性上的一致。

明确统一的空间战略与行动纲领。通过进行发展环境评估、发展趋势预判和发展战略制定，制定统一的发展目标，明确总体发展战略和目标体系，形成战略导向的雄安新区空间发展格局，形成保护优先、发展适度、全域管控、体制创新的空间规划格局，同时制定详细的行动纲领与准则，明确各实施部门的责任义务，强化空间规划的落地性和可实施性。

4. 雄安新区空间规划体系的实施保障机制：一个漏斗

建立一套空间规划信息平台系统。以具体应用场景为导向，采取基于"北斗"卫星的高分遥感影像快速实时获取技术、地理信息系统技术和多智能体技术等，研发和建设一个集新区经济社会发展和城市管理于一体的精细化、智能化和人性化管理的"多规合一"决策支持平台，包括数据平台、管理平台、共享平台和运行平台，提供统一的后台基础数据库、规划编制平台、规划审批信息查询平台和辅助决策系统。核心数据包括城乡规划、土地利用规划、主体功能区规划等"1+*N*"的空间性规划数据，以及重点项目布局数据、空间管制数据、市政基础设施数据等内容。

建立一套项目流程审批和流程机制。简化优化项目审批流程，以建设服务型政府为核心思路，将分部门、多环节、多层次的审批机制调整为更加扁平化、便利化的审批服务机制，整体压缩审批流程的时长，实现项目快速审批落地。

建立一套地方立法、全面监督的保障机制。将"多规合一"划定的生态保护红线、永久基本农田保护线、城市开发边界等控制线纳入地方立法，形成条例，同时以政府规章的形式明确"多规合一"控制线管理的责任主体、管控规则、修改条件和程序，规范和强化空间规划体系的权威性。同时，围绕信息平台，建立部门业务联动制度、控制线动态更新维护制度，为财政分税制度提供数据支持，并将"多规合一"的改革成果纳入领导干部考评制度当中，确保改革成果的严肃性。

7.4.5 建立高标准的雄安新区环境准入负面清单机制

1. 建立环境准入负面清单制度的政策要求

2015 年 10 月，国务院印发的《国务院关于实行市场准入负面清单制度的意见》，明确指出实行市场准入负面清单制度是发挥市场在资源配置中的决定性作用的重要基础。实行市场准入负面清单制度是更好发挥政府作用的内在要求。通过实行市场准入负面清单制度，明确政府发挥作用的职责边界，有利于进一步深化行政审批制度改革。实行市场准入负面清单制度是构建开放型经济新体制的必要措施。

目前，我国在产业准入方面已基本形成成熟的技术型制度框架，主要包括

《政府核准的投资项目目录（2013 年本）》《产业结构调整指导目录（2011 年本）》《市场准入负面清单草案（试点版）》等文件，已形成科学合理的限制类、禁止类的产业负面管控目录，为地方负面清单的制定和细化提供了基础框架。

2016 年，环境保护部印发《“十三五”环境影响评价改革实施方案》，要求按照“划框子、定规则、查落实、强基础”4 个环节，加大环评改革力度，以“三线一单”（生态保护红线、环境质量底线、资源利用上线和环境准入负面清单）为手段，强化空间、总量、准入环境管理，推动战略规划环评落地，形成“十三五”时期环评改革的主线思路。建立以“环境准入负面清单”为准入管控手段的制度要重点做好两方面工作：一是制定区域行业环境准入负面清单的否定性指标并确定其限值，明确符合国际发展和国内实际的重点区域、单元和行业的环境准入标准和差别化环境准入条件，作为空间和总量管控的落脚点和抓手；二是研究制定负面清单和不合理经济社会活动退出机制，协调环境准入负面清单与产业准入负面清单及各类产业指导目录的关系，提出差别化的环境准入对策机制。

2017 年 6 月，环境保护部召开“三线一单”试点工作部署会并印发试点方案，明确将连云港、济南、承德、鄂尔多斯四市列为“三线一单”改革工作的首批试点城市。

十九大报告提出“形成节约资源和保护环境的空间格局、产业结构、生产方式、生活方式”“推进绿色发展”等要求。2017 年 10 月，在全国环保系统学习贯彻十九大精神打好生态环境保护攻坚战专题研讨班上，环境保护部将“构建并严守三大红线”作为 6 项重点工作之首，并多次强调，编制“三线一单”是贯彻落实中共中央、国务院决策部署，推动形成绿色发展方式和生活方式的重要举措。

2017年12月，环境保护部印发《“生态保护红线、环境质量底线、资源利用上线和环境准入负面清单”编制技术指南（试行）》，确立了加强统筹衔接、强化空间管控、突出差别准入、实施动态更新、坚持因地制宜 5 项基本原则，提出“环境准入负面清单”的制定要与环评制度改革相衔接，从统筹生态环境空间管控、环境质量底线管理、资源利用上限约束等方面出发，在空间布局、污染物排放、资源开发利用等方面形成分类准入的政策措施，并落实到环境管控单元当中。具体来说，就是将区域划分为优先保护、重点管控、一般管控三类空间，并以三类环境管控单元为对象，落实“三线”要求，建立环境准入负面清单制度，围绕相应的保护与管控目标形成因地施策的管控要求，将以“三大红线”为核心的环境管控要求，转化为空间布局约束、污染物排放管控、环境风险防控、资源开发效率等方面的管控要求，建立各环境管控单元的环境准入负面清单，明确环境准入要求。

可见，负面清单制度的改革不仅聚焦于经济领域，而且以厘清政府权利义务为出发点，通过制度框架的顶层设计，管控重点转向“宽进严管”，引导更加可持续的建设和发展。

2. 制定因地施策、协调统一的环境准入负面清单制度

以国家相关政策和技术标准为基础，细化适合雄安新区特点的产业禁限目录，制定雄安新区建设项目环境准入负面清单，将负面清单的禁限内容细分到各个环境空间管控单元内：一是因地制宜，根据雄安新区的地理和资源本底条件，结合国家和地方相关的法律法规，设定以水、大气、土壤等的污染防治为导向，覆盖全域的禁止准入行业、工艺、产品及开发活动清单。二是统筹各类自然保护地、生态保护红线、国家公园、文物保护单位及白洋淀流域等环境敏感型地区的建设管控要求，设定相应政策边界内禁止准入行业、工艺、产品及开发活动清单。三是以特定领域的产业导入监管为目标，划定挥发性有机化合物（volatile organic compounds，VOCs）重点行业禁止准入区、高污染燃料禁燃区、禁止养殖区、噪声敏感区、集中供热区等政策性区域，设定相应政策边界内禁止准入行业、工艺、产品及开发活动清单。

此外，应积极依托京津冀协同发展的框架，借助生态补偿等方式，推动制定区域范围内协调统一的环境准入负面清单制度，避免不符合环境准入要求的建设项目向周边地区外溢，形成区域性的环境污染。

3. 制定环境准入负面清单制度的管治体系和管控措施

在产业项目准入管控方面，应依据雄安新区各个环境管控单元内的具体管控要求，对凡列入负面清单的项目，投资主管部门不予立项，金融机构不得发放贷款，土地、规划、住建、环保、安监、质监、消防、海关、工商等部门不得办理相关手续。

在产业项目污染排放管控方面，应在严格执行现行污染物排放标准的基础上，针对雄安新区的实际需要，研究制定相关行业、区域更严格的污染物排放规定，并对白洋淀流域的产业污染物总量进行限定，作为产业环评审批的前提条件，严控新增排放量。

在空间单元环境准入管控方面，应强化动态监控，基于负面清单的管控内容，利用对地观测遥感技术和水土环境监测网络等，对环境管控单元内不符合准入标准的现有企业按要求逐步关停搬迁、退城入园或限期整改。

此外，定期开展负面清单实施成效第三方评估，并将负面清单的实施情况纳入绩效考核的评价指标体系，搭建群众环境保护监督举报制度，严格执行生态环境损害责任终身追究制度，加大奖励惩戒力度。

7.4.6　小结

综上所述，雄安新区空间管控需建立雄安新区生态保护红线的划管机制。在国土空间“双评价”的基础之上，识别生态敏感、生态脆弱、不适宜建设的地区，并结合各类自然保护地的管制要求，划定雄安新区生态保护红线作为生态安全的永久底线。同时，围绕生态保护红线出台相应的政策规范，明确红线内生态保护与修复的职责分工，并结合空间信息平台进行动态监控，在管理体制上将生态保护红线的管理与官员绩效考核、问责相结合。此外，建立生态保护红线的生态补偿保障机制，以鼓励和引导空间发展权在红线内外区域的协调。

以国家公园的相关标准建立白洋淀保护机制。结合白洋淀自然保护区的管理要求，构建国家公园级白洋淀的管制体制。在行政体制上提高行政效能，明确资源管理的专属部门，以更好地协调白洋淀保护与开发之间的冲突；在空间布局上根据“山水林田湖草”生态全要素，进行分类、分级的空间划定；在配套政策上，结合空间布局形成生态严格保护修复与开发引导的管制措施，出台相应地方政策，并结合“生态护管员”等制度创新，以更好落实国家公园的保护与开发。

建立多规合一的雄安新区空间规划体系。针对部门条块分割、规划重叠、体系繁杂的问题，落实国务院机构改革的相关要求，探索构建雄安新区全域的空间规划体系，坚持“一个机构、一本规划、一个漏斗”的原则，建立统一行使空间用途管制制度的部门机构，并以多规为基础编制雄安新区国土空间规划，形成对全域的资源刚性管控与战略性部署，以空间信息平台为基础实现规划编制与部门审批的管理协同机制。

建立高标准的雄安新区环境准入负面清单机制。落实“两山”理论，结合雄安新区“三区三线”的划定，探索构建基于空间管制单元分区的环境准入负面清单制度，并配套制定产业准入、污染排放、开发强度等的政策引导要求，作为项目审批管理的重要依据，以整体提高空间资源的利用效率，保障发展的可持续。

7.5　本章小结

党的十九大报告提出，以疏解北京非首都功能为“牛鼻子”推动京津冀协同发展，高起点规划、高标准建设雄安新区。2017 年4月 1 日，中共中央、国务院决定设立河北雄安新区，这是以习近平同志为核心的党中央作出的一项重大的历史性战略决策，是千年大计、国家大事。雄安新区的设立有利于探索人口经济密集地区优化开发新模式，调整优化京津冀城市布局和空间结构，集中疏解北京的非首都功能。在雄安新区开发建设过程中，显现出一系列生态风险问题，主要包括流域水生态环境风险较大，水少、水污染、水生态全面退化的趋势尚未扭转。作为新区原水来源的白洋淀生态缺水现象严重，流域内监测断面达标率为61.2%，区域地表水、地下水水污染恶化趋势尚未改变，白洋淀已经进入湖泊演替的衰退期，并向沼泽化方向发展，现在及很长的一段时间需要靠黄河及南水北调工程补水维持白洋淀生态和地下水资源补给。

基于生态安全格局保障雄安生态安全，雄安新区应以切实提升雄安新区的生态可持续性为理念引领，采用源地-识别阻力面构建-廊道提取的生态安全格局构建模式，尽量避让生态源地与生态廊道，注重绿道、湿地、公园等绿色基础设施建设，并在雄安新区发展过程中，随着城市化的不断加深，不断修正生态系统功能的新需求，不断改变经济-生态耦合的目标，从而不断调整生态政策以保证安全格局的与时俱进，保证国土空间利用的因时而动。

综上所述，实现雄安新区空间管控是党和国家从生态优先、绿色发展出发，着眼于白洋淀生态环境的治理，顺应《河北雄安新区总体规划（2018—2035年）》的重大决策部署，既是一个重大理论命题，又是一个重大实践课题。

推动雄安新区高质量发展是当前和今后一个时期的确定发展思路，是打造水城共融宜居新城区的根本要求，必须加快建立雄安新区生态保护红线的划管机制，划定雄安新区生态保护红线作为生态安全的永久底线、以国家公园的相关标准建立白洋淀保护机制、建立多规合一的雄安新区空间规划体系、建立高标准的雄安新区环境准入负面清单机制，创建和完善雄安新区绿色发展体系。

参考文献

陈星，周成虎. 2005. 生态安全：国内外研究综述. 地理科学进展，24（6）：8-20.

程瑜. 2016. 我国古代环境保护立法及其分析. 法制与社会，（3）：5-6.

窦薇，赵忠宪. 1998. 白洋淀水体、底泥及鲫鱼体内 DDT、BHC 污染状况研究. 环境科学学报，18（3）：308-312.

胡国成，许振成，戴家银，等. 2010. 有机氯农药和多溴联苯醚在白洋淀鸭子组织中分布特征研究. 湖泊科学，31（12）：3081-3087.

黄智洵，王飞飞，曹文志. 2018. 耦合生态系统服务供求关系的生态安全格局动态分析——以闽三角城市群为例. 生态学报，（12）：4327-4340.

孔繁花，尹海伟. 2008. 济南城市绿地生态网络构建. 生态学报，28（4）：1711-1719.

凌峰. 2005. 大清河流域水土保持生态建设措施. 海河水利，（4）：16-18.

刘纪远. 1992. 西藏自治区土地利用. 北京：科学出版社.

莫张勤. 2018. 生态保护红线在环境法律制度中的融合与创新. 生态环境学报，27（3）：588-594.

欧阳志云，徐卫华，肖燚，等. 2016. 新世纪我国生态安全面临的新态势与对策. 智库理论与实践，1（6）：33-41.

彭建，杨旸，谢盼，等. 2017. 基于生态系统服务供需的广东省绿地生态网络建设分区. 生态学报，37（13）：4562-4572.

秦宁，朱樱，吴文婧，等. 2010. 多环芳烃在小白洋淀挺水植物中的分布、组成及其影响因素. 湖泊科学，22（1）：49-56.

王洁，李锋，钱谊，等. 2012. 基于生态服务的城乡景观生态安全格局的构建. 环境科学与技术，35（11）：199-204.

王金南，迟妍妍，许开鹏. 2014. 严守生态保护红线 创新战略环评机制. 环境影响评价，（4）：15-17.

王怡中，刘季昂. 1995. 白洋淀地区水中有机污染物的定性分析. 环境化学，（5）：442-448.

王乙震，张俊，周绪申，等. 2017. 白洋淀多环芳烃与有机氯农药季节性污染特征及来源分析. 环境科学，38（3）：964-978.

吴现兵. 2009. 白洋淀与上游水库群防洪联合调度研究. 河北农业大学硕士学位论文.

肖笃宁，陈文波，郭福良. 2002. 论生态安全的基本概念和研究内容. 应用生态学报，13（3）：354-358.

俞孔坚. 1999. 生物保护的景观生态安全格局. 生态学报，19（1）：8-15.

张理卿. 2014. 京津冀地区景观生态安全格局构建与保护优先区识别. 北京大学硕士学位论文.

张伟，刘延滨. 2012. 我国自然保护区的管理现状和未来发展对策. 中国林副特产，（1）：95-98.

朱晶，付爱华. 2015. 国内外生态安全综述. 经济研究导刊，（1）：278-279.

朱樱，吴文婧，王军军，等. 2009. 小白洋淀水—沉积物系统多环芳烃的分布、来源与生态风险. 湖泊科学，21（5）：637-646.

Daily G C. 1997. Nature’s Services：Societal Dependence on Natural Ecosystems. Washington：Island Press.

Knaapen J P，Scheffer M，Harms B. 1992. Estimating habitat isolation in landscape planning. Landscape and Urban Planning，23（1）：1-16.

Villamagna A M，Angermeier P L，Bennett E M. 2013. Capacity，pressure，demand，and flow：a conceptual framework for analyzing ecosystem service provision and delivery. Ecological Complexity，15：114-121.

第 8 章　雄安新区水安全及其治理策略研究

建设雄安新区是千年大计，保障新区水安全是实现雄安新区宏伟目标的重要基石。雄安新区的运行和发展离不开水安全保障，社区安全、居民生活和经济社会发展也离不开水安全。与此同时，水安全已上升为国家战略。习近平总书记 2014 年 3 月 14 日在中央财经领导小组第五次会议上就我国水安全问题发表重要讲话，明确提出“节水优先、空间均衡、系统治理、两手发力”的新时期水利工作思路。在此背景下，对雄安新区水安全及其治理策略进行系统研究，已成当务之急。这是雄安新区在“先谋后动、规划引领”中有必要先行研究和探讨的重要问题，对于构建水安全韧性雄安新区、打造京津冀乃至全国水安全治理样板具有重要的现实与理论意义。

8.1　科学界定水安全及其治理内涵

8.1.1　国内外研究现状

1. 国外研究现状

水安全问题研究起步于 20 世纪 70 年代，随着新的水问题不断出现，水安全及其治理开始逐渐成为世界关注的热点。1972 年，联合国第一次环境与发展大会就预言石油危机后的下一个危机便是水危机。1988 年，世界环境与发展委员会特别指出：“水资源正在取代石油而成为在全世界引起危机的主要问题”（World Commission on Environment and Development，1989）。针对由水引起的国际纷争，2000 年在瑞典斯德哥尔摩召开的题为“21 世纪的水安全”的国际水研讨会指出：水资源不仅仅是一个环境问题，同时也是社会和政治问题。2006 年墨西哥城第四届世界水资源论坛公布的《世界水资源开发报告》称：全球饮水量在 20 世纪增加了 6 倍，增长速度是人口增长的 2 倍，有 11 亿人缺水，26 亿人无法保证用水卫生；90%的自然灾害与水有关，水安全问题日趋恶化。随后，2009 年第五届世界水资源论坛在土耳其伊斯坦布尔举行，主题是“架起沟通水资源问题的桥梁”，会议通过的《部长宣言》强调，必须加强水资源的管理和国际合作，保证数十亿人的饮水安全。2015 年在韩国举行的以“水——人类的未来”为主题的第七届世界水资源论坛，则强调作为水资源安全挑战因素的有效解决方案，推动包括整个流域在内的各层面的良好治理，尤其是水资源计划的树立、公共参与、健全的基础设施和自然系统管理体制的必要性。不难发现，水安全问题已成为制约世界经济社会发展、生态环境建设及区域和平的主要因素。

与此同时，20 世纪 90 年代以来，国际有关组织实施了一系列水科学研究计划，相关国际会议也越来越频繁。这些计划和会议围绕水与可持续发展、水环境保护、水资源科学管理、水资源开发与保护的国际协作、环境变化与水文循环等主题进行研讨。从最具影响的国际水问题会议之一——斯德哥尔摩国际水讨论会十多次会议的主题可以看出，国际水讨论会对水的认识不断深入，逐步从水资源缺乏、水污染、水冲突、水管理升华到水安全的高度。

针对日益严峻的水安全形势，各国政府及专家学者也就水安全及其治理问题进行了广泛的研究。Beekman（2002）对社会发展与水资源变化之间的关系进行了探讨；Khasankhanova（2005）对乌兹别克斯坦通过公众参与来促进水资源管理的案例进行了分析；Kay 等（2006）对世界卫生组织所提出的娱乐业用水定量评估指导方针进行了研究；在水环境保护方面，发达国家主要通过探讨水生态环境演变的时间进程与社会经济发展的关系来进行研究。Ferrier 等（2001）则对苏格兰水质理化指标时空变化与人类活动、人口密度、休闲娱乐区分布的关系进行了研究；在流域水生态环境保护方面最为成功的范例要数莱茵河流域的水资源一体化管理；而以色列以节水为核心的水资源持续开发利用，可谓是全球缺水地区水资源开发利用实践的成功典范；在防洪方面，以堤防和水库为核心的日本洪涝灾害防治对中国具有较强的借鉴价值。

2. 国内同类研究状况

中国水安全及其治理研究起步略晚于国际同类研究，但发展迅速，目前基本与国际同步，尤其近年来，中国政府更加重视从战略的高度来认识和解决水安全问题。

水利部前部长汪恕诚（2003，2004）提出由工程水利向资源水利转变的水安全战略，把水安全与国民经济和社会发展更加紧密地联系起来，以实现人与自然和谐相处、社会经济可持续发展的水战略目标。2001 年，科技部立项开展了“中国水资源安全保障系统的关键技术研究”。2001 年由钱正英、张光斗等 43 位中国工程院院士及一大批专家完成的《中国可持续发展水资源战略研究综合报告及各专题报告》，在分析了中国水资源的现状和面临的问题基础上，提出了中国水资源开发利用的总体战略（钱正英和张光斗，2001）。该项研究在广泛吸收国内外水安全战略研究最新成果的基础上，针对中国主要水安全问题进行了系统综合的专题研究，是中国水安全战略研究的里程碑。从 20 世纪 80 年代到 21 世纪初，中国进行了两次全国范围内的水资源评价工作，基本摸清了中国水资源的状况与基本变化情况。2003 年首届“中国水问题论坛”（2005 年起改名为“中国水论坛”）在武汉召开，到 2018 年共举办了 16 届，对中国水安全问题进行了多学科、多层次的探讨。同时，中国对水安全脆弱区域和流域进行了大量的研究，取得了巨大成就。国家在“六五”期间设立了“华北地区水资源评价”项目；在“七五”期间设立了“华北地区及山西能源基地水资源研究”项目；在“八五”期间设立了“黄河治理与水资源研究”项目；“九五”期间设立了“西北地区水资源合理开发利用与生态环境保护研究”和“黄河中下游水资源开发利用及河道清淤关键技术研究”项目。

此外，一些学者对中国水安全做出了积极的探索。中国工程院以自然地理范畴的西北地区为研究对象，以水资源为中心，生态环境保护和建设为重点，工农业和城镇建设可持续发展及缩小东西部差距为目标，开展了跨学科、跨部门的综合性研究（中国工程院“西北水资源”项目组，2003）。王浩（2004）在对西北地区水资源与生态环境进行系统评价的基础上，面向西部大开发战略，提出了西北水资源的合理开发、高效利用与保护的模式。郑通汉（2003）提出通过加强水资源安全预警以提高对水资源安全问题的应对能力。贾绍凤等（2014）著的《中国水资源安全报告》从国家安全的战略高度，透过复杂的表象分析中国水资源安全的真实状况，对中国水资源安全进行了系统诊断和评价，回答了国内外众说纷纭的中国水资源是否安全、中国水量是否足够、中国水质是否符合要求等热点问题，明确给出了中国能够提供维护国家粮食安全所需的灌溉用水、中国能够保障快速城市化的城市用水、中国能够提供国家能源基地建设的水资源保障的评价结论，并提出了中国水资源安全的系统对策。谷树忠和李维明（2015）则在对水安全内涵及中国水安全形势进行分析的基础上，系统提出了建立健全包括组织协调、科学评估、规划引领、市场调节、技术支撑、工程保障、试验示范、社会参与、考核问责和国际协调等在内的保障机制的总体构想；夏军和张永勇（2017）则主要探讨了目前雄安新区建设主要面临的水资源、水质和水生态安全等问题，并对如何应对风险给出了几点对策与建议。此外，2016~2018 年国务院发展研究中心与世界银行联合开展的关于中国水治理研究，重点从强化法律基础、加强流域治理、优化和完善经济政策工具、加强信息收集和共享等方面提出了政策建议（谷树忠等，2018a，2018b，2018c；陈健鹏等，2018；常纪文等，2018）。

综合现有研究成果不难发现，目前针对水安全及其治理的研究，尚未形成一个系统的、科学的框架体系，更多的是偏重单一或某几个方面，如水资源安全、水环境安全、供水安全等，而结合当前的水安全形势，从整体性、系统性角度对区域乃至国家水安全开展的研究并不多且尚处于起步阶段，针对雄安新区水安全保障的研究更是少之又少。为此，针对雄安新区水安全现状及存在的问题，在科学界定水安全治理内涵的基础上，本书从 6 个方面系统提出了新区水安全治理重点领域与关键举措，期待可以为学术研究和政府决策提供一定参考。

8.1.2　水安全内涵解析

水安全问题是 20 世纪末提出的一个重要概念。进入 20 世纪以来，世界人口剧增，经济迅猛发展，人类和社会对水的需求量大幅度增加，导致全球性的水资源短缺和水危机。1979 年在联合国水会议上就提出："石油危机之后，下一个就是水危机。"（United Nations，1977）1991 年在瑞典城市斯德哥尔摩召开了第一次国际水讨论会；1993 年，第四十七届联合国大会规定每年的 3 月 22 日为"世界水日"；1996 年世界水理事会成立，并决定从 1997 年开始，每 3 年举行一次大型国际水会议——世界水资源论坛及部长级会议。2000 年 3 月 17～22 日在荷兰海牙举行的第二届世界水资源论坛及部长级会议签订了《21 世纪水安全——海牙世界部长级会议宣言》，会议提出了"世界水展望"的观点，把"提供水安全"作为 21 世纪的重要战略目标，提出了水安全的 4 个"确保"目标和各国政府实现水安全所面临的七大挑战，并给出了迎接这些挑战的 7 项主张。第四届世界水资源论坛部长级会议于 2006 年 3 月 16～22 日在墨西哥举行，确定了"从展望到行动"的主题思想"采取地方行动，应对全球挑战"。第五届世界水资源论坛于 2009 年 3 月 16~22 日在土耳其伊斯坦布尔举行，主题是"架起沟通水资源问题的桥梁"。会议强调，必须加强水资源的管理和国际合作，保证数十亿人的饮水安全。第六届世界水资源论坛 2012 年 3 月 12 日在法国南部城市马赛开幕，主题是"治水兴水，时不我待"，旨在总结往届水资源论坛和其他国际会议成果，并在水资源的关键领域制定和实施切实有效的解决方案。本次论坛共有来自一百八十多个国家和地区的约 2.5 万名代表与会，其中包括中国在内的 140 个部长级代表团。

水安全在国外最早是作为环境安全的一部分来进行研究的，如 20 世纪 70 年代，牛津大学诺曼·梅尔斯教授在《环境与安全》一文中从国家利益方面来论述环境和生态问题对美国国家安全的重要意义，认为"生态完整成为国家安全的核心"；而国内则更多的是把水安全作为资源安全的主要内容进行研究。近年来，有不少学者对水安全相关理论进行了研究，但仍未形成一个系统科学的理论体系，在学术上对水安全也无普遍公认定义。本书认为，水安全是指一个国家或地区可以保质保量、及时持续、稳定可靠、经济合理地获取所需的水资源、水资源性产品及维护良好生态环境的状态或能力。依据水的主要功能，可从以下几个方面来系统地理解水安全的科学内涵：着眼于水的资源功能，强调水资源安全；着眼于水的环境功能，强调水环境安全；着眼于水的生态功能，强调水生态安全；着眼于民生保障与水灾害减缓，强调水灾防安全；着眼于水的地区间关系，强调地区间水关系安全。

1. 水资源安全

水资源安全，是指一个国家或地区可以保质保量、及时持续、稳定可靠、经济合理地获取所需水资源的状态或能力（李维明和谷树忠，2014）。水资源安全具有多重含义：量的含义——水资源的数量充裕与否；质的含义——水质，特别是供水水质（其中尤其以自来水水质为核心）是否安全；时间维度——水资源数量的年际、季节变化较大，从而水资源的持续、稳定保障非常重要；空间维度——水资源的空间可达性，而调水往往作为增强水资源空间可达性的重要手段；经济含义——可以经济合理地获得所需要的水资源，包括成本和价格的合理性。

水资源安全的基本特征：战略特征——水是战略性资源，指其直接关系国家安全和利益、密切关系人民生活，其安全性直接关系国家安全；民生特征——水关系广大百姓的生活，是民生保障的重要内容；空间特征——水资源的分布空间差异和供需空间错位显著，决定了水资源空间调配是保障水资源安全的重要举措；时间特征——水资源分布时间差异性突出，致使水资源安全状态呈年际及季节变化，加强风险及不确定性管理是必然的要求（谷树忠和李维明，2014）。

水资源安全受多因素影响。既受气象、水文等自然因素的影响，又受工业化、城镇化、环境污染及其治理、生态占用与修复、国际关系等因素的影响。

2. 水环境安全

水环境，是指自然界中水的形成、分布和转化所处空间的环境；或指河流、湖泊、水库、沼泽及地下水等水体的环境状况。水环境安全，一般特指水体的水质安全性状；广义的水环境安全，是指支撑人类生存和发展的水体及其服务功能的安全性，包括保障饮用水安全、环境容量内的纳污能力和良好的环境服务功能，如水源地保护、最低生活用水质量管控、水污染综合防治、优美的亲水宜居环境等。

水环境安全的基本特征：基础性——水安全的基础方面；关联性——关系水资源、水生态安全；空间差异性——与水资源空间分布及污水处理的空间差异相联系；时间变化性——与水资源的时间分布及污水治理的进程相联系。

3. 水生态安全

水生态安全，是指一个地区或一个流域的水循环和水生生物多样性的态势及其健康性与可持续性。安全的水生态，是指能够实现水体自我修复和水生生物多样性的水生态（系统），如蓄水充足、水土保持良好、湖泊与湿地恢复、维护河流形态的多样化、水生生物多样性得以保持、生态需水得以保障等。

水生态安全的基本特征：水生态安全是水安全的重要方面，同时也是生态安全的重要方面；与水资源安全和水环境安全高度关联；受自然因素与人为因素交织作用；具有显著的时空关联性；其变化呈现渐进性与突发性并存、不可逆性与可修复性并存。

4. 水灾防安全

水灾防安全，是指一个地区或流域的防洪、抗旱、抗涝等工程或非工程措施具备保护人民生命、财产和身心健康不受到洪水、旱灾影响的基础功能或能力。完善的洪涝灾害治理是指通过水利工程措施、疏排水工程措施、水土保持措施和涉水工程管理等方式，在江河、湖泊和地下水源等的开发、利用、控制、调配和保护的过程中，在极端天气情况下，水库、防洪、防涝、灌溉等工程合理建设、良性运行。

水灾防安全的基本特征：具有突发性和影响范围大的特点，受自然因素和人为因素的共同作用，直接关系人民生命和财产安全。水灾防安全是水安全及治理的重要目标，可以通过严密防守、科学应对、统筹安排、预测预防等方式实现。

5. 水关系安全

水关系安全，是指一个地区或国家与周边地区或国家，在水资源、水环境、水生态、水工程等方面建立和发展顺畅、和谐、稳定、持续关系的状态或能力，即一个地区水资源保障应该以不影响其他地区合理水资源需求为前提。区域尤其是国际水关系及其安全性受地区水资源供需态势、国际河流及其治理、人类涉水活动及其强度、地缘政治等多重因素的影响。

8.1.3　水安全治理内涵解析

1. 水安全治理定义

国际上关于治理有诸多定义，其中联合国全球治理委员会的定义得到广泛认可，它认为治理是或公或私的个人和机构管理或经营相同事务的诸多方式的总和。治理是使相互冲突或不同的利益得以调和并且采取联合行动的、持续的过程，包括可以迫使人们服从的正式机构和规章制度，以及种种非正式安排。治理主要有以下特征：①治理不是一套规则条例，也不是一种活动，而是一个过程；②治理不只是管制、控制，更注重协商和协调；③治理既涉及政府部门和公共部门，也包括私人部门和公民个人；④治理不是政府的单一行动，而是多主体共同行动。

本书认为，水安全治理形势千差万别、千变万化，决定了水安全治理的基本内涵及侧重点因时而异、因地而异。结合新时期水问题，参考国内外关于"治理""水治理"的权威表述，从系统角度对水安全治理做如下定义：水安全治理是指为保障水安全，政府、社会组织、企业和个人等涉水活动主体，按照水的功能属性和自然循环规律，在水的开发、利用、配置、节约和保护等活动中，统筹资源、环境、生态、工程、供水等系统，依据法律法规、政策、规则、标准等正式制度，以及传统、习俗等非正式制度安排，综合运用法律、经济、行政、技术及对话、协商等手段和方式，对全社会的涉水活动所采取行动的综合。

须从如下维度对水安全治理内涵进行系统理解。

（1）治理主体——除政府外，企业、社会组织、公民均可作为水治理的主体，呈现出多元化趋势。

（2）治理依据——除强制性的国家法律、政策、标准外，权力来源还包括各种非强制的契约，以及一些传统、习俗等非正式制度安排。

（3）治理范围——较传统水管理而言，治理领域更宽阔，强调以公共领域为边界，而非仅仅局限于政府权力所及领域。

（4）治理手段——强调综合运用法律、经济、行政、技术及对话、协商等手段和方式来解决复杂的水问题；尤其鼓励自主管理，强调通过协商和合作，实现权力的上下互动和平行互动，而非一味地、强制性地自上而下。

（5）治理需求——强调水资源治理、水环境治理、水生态治理、水工程治理、供水治理、水事治理及统筹资源、环境、生态、灾害等系统的综合治理，旨在确保一个国家或地区保质、保量、及时、持续、稳定、可靠、经济、合理地获得所需水资源；确保水体的水质安全性状，以及支撑人类生存和发展的水体及其服务功能的安全性；确保流域水循环和水生生物多样性的态势及其健康性与可持续性；确保江河、湖泊和地下水源开发、利用、控制、调配和保护水资源各类工程的安全；确保正常生活和生产所需水资源的供给。

2. 水安全治理典型特征

归纳总结水安全治理具有如下典型特征。

1）基础性

水以气态、液态和固态三种形式存在于空中、地表和地下，包括大气水、海水、陆地水（河、湖、沼泽、冰雪、土壤水和地下水），以及生物体内的生物水。作为自然界的重要组成物质，水是人类、动植物、土地和生态等绝大部分自然资源中普遍存在的资源，其不仅是生命的构成要素，而且是整个生态系统的维持要素。水还是人类赖以生存的必不可少的重要物质，是工农业生产、经济发展和环境改善中无可取代的自然资源。因此，水治理对于保障生命系统和生态系统安全运行具有基础作用，且与粮食生产、能源、生态、居民健康、经济发展和社会稳定等息息相关。

2）系统性

水与多种自然资源具有高度的相关性，与环境、生态紧密相关，其自身之间也存在广泛的关联性。水治理是水资源、水环境、水生态、水灾防和水关系安全等多个方面的综合，这几者之间也不是相互独立的，具有很强的整体性，如水资源治理的程度，与水生态、水环境之间有很强的关联性，与水灾防和水关系安全也有很强的关联性。

3）动态性

水治理的目的是实现一个国家或地区保质保量、及时持续、稳定可靠、经济合理地获取所需的水资源、水资源性产品及维护良好生态环境。这是一个动态问题，任何国家和地区在不同时期都会不断出现新的问题，而且水本身的流动性、循环性和水量的利害两重性，也使得水治理问题更为复杂多变。

4）层次性

水安全的不同尺度，产生了国家水治理、流域水治理、区域或地区水治理，以及群体水治理和个体水治理等衍生概念。

3. 水安全治理机制

水安全保障必须建立健全持续、有效的治理体系。水安全治理机制，就现阶段而言主要由组织协调机制、科学评估机制、规划引领机制、市场调节机制、技术支撑机制、工程保障机制、试验示范机制、社会参与机制、考核问责机制、区域协调机制等组成。

1）组织协调机制

水安全是安全体系重要组成部分，关系地区或国家稳定和发展，关系人民生存和发展。水安全治理是一项系统工程、复杂过程。必须从治理的高度和要求，加强对水安全的组织领导和协调，加快推进涉水体制改革，推进涉水事务管理一体化。

2）科学评估机制

对包括水资源安全、水环境安全、水生态安全、水灾防安全、水关系安全等在内的水安全态势进行科学评估（定性与定量相结合），是发现水安全问题及其原因的基础和关系。为此，需要建立健全所处流域和区域层次的水资源、水环境承载能力评估与预警机制，加强战略、规划和项目层面的水资源、水环境及水生态效应评估与论证，努力实现以水定人、以水定城、以水定地、以水定产。

3）规划引领机制

全面落实《全国重要江河湖泊水功能区划（2011-2030 年）》，严格按流域规划和水功能区划，确定水安全治理的方向、目标、重点和措施。同时，抓紧研究制定所在流域和区域的水安全治理专项规划，重点明确水安全治理的目标、原则、方向、重点领域和重点措施等。

4）市场调节机制

改革和健全水价形成机制，使水价逐步接近水资源的真实稀缺程度，因地制宜地实行阶梯水价等差别化水价制度。改革和规范水资源费制度，积极稳妥和差别化地提高水资源费标准，并探索实行水资源税制度。改革和完善污水排放收费制度，减少污水排放，实现污水处理良性发展，提高水资源循环利用水平。改革和健全水资源保护补偿制度，健全对饮用水源地和重点湿地、库区的财政支持机制，切实提高水资源和水生态的保护水平。

5）技术支撑机制

加强水资源、水环境、水生态、水灾防等方面的科学技术创新、引进、集成、推广、应用。研制、发布水安全先进适用技术指南或技术规程。加强所在流域和区域层面的水安全及其治理的科学技术咨询，如成立流域及地区水安全（治理）科学指导委员会等。

6）工程保障机制

加强水（利）工程建设是提升水安全治理（驾驭）能力的集中表现和重要体现。为此，需要科学建设和高效运行水（利）工程，包括水资源开发利用和调配工程、水环境保护治理工程、水生态修复工程、集中供水工程等。工程建设和运行，可以采取分级负责的机制，分级建设和运行国家重点工程、省级重点工程、市县重点工程。优化工程的空间布局和时间序列，减少工程分布过密或过疏、工程间不配套、建设时序颠倒等不合理现象。建立重大水（利）工程安全预警体系，全面提升工程安全保障能力。

7）试验示范机制

根据流域水资源、水环境和水生态情况，以及区域社会经济发展态势，选择具有辖内代表性、水治理能力与基础较好的典型地区，开展水安全治理体系建设试点，探索水安全治理的管理体制、激励机制、典型模式。根据水安全治理的需要，通过增加节水保水、水生态补偿、水价和水资源费改革、水务管理体制改革等内容，深入开展水安全治理体系建设试点工作。

8）社会参与机制

加强水资源、水环境、水生态、水灾防的国情、省情、市情、县情宣传教育，加强水安全常识、技能宣传和普及。建立全社会参与水安全体系建设的信息传播、诉求表达、实时监督、自我约束的社会氛围和长效机制。重点在党政机关、学校、社会团体、重点社区和大型企业等，开展节水安全宣传教育活动。充分发挥“农民用水者协会”等非政府组织在水安全治理中的积极作用。

9）考核问责机制

适应干部考核制度改革的趋势和要求，加大对资源环境工作的考核力度和比重。重点考核各级党委政府及主要领导干部的水安全治理履职情况。建立健全水安全治理问责机制——干部任期内水安全事件问责、干部离任水安全责任审计、干部离任后长期责任追究。

10）区域协调机制

积极适应跨区域资源环境治理的趋势，树立负责任形象，积极有效地参与所在区域的水治理。积极推进区域水治理协调机制的建立和完善，重点建立健全双边水治理协调机制。适时发起成立双边和多边的跨区域河流治理机构。

8.2 水安全在雄安新区建设与发展中具有重要战略地位和作用

8.2.1 水安全是新区安全体系的重要组成部分

作为京津冀地区乃至华北平原的重要生态要素，水对于雄安新区建设举足轻重，不仅是再造“鱼米之乡”的基础，而且是新区聚集人口、发展产业的关键支撑，具有突出的生态功能、资源功能和经济功能，属于新区的核心战略资源。2014 年 4 月 15 日，习近平在中央国家安全委员会第一次会议中明确提出构建集政治安全、国土安全、军事安全、经济安全、文化安全、社会安全、科技安全、信息安全、生态安全、资源安全、核安全等于一体的国家安全体系。水安全关系到新区资源安全和生态安全，并会直接影响区域经济安全和社会安全，是雄安新区安全体系的重要组成部分。设立和建设雄安新区是中共中央的重要战略决策，是千年大计、国家大事，具有重大现实意义和深远历史意义，为此势必对水安全保障提出更高要求。

8.2.2 水安全是新区构建生态城市、打造优美生态环境和改善民生福祉的重要基础

中共中央、国务院批复的《河北雄安新区规划纲要》指出，新区应以“生态优先、绿色发展”等新发展理念为引领，打造优美生态环境，构建蓝绿交织、清新明亮、水城共融的生态城市。作为生态系统的控制性因素，水是新区塑造高品质城区宜居空间，维护区域生态健康的关键所在，其安全保障问题至关重要。保护好、修复好新区的水资源、水环境、水生态、水灾防和水关系，并以此带动整个华北平原生态建设，不断满足人民日益增长的优美生态环境需要，改善民生福祉，是为构建新区生态安全格局、建设美丽雄安、建设美丽中国做出的应有贡献。

8.2.3 水安全是新区打造“活力之源”、实现高质量发展的重要保障

雄安新区建设恰逢国家推动高质量发展的历史性机遇。要把雄安新区打造成新时代高质量发展的全国样板和创新发展试验区，关键在于积极吸纳和集聚创新要素资源、广聚人才。要使各方人才能够来得了、留得住，必须增强雄安新区的吸引力，形成适宜人才发展的配套环境。通过新区水安全治理，统筹生产、生活、生态三大空间，构建蓝绿交织、和谐自然的国土空间格局，塑造高品质城市宜居环境，增强人民群众的获得感、幸福感、安全感，新区就更有条件成为高端人才集聚之地、高端产业发展之地，成为现代旅游业、服务业的兴盛之地。

8.3 雄安新区水安全治理形势与面临的挑战

8.3.1 新区水安全总体态势依然十分严峻

1. 水资源总量衰减，缺水态势严重

新区属资源性缺水地区，区内水资源总量和地表径流量匮乏且不断减少。1980~2015 年的数据表明，雄安新区多年平均水资源量为 1.70 亿立方米，地表水资源量为 0.08 亿立方米，地下水资源量为 1.69 亿立方米。当地人均水资源量和亩

均耕地水资源量仅为全国平均水平的 8%和 15%。与此同时，白洋淀及上游的地表径流 2001~2015 年较 1980~2000 年减少了 45%。

白洋淀流域还存在水资源开发过度的问题，2001~2015 年水资源开发利用率高达 128%，其中，地表水资源开发利用率为 86%。白洋淀山前平原浅层地下水埋深从 20 世纪 80 年代初期的 6 米下降到目前的 25 米左右，累计超采约 230 亿立方米。8 条入淀河流中，除白沟引河、府河和孝义河外，其他河流基本常年断流。南水北调中线一期、引黄入冀补淀是区域主要外调水工程。

未来随着雄安新区的建设发展，人口和产业必将发生跨越式增长，经济社会用水需求将明显增加，用水格局将发生巨大改变且以刚性需求的生活用水为主，需要充足的水量、优良的水质和高保证率的水资源供给。目前的供水工程体系基本只能满足原来雄县、安新县和容城县当地以农业用水为主的需求。未来必须科学配置水资源，开展相应的供水、调蓄、补水、连通和调度工程建设，并构建高效的监测、管理体系，才能支撑新区经济社会发展需求。

2. 水污染严重，水环境承载力不足

近年来，白洋淀水质长期处于Ⅳ类至劣Ⅴ类，富营养化问题突出。2017 年，淀区 47 个水功能区中，现状水质达标的仅有 10 个。淀外污染源尚未彻底切断，污染物总量居高不下，对淀区污染贡献率达到一半，白洋淀上游主要污染物 COD 和氨氮年入河量分别超出现状限排总量的 3.3 倍和 13.1 倍，水功能区水质达标率仅为 27.7%，约 1/3 水域水质为Ⅴ类，2/3 为劣Ⅴ类，COD、五日生化耗氧量和总磷等污染物严重超标。

同时，淀区内居民生活、农业生产及大规模粗放式养殖等造成严重的内源污染问题，对淀区污染的贡献超过 30%。其中，农业面源污染严重。淀区化肥农药使用量大，利用率偏低。主要农作物农药和化肥利用率只有 38%左右，远低于发达国家 50%的水平，造成农田土壤和地下水污染。畜禽粪便处理设施建设相对滞后，资源化利用率低。农田残膜回收率不足 40%。在标准地膜和降解地膜示范推广，残膜捡拾、收集、运输、加工等各个环节的补贴和利益链条机制尚未建立，缺乏扶持政策和激励措施，农民和企业回收加工的积极性不高。

3. 水生态受损，生态空间严重萎缩

20 世纪 80 年代以来，由于长期缺水，以及非法围埝、毁苇造田、无序开发等原因，白洋淀淀区大幅萎缩，面积由 20 世纪 80 年代的 366 平方千米下降到 2015 年的 78.5 平方千米；白洋淀干淀现象多次发生，目前仅靠应急补水维持。

原国家林业局开展的专题研究表明，白洋淀湿地不断受到蚕食，受道路交通及城镇建设、围垦、过度捕捞和采集影响的湿地面积达 100 平方千米。与此同时，20 世纪 60 年代以后，白洋淀上游河流陆续修建了 143 座水库，截流严重，加之白洋淀是个“浅盘子”，在开春灌溉和水面蒸发影响下，水位下降迅速，导致白洋淀湿地泥沙淤积极为严重，湿地受威胁等级达到重度，生态状况严重恶化。

由于生态状况严重恶化，白洋淀生态功能下降，生物多样性锐减。根据国家林业和草原局调研资料，淀内浮游生物由原先129属减少到85属，原生动物由35种减少到 23 种，轮虫由 60 种减少到 42 种；维管束植物数量锐减，现已零星分布；鱼类由 16 科 54 种减少至 12 科 35 种，溯河鱼类和顺河入淀鱼类基本消失或绝迹。鱼类资源趋于小型化、低龄化和杂鱼化，且死鱼事件频发，仅 1998~2006 年就发生了 9 次大面积死鱼事件，严重时造成渔业损失近千万元。芦苇产量由 20 世纪 90 年代的 12 万吨下降到 2015 年的 7 万吨。

4. 防洪体系尚不完善，安全风险较高

雄安新区的洪涝灾害风险较高，防洪风险不容忽视。新区地势低洼，平均海拔 83 米，比白洋淀滞洪水位低 3~5 米，比北部兰沟洼设计滞洪水位低 8~10 米。蓄滞洪区及洼淀堤防不达标、无进退洪控制设施、安全保障严重滞后，流域中游骨干河道尚未进行彻底治理，白沟河、新盖房分洪道防洪标准仅为10年一遇，白洋淀千里堤防洪标准不足 50 年一遇。

现白洋淀蓄滞洪区内居住约 70 万人，其中淀区约 10 万人。大清河流域近 300 年发生较大水灾 12 次，中国科学院地理科学与资源研究所模拟结果显示，一旦发生 100 年一遇的洪涝灾害，新区淹没面积将达 61%。

8.3.2　新区水安全治理面临诸多挑战

1. 尚未形成与新区水安全战略地位相匹配的理念认识与制度优先安排

对水安全在雄安新区建设发展中举足轻重作用的认识尚存不足，规划衔接上存在断层。《河北雄安新区规划纲要》提出保障新区水安全和实施白洋淀生态修复，但限于篇幅，多为宏观性描述。“生态优先、绿色发展”理念尚未完全形成，理念认识不足造成工作层面上容易形成误区，重建设、轻生态，重总体规划制定、轻专项规划实施。《河北雄安新区规划纲要》出台后，对理应先行的新区水安全治理与白洋淀生态环境保护和治理规划重视不够、进展缓慢，与《河北雄安新区规划纲要》、雄安新区建设进度出现脱节①。实践表明，水安全治理与经

① 本书为前期研究成果。据公开报道，2019 年 1 月，经中共中央、国务院同意，河北省委、省政府正式印发《白洋淀生态环境治理和保护规划（2018—2035 年）》。

济社会发展是极其复杂的问题，解决这一系列问题是一个复杂而长期的系统工程，需要转变观念，提高认识，避免“边规划边建设”的老问题，确保水治理规划等相关制度安排先行于经济建设。

2. 尚未形成推动新区水安全治理的法制保障与长效机制

河北省专门针对白洋淀制定了一些规章，但多数已废止，如《河北省白洋淀水体环境保护管理规定》等。目前，《白洋淀水污染防治条例》尚未实施，《河北省白洋淀水面有偿使用管理费收费办法》（1993 年）尚在发挥一定作用，但时效性差。法制保障不足使得新区在水资源保障、水污染防治、水生态修复、区域流域联防联控、生态补偿等方面未能形成长效制度保障，容易出现多头管理、权责不清、执法推诿、效率低下等问题，造成流域环境污染、生态恶化、补水不能持续、淀内农村污染加剧等问题。

3. 尚未形成流域协同共治的有效体制机制

新区所处白洋淀流域汇水面积 3.12 平方千米，影响至冀中南各市及北京、天津、山西范围，需要从流域尺度进行统筹治理。然而，目前白洋淀流域生态环境协同治理的体制机制尚不健全。新区三县环保力量薄弱，技术装备水平低下。2018 年 5 月 16 日组建成立的新区生态环境局，作为省环保厅的派出机构，接受省厅和雄安新区政府的双重领导，以省厅为主，但在人员、技术、资金等基础能力建设方面仍较为薄弱，加之区域内“河长制”落实不到位，使其难以适应新区及白洋淀繁重的环境治理要求。同时，尽管河北省也建立过专门的白洋淀统管机构——河北省白洋淀领导小组，但作用有限。其下设的白洋淀管理处作为领导小组的常设办事机构，与河北省水利厅大清河河务管理处一套人马两个牌子，在实际中仍有待进一步发挥管理协调白洋淀流域治理和开发利用的职能。

4. 尚未形成与新区战略地位相匹配的资源生态环境标准体系

现行节水和生态环境标准体系以国家标准体系为主，整体水平不高，难以满足新区高质量的资源节约和生态环境保护要求。以污水排放标准为例，虽然新区和白洋淀上游所有城镇污水处理厂和排水企业均执行当前最严格的《城镇污水处理厂污染物排放标准》（GB18918-2002）一级 A 标准（以 COD 为例，限值 50 毫克/升），但与白洋淀要达到的Ⅲ类水质（COD 限值 20 毫克/升），以及入淀河流要达到的Ⅲ类或Ⅳ类水质（COD 限值 30 毫克/升）仍有很大差距。污水虽能够达标排放，但排放量大、水环境容量小，仍会导致河流整体水质恶化。

5. 尚未形成有效破除治理资金瓶颈的多元化投入机制

随着新区建设进程的加速和区外人口的快速聚集，现有环境保护设施已不能满足新区水安全治理的需要，如保定市等城镇污水处理能力不足、配套管网建设不完善、排放标准与环境质量标准有差距、乡镇污水处理设施缺乏等问题突出。加之历史遗留的生态环境问题仍未得到彻底解决，新区在污水处理和垃圾处置、疏补水工程建设与通道防护、生态保护与修复、生态环境监测等基础设施建设方面将面临巨大的资金压力。目前保定市及环淀县市普遍财政拮据，很多规划项目因资金筹措困难，前期工作进展较慢，仅靠河北省和环淀区各县市财政很难解决问题，必须多渠道筹措治理资金。

8.4 雄安新区水安全治理的策略与建议

8.4.1 创新雄安新区水安全治理思路

1. 坚持以规划为遵循，生态优先、统筹推进

新区的水安全治理，尤其是白洋淀及其流域的生态保护与修复，是一项长期的历史性任务，也是一项复杂的系统工程，规划则是实施这项系统工程的“第一道工序”。必须坚持以《河北雄安新区规划纲要》为统领，强化规划体系建设，密切衔接新区所处区域、白洋淀所处流域的相关规划，抓紧完善出台新区水安全治理及白洋淀生态环境治理和保护规划，并优先安排，确保其与雄安新区建设统筹推进。

2. 坚持以工程为基础，多源互补，稳定供给

工程项目是一项牵一发而动全身的重要工作，是推动雄安新区水安全治理的重要载体和抓手。须坚持以工程项目为基础，加快恢复入淀河流水系的“自然动脉”功能，打通南水北调中线工程、南水北调东线工程等重大调配工程向新区供水通道，发挥王快、西大洋等上游水库调蓄功能，保障赵王新河、大清河等出淀河流通畅，进而形成流域上下游和区域内外互联互通、联动联调、高效稳定的水资源安全保障网。

3. 坚持以治淀为核心，标本兼治、协同治理

白洋淀地处华北平原中部，是华北地区最大、最典型的淡水浅湖型湿地，

在泄洪蓄洪、调节气候、控制污染、保护物种多样性和维持生态平衡等方面发挥着巨大作用，被称为“华北之肾”。作为生态环境的主要控制性因素，白洋淀的水资源、水环境、水生态是雄安新区湿地、农田、森林、生物多样性等其他生态要素的基础。水本应是新区建设的优势资源要素，但鉴于目前白洋淀严峻的生态环境形势，水又成了新区资源和生态环境的短板因子。为此，新区要坚持从水出发，以治淀为核心，以国家大力推进“山水林田湖草”生态保护修复为契机，突出主要问题解决和主导功能提升，协同推进自然生态各要素整体保护、综合治理、系统修复。同时，水污染问题的解决，表现在河淀，本质在陆上，必须坚持水域陆域和淀内淀外协同，标本兼治、系统治理，切忌“边污染边治理”。

4. 坚持以流域为单元，系统施治、齐抓共管

白洋淀流域生态问题不是孤立的、突发的，而是伴随着整个华北平原生态退化长时间累积而成的。必须基于全流域生态改善，甚至着眼华北平原生态环境全局的角度治理修复白洋淀流域。要以流域为单元，坚持内外结合、量质并重、水陆域统筹、上下游联动，综合运用结构优化、污染治理、污染减排、达标排放、生态保护、生态修复等多种手段，系统治理修复白洋淀流域。同时，水资源和生态用水保障也要流域一盘棋，通过深度节水，强化地下水超采治理，科学配置流域自身水资源和外调水，实现河淀“能存水、可流动”。

5. 坚持以尊重自然为原则，分步实施、分类施策

解决新区水安全问题既要找准切入点，解决紧迫问题，还要尊重流域生态系统的结构化、差异化特性及其内在的自然规律，坚持人与自然和谐共生，给生态系统休养生息的时间。要充分认识新区水安全治理，尤其是水生态保护与修复任务的长期性与艰巨性，立足当前、着眼长远，根据需要与可能，“因河制宜、因地制宜”逐步推进新区水资源生态环境治理。按照这个思路，近期应以解决水环境治理和白洋淀生态用水保障问题为重点，远期要解决整个流域的地下水超采问题，通过逐步恢复地下水位，建立区域良性水循环，借自然之力从根本上解决新区水安全问题。

6. 坚持以改革创新为动力，法制保障、长效管理

新区水安全治理工作时间紧、任务重、难度大，对治理能力提出很高要求，必须坚持依靠改革创新，破除现有体制机制壁垒，有效提升资源与生态环境治理能力。必须坚持用最严格制度、最严密法治保护生态环境，加快制度创新，深入探索利于新区与白洋淀生态系统保护和修复的生态文明制度体系，并

强化制度执行，让制度成为刚性约束和不可触碰的高压线。同时，必须加强党的领导，在合理划分各级政府事权和支出责任基础上，落实“党政同责”“一岗双责”；动员全社会积极参与，推动政府履职尽责、社会共治；充分发挥市场机制引导作用，激励与约束并举，进而形成长效机制，实现源头严防、过程严管、后果严惩。

8.4.2 雄安新区水安全治理重点领域与关键举措

雄安新区建设发展是“千年大计、国家大事”。建立健全雄安新区水安全治理体系，提升治理能力，是生态文明建设的内在要求，也是确保新区总体安全，推动新区治理体系与能力现代化的重要组成部分。抓住目前有条件、有能力解决生态环境突出问题的“窗口期”，系统明确新区水安全治理重点领域与关键举措，加大水安全治理力度，夯实新区建设与发展的资源环境基础（李维明等，2018a，2018b，2019）。

1. 调水与节水并重，构建供给可靠、利用高效的水资源保障体系

在水资源供给端，用好外调水，用足再生水，用活地下水，形成多源互补的水资源综合保障体系。一要坚持空间均衡、全区域配置的原则，统筹配置当地地表水、地下水、非常规水及引黄入冀补淀水、南水北调中线和东线水等多种水源。二要在综合考虑其他区域经济社会合理用水和生态环境基本用水的基础上，统筹调整新区用水总量控制指标和南水北调水量分配指标。三要考虑未来将雄安新区纳入南水北调东线工程后续规划供水范围，有力保障新区长远水资源安全。四要立足生态修复，划定新区和淀区生态保护红线，秉承系统治理原则，林水一体推进，广泛开展造林绿化行动，注重总结完善新区“千年秀林”的做法，改善植被条件，逐步涵养扩大内生水源。需要指出的是，在确定生态修复目标时要充分考虑当地的自然条件，尤其是森林植被营造时，必须要考虑当地降雨量选择适当的植被建设规模，量水而行，乔灌草相互结合，人工营造和自然封育相结合，借助自然之力恢复森林植被。

在水资源需求端，以提高水资源利用效率和效益为核心，坚持节水优先，深入推进节水型社会建设，建立节能节水式经济发展模式，从源头上拧紧水资源需求管理的阀门。一是设置用水效率准入门槛，控制水资源需求增量。主要包括合理布局产业结构与规模，严格用水效率准入门槛，大力推广绿色建筑，全面普及节水器具等措施。二是大力加强各行业节水，压缩水资源需求存量。在农业方面，大幅压缩农业种植面积，调整现有冬小麦-夏玉米复种的高耗水种植结构，全面推行高效节水灌溉，实施农业灌溉用水智能计量管理；在工业

方面，加快淘汰与新区定位不符的高耗水高污染企业，提升改造存留产业的节水工艺技术。

2. 减排与治污并重，建立涵盖源头减污–处理回用–末端治理全过程的水环境治理体系

在源头减污环节，严格产业准入管制，严把高耗水、高污染项目准入关，高起点布局高端高新产业，从源头上构筑起高耗水、高污染项目“绿色屏障”。一是新区及周边和上游地区协同制定产业政策，实行负面清单制度，明确空间准入和环境准入的清单式管理要求，落实规划和环评的刚性约束，推进绿色发展示范引领；同时，注重运用互联网、大数据、人工智能等新技术，提升传统产业的清洁生产和资源综合利用水平。二是划定白洋淀淀区、淀边缓冲区、生态保障区、生态屏障区、水源涵养区等各类功能区，实施差异化的分区治理管控策略。三是提出白洋淀流域沿线限制开发和禁止开发的岸线、河段、区域、产业及相关管理措施，不符合要求占用岸线、河段、土地和布局的产业，必须无条件退出。严控在中上游沿岸地区布局新建重化工项目。

在处理回用环节，突破现有技术标准，探索与新区功能定位和流域水资源条件相适应的新高标准。一要以流域河流、淀区水环境容量和水质保护为目标要求，创新建立排放水质与地表水体环境质量对接、污染物近零排放等新技术标准，建立区域污染物排放限值标准体系，研究出台《大清河水系水污染物排放标准》，实施入淀河流水质目标管理，从更大流域范围和体系减少水污染物的排放。二要摒弃通常达标即可排放的做法，重新确定新区的排污标准。要按照纳污能力确定排放总量，再结合区域人口和产业规模进行倒算，确定新区更高的排污标准，以确保实现新区生态环境保护修复目标。建议制定和落实规划时，参照美国迈阿密等国际先进湿地保护经验，在白洋淀周边建设缓冲区，根据排放物具体种类和分解要求，进行植物选择性种植，实现处理达标后的污水在缓冲区再次进行有针对性高效吸收分解，之后再排入天然淀区湿地。三要推进新区尤其是流域内污水处理厂提标改造、工业污染源治理，强化城镇、淀边村污水管网建设和污水处理设施建设，实现污水集中处理，有效治理农业面源污染、治理和控制内源污染，确保生产生活污水不入淀。

在末端治理环节，排查白洋淀流域工业点源污染、农田面源污染、生活污染来源，率先进行重点地区治理。一是以府河、孝义河、白沟引河为重点，清查入淀河流污染排放现状，按序推进河道疏浚、污水库和污水塘治理及清水生态廊道建设。二是按底泥污染程度和分布，推进重点地区清淤工作，结合新区植树绿化、道路建设，加强底泥资源化利用。清淤工程还要兼顾生态环境保护与水动力联通与扩容。

3. 生态与活水并重，打造以良好水生态系统为基石的新区生态景观格局

合理布局新区生态空间。一是规划建设河口湿地、浅滩湿地、堤岸、湖滨缓冲带、生态岛屿、鸟类栖息地等景观类型，增强区域污染防护、自净能力，打造健康优美的湿地生态。二是按照“生态先行、动静分区、人景交融”的设计理念，秉承自然格局不变的原则，通过静态保育区和动态活动区的分区布置，将生态景观和人文景观有机融合起来，形成人与自然和谐相处的生态文化淀区。

连通水系，加大水体流动与更新。一是根据白洋淀流域现状，加强湿地、河流等有机联系，形成以白洋淀为中心，众多河流水系为生态廊道的生态网络体系，以白洋淀的系统治理带动整个流域生态功能的修复。二是开展上游安各庄、西大洋、王快、龙门等水库的联合调度，逐步恢复白沟引河、萍河、瀑河、曹河、府河、唐河、孝义河、潴龙河八条入淀河流水系廊道功能，串联兰沟洼、白洋淀和文安洼三大湿地系统，保障赵王新河、大清河通畅，形成流域上下游和区域内外互联互通、联动联调、丰枯互补、管理高效的水生态修复网。

加强新区生态用水保障。一是建立融合上游水库调水、引黄入冀补淀、南水北调等多途径、常态化生态补水机制，保障下游河道枯水期生态基流和白洋淀生态用水需求。二是优化新区用水结构，发展节水农业和低耗水产业，提高水资源利用效率，缓解径流量下降和地下水渗漏，增加天然入淀水量，恢复新区和白洋淀水-生态-环境系统内循环。

4. 城镇布局与防洪排涝并重，完善以河道堤防为基础、大型水库为骨干、蓄滞洪区为依托的防洪排涝工程体系

合理安排新区城镇布局，科学规划防洪排涝，构建完善的防洪排涝工程体系。在建设雄安新区防洪体系时，首先考虑流域防洪体系构建，一方面，要全面加固白洋淀周边围堤，达到规划确定的防洪标准，建设分洪口门，实施入淀河流河口清淤，扩大枣林庄枢纽下泄规模；另一方面，要结合淀区生态修复，在淀南、淀西建设缓洪滞洪区，留出蓄滞洪空间。同时，必须严格控制淀区人口规模，特别是新区组团和特色小镇防洪标准较高，选址要避开洪水风险较高的区域，尽可能布局在蓄滞洪区以外。

未雨绸缪，提早启动新区及流域防洪工程建设。大清河流域一旦发生大洪水，对新区防洪安全威胁巨大，应引起高度重视。为此，应从全流域综合考虑新区防洪安全，统筹上下游洪水安排，按照“上蓄、中疏、下排、适当地滞”的防洪方针，完善以河道堤防为基础、大型水库为骨干、蓄滞洪区为依托的防洪工程体系，突出重点、分区设防，合理协调蓄滞泄关系，保障新区及下游地区防洪安全。具体而言，白洋淀是流域重要蓄滞洪区，承担保障新区和下游天津市防洪安

全的重要任务。根据《河北雄安新区规划纲要》对防洪的要求，摸清流域和区域水资源、水生态环境状况，对保障新区防洪安全、供水安全和水生态安全进行总体考虑。抓紧研究论证流域及新区防洪排涝方案，启动防洪工程建设，对有必要的堤防开展加固蓄滞洪区建设。充分发挥白洋淀蓄滞洪区功能和作用，确保新区和流域防洪安全。

5. 制度创新与能力建设并重，建立健全生态保护与修复的内生动力机制

加快体制机制改革创新步伐，营造有利于生态优先、绿色发展的政策环境，推动区域协同联动，全面提升白洋淀流域生态环境协同保护水平。一是研究出台新区水安全治理条例或白洋淀（流域）生态环境保护条例，明确地方政府与流域机构责权利，强化生态环境执法监督与问责，形成新区和白洋淀流域水资源保障、水环境治理、水灾害防治、区域流域联防联控、生态修复、生态补偿等方面的长效制度安排。二是在有效衔接环保机构省以下垂直管理改革、河长制、按流域设置环境监管和行政执法机构与相关问责机制等基础上，探索设立统一、高层次的白洋淀流域管理机构，统筹加强区域水资源保护、水污染治理、水生态修复、水灾害防治等方面的协调和履职能力，同时加快建立区域流域联防联控机制，强化整体性、专业性、协调性区域合作。三是深化各级河长制，构建新区水安全评价考核指标体系，建立流域上下游、区域间水资源、水生态、水环境责任机制、考核机制和问责机制，对跨区的断面水量、水质进行严格的监测、考核和问责。四是通过财政转移支付、项目投入、设立生态补偿基金及推动区域内横向补偿等方式，加快建立江河源头区、集中式饮用水源地、地下水超采综合治理、水土流失重点预防区和重点治理区、重要蓄滞洪区、淀区生态治理与修复、跨界断面水质目标考核等流域生态补偿机制，全面实行生态环境损害赔偿制度，探索建立市场化的湿地银行制度，对维护新区和流域生态良好而做出牺牲的区域进行补偿，激发这些地区进行生态建设和保护的积极性。五是建立水价良性形成机制，根据分水源供水（当地水、外调水，地表水、地下水）、分类用水（城镇居民用水与非居民用水、农业用水）、分质供水（新鲜水、再生水），按照补偿成本、合理营利，科学核定水价格体系，促进水资源合理开发利用，提高用水效率，遏制地下水超采，修复水生态。六是探索建立多元化、市场化的投融资机制。将白洋淀生态环境治理修复纳入国家战略，加大中央专项资金对白洋淀环境治理和生态保护重大项目的支持，加大国家对地方政府债权、预算类投资资金的支持。鼓励流域内各级政府共同出资建立水安全治理基金，发挥政府资金撬动作用，吸引社会资本投入，实现市场化运作、滚动增值；采取债权和股权相结合的方式，重点支持环境污染治理、退田还湿、疏浚清淤、水域和植被恢复、湿地建设和保护、水土流失

治理等项目融资，降低融资成本与融资难度。要加大地方各级政府资金投入，创新投融资机制，鼓励、引导和吸引社会资金以 PPP（public-private partnership，政府和社会资本合作）模式、特许经营、土地综合开发、生态旅游开发等多种形式参与新区和流域生态环境保护与修复。健全绿色金融体系，鼓励发展绿色债券等金融产品和服务，建立健全洪涝风险管理和保险制度，推行污染强制责任保险等绿色金融制度。

建立以流域为基础，以大数据为特征，以信息共享、多元共治为目标的现代化水安全治理体系。一是建设全流域统一的生态环境监测网络和预警系统。统一布局、规划建设覆盖环境质量、重点污染源、生态状况的生态环境监测网络。建立白洋淀流域入河排污口监控系统。建立白洋淀流域水质、水量、灾害监测预警系统，开展资源环境承载能力监测预警和评估，对用水总量、污染物排放超过或接近承载能力的地区，实行预警提醒和限制性措施。强化突发环境事件预防应对，严格管控环境风险。加强水体放射性和有毒有机污染物监测预警，提高水生生物、陆生生物监测能力。二是建立统一、规范和共享的水信息平台。整合现有白洋淀涉水数据信息资源；统一数据标准，加强监测、信息平台建设和监管；强化水信息发布，定期发布水功能区达标状况、跨界断面水质状况、治污设施运行情况等生态环境信息，充分发挥水利和环保协同作用；加快推进水信息共享应用，满足水环境管理与公众需求。三是建设水智慧调控网络。加强物联网和“大、云、平、移”（大数据、云计算、平台化、移动化）等新技术应用，实施全流域水资源科学调度，实现水资源智能科学调控和管理，搭建水智慧管理平台，提高涉水管理部门行政效能、业务履职能力、业务协同能力和社会公众参与水平。四是基于信息化共享平台，构建由政府、企业、用户和协会等多元共治的治理体系。政府应当让企业和公众广泛参与进来，强化企业防治污染的主体责任，使其主动承担防治责任；调动群众的积极性，保障群众的话语权，群策群力，共治共享，形成环境共治模式。

6. 顶层设计与持续升级并重，在保持水安全治理连续性的同时，不断提档升级

统筹新区规划与专项规划的编制与实施，实现顶层设计与基层探索、经济与社会高质量发展、政府与市场相结合，确保新区水安全治理与雄安新区建设协同推进。一是建议由中央牵头制定和实施规划，促进《河北雄安新区规划纲要》与综合性规划、各分项和专业规划有效衔接，实现“多规合一”。二是以《河北雄安新区规划纲要》为统领，有效衔接所处流域的综合规划、防洪规划、区域规划等，争取尽快出台并加快实施新区水安全治理或白洋淀生态环境

治理规划[①]，明确白洋淀流域生态空间优化、水资源保障、水污染治理、生态修复、灾害防治、国家公园建设、政策制度保障等方面建设任务。充分考虑白洋淀不同于水库、湖泊的自然湿地特征，科学制定保护和修复目标，特别是水质标准及清淤措施。三是积极谋划一批重大工程，如新区供水工程、生态空间建设工程、“山水林田湖草”生态保护与修复工程、生态环境用水保障工程、入淀河流污染防治工程、城乡污水处理和垃圾处置处理工程、农村与农业面源污染控制工程、淀内移民搬迁工程、淀区内源污染治理工程、洪涝灾害防治工程、生态环境监控预警与风险管控工程等，科学测算资金需求，细化目标要求，制定差异化治理修复方案和实施路线图、时间表，科学确定保护修复的布局、任务与时序，明确责任主体，严格中期评估和终期考核，确保“一张蓝图干到底”。

【专栏】《白洋淀生态环境治理和保护规划（2018—2035 年）》简介

《白洋淀生态环境治理和保护规划（2018—2035 年）》由九个章节组成，从生态空间建设、生态用水保障、流域综合治理、新区水污染治理、淀区生态修复、生态保护与利用、生态环境管理创新等方面进行了全方位的规划和统筹设计。

《白洋淀生态环境治理和保护规划（2018—2035 年）》从流域治理角度出发，统筹考虑了水量、水质、生态三大要素，以白洋淀水质、水生态恢复目标为抓手，通过补水、治污、清淤、搬迁等措施综合治理，全面恢复白洋淀“华北之肾”功能，使“华北明珠”重放光彩。《白洋淀生态环境治理和保护规划（2018—2035 年）》指出，按照淀区面积 360 平方千米左右、正常水位保持在 6.5~7.0 米的目标考虑，确定 2022 年之前生态需水量为 3 亿~4 亿米^3/年；从远期需求与配置看，2022 年之后，随着流域和淀区生态环境治理目标逐步实现，生态需水量为 3 亿米^3/年。为保障淀区逐步恢复至 360 平方千米，规划将淀内稻田和旱地逐步恢复为湿地，并建立多水源补水机制。

针对入淀河流，《白洋淀生态环境治理和保护规划（2018—2035 年）》从流域控源截污、内源治理生态修复、环境流量保障和加强河道管理等方面提出具体规划要求，确保入淀河流水质达标；工业污染方面，从优化新区产业发展格局、推进传统产业集聚区污染控制等方面提出规划要求；针对新区农村，分别从农村生活污水治理、垃圾治理、农业面源污染防治、养殖污染防治四个方面细化了规划内容。

《白洋淀生态环境治理和保护规划（2018—2035 年）》指出，雄安新区要构建

---

① 本书为前期研究成果。据公开报道，2019 年 1 月，经中共中央、国务院同意，河北省委、省政府正式印发《白洋淀生态环境治理和保护规划（2018—2035 年）》。

“一淀、三带、九片、多廊”生态空间格局，打造蓝绿交织、清新明亮、水城共融的生态城市。

为全面保护白洋淀湿地生态系统，提升白洋淀生态服务功能，《白洋淀生态环境治理和保护规划（2018—2035年）》对淀区进行功能区划，确定了约96平方千米的生态功能区，主要保护白洋淀重要的动植物资源及其自然环境，实施严格生态保护管控措施；生态服务功能区，为淀内其他区域，主要展示自然风光和人文景观。

淀区纯水村搬迁是白洋淀生态环境治理和保护的重要措施。对纯水村，要大力开展污染防治和生态治理。根据淀区环境整治和生态修复阶段性目标要求，分批有序实施外迁。其中，生态功能区内村庄约两万人先行搬迁，生态服务功能区村庄有序外迁。

《白洋淀生态环境治理和保护规划（2018—2035年）》的规划期限至2035年，近期至2022年，远景展望至21世纪中叶。至2020年，白洋淀环境综合治理和生态修复取得明显进展；至2022年，白洋淀环境综合治理取得显著进展，生态系统质量初步恢复；至2035年，白洋淀综合治理全面完成，淀区生态环境根本改善，良性生态系统基本恢复。到21世纪中叶，淀区水质功能稳定达标，淀区生态系统结构完整、功能健全，白洋淀生态修复全面完成。

坚持长期谋划，将生态文明思想一以贯之，稳扎稳打，按照中共中央决策部署一步步推进、久久为功。一要充分认识新区水安全治理尤其是白洋淀水生态保护修复工作是一项长期而艰巨的任务，不是一两年能够见效的，必须有“功成不必在我”的思想准备，咬定目标不偏移，坚定有序推进工作，切忌急功近利、做表面文章。二要在工作中着力建立容错、纠错机制，形成规划、建设、工程的动态调整机制，不断对照国家在生态保护、生态补偿、水污染防治、节水等方面的最新理念和要求，实现理念、规划、措施、技术和政策持续升级，将新区打造为北方缺水流域人水和谐生态文明样板区，使新区在生态文明的维度上对全国发挥重要的示范引领作用。三要加强白洋淀流域生态环境基础科学问题研究和对策性研究，系统推进流域生态环境治理技术集成创新与风险管理创新，加快重点区域生态环境治理系统性技术的实施，形成一批可复制可推广的区域生态环境治理技术模式。

8.5 本章小结

水是华北地区重要的生态要素和雄安新区的核心战略资源。水安全是新区构建生态城市、打造优美生态环境和改善民生福祉的重要基础，也是新区实现高质量发展的重要保障。当前新区的水安全总体形势依然十分严峻且治理压力较大，水资源供需矛盾突出、水污染严重，生态用水不足、淀区持续萎缩、生态功能下降等问题依然突出，已成为制约新区全面建成高质量、高水平社会主义现代化城市的明显短板。为此，须结合雄安新区水安全现状和水安全保障需求，在明确界定水安全治理内涵基础上，从宏观层面厘清与新区发展定位和目标相匹配的水安全治理思路。具体而言，一要坚持以规划为遵循，生态优先、统筹推进；二要坚持以工程为基础，多源互补，稳定供给；三要坚持以治“淀”为核心，标本兼治、协同治理；四要坚持以流域为单元，系统施治、齐抓共管；五要坚持以尊重自然为原则，分步实施、分类施策；六要坚持以改革创新为动力，法制保障、长效管理。

与此同时，作为雄安新区安全体系的重要组成部分，水安全在雄安新区具有重要战略地位和作用，科学构建与新区发展定位和目标相匹配的水安全治理体系至关重要。为此，须以重大工程为抓手，系统构建具有雄安特色的水资源保障、水环境治理、水生态修复、水灾害防治、水智慧管理“五位一体”的水安全治理体系。具体而言，一要坚持调水与节水并重，构建供给可靠、利用高效的水资源保障体系；二要坚持减排与治污并重，建立涵盖源头减污-处理回用-末端治理全过程的水环境治理体系；三要坚持生态与活水并重，打造以良好水生态系统为基石的新区生态景观格局；四要坚持城镇布局与防洪排涝并重，完善以河道堤防为基础、大型水库为骨干、蓄滞洪区为依托的防洪排涝工程体系；五要坚持制度创新与能力建设并重，建立健全水安全治理的内生动力机制；六要坚持顶层设计与持续升级并重，在保持水安全治理连续性的同时，不断提档升级。

参 考 文 献

常纪文，汤方晴，吴平. 2018. 中国水治理的法制建设问题与对策建议. 国务院发展研究中心调查研究报告，第 53 号，总 5328 号.

陈健鹏，高世楫，周锡饮. 2018. 我国水治理的行政管理体制及其改革研究. 国务院发展研究中心调查研究报告，第 51 号，总 5326 号.

谷树忠，李维明. 2014-04-29. 实施资源安全战略 确保我国国家安全. 人民日报，10 版.

谷树忠，李维明. 2015. 关于构建国家水安全保障体系的总体构想. 国务院发展研究中心调查研究报告，第 29 号，总 4714 号.

谷树忠，李维明，贾绍凤. 2018a. 中国水安全现状的系统评价与问题清单. 国务院发展研究中心调查研究报告，第 45 号，总 5320 号.
谷树忠，李维明，王建华，等. 2018b. 新形势下完善我国最严格水资源管理制度的建议. 国务院发展研究中心调查研究报告，第 48 号，总 5323 号.
谷树忠，李维明，赵勇，等. 2018c. 加强河流生态流量管理，促进“水美中国”建设. 国务院发展研究中心调查研究报告，第 47 号，总 5322 号.
贾绍凤，吕爱锋，韩雁，等. 2014. 中国水资源安全报告. 北京：科学出版社.
李维明，谷树忠. 2014-06-06. 资源安全：国家安全的基点. 中国国土资源报，3 版.
李维明，谷树忠，何凡. 2018a. 雄安新区水安全治理重点领域与关键举措. 国务院发展研究中心调查研究报告，第 210 号，总 5845 号.
李维明，何凡，谷树忠. 2018b. 雄安新区水安全治理的对策建议研究. 中国安全生产科学技术，14（10）：5-10.
李维明，何凡，谷树忠. 2019. 雄安新区水安全治理重点领域与关键举措. 中国水利，（1）：9-12.
钱正英，张光斗. 2001. 中国可持续发展水资源战略研究综合报告及各专题报告. 北京：中国水利水电出版社.
汪恕诚. 2003. 资源水利：人与自然和谐相处. 北京：中国水利水电出版社.
汪恕诚. 2004. 再谈人与自然和谐相处——兼论大坝与生态. 中国水利，（8）：6-9.
王浩. 2004. 西部大开发战略下的西北水资源开发、利用与保护. 水利水电技术，35（1）：17-21.
夏军，张永勇. 2017. 雄安新区建设水安全保障面临的问题与挑战. 中国科学院院刊，32（11）：1199-1205.
郑通汉. 2003. 论水资源安全与水资源安全预警. 中国水利，（11）：19-22.
中共河北省委，河北省人民政府. 2018-04-21. 河北雄安新区规划纲要. http://www.gov.cn/xinwen/2018-04/21/content_5284800.htm.
中国工程院“西北水资源”项目组. 2003. 西北地区水资源配置、生态环境建设和可持续发展战略研究项目综合报告. 北京：科学出版社.
Beekman G B. 2002. Social change and water resource planning and development. International Journal of Water Resources Development，18（1）：183-195.
Ferrier R C，Edwards A C，Hirst D，et al. 2001. Water quality of Scottish rivers：spatial and temporal trends. The Science of the Total Environment，265（1~3）：327-342.
Kay D，Ashbolt N，Wyer M D，et al. 2006. Reply to comments on “Derivation of numerical values for the World Health Organization guidelines for recreational waters”. Water Research，40（9）：1921-1925.
Khasankhanova G. 2005. Public participation to improve water resource management in Uzbekistan. Water Science & Technology，51（3/4）：365-372.

United Nations. 1977. Report of the United Nations Water Conference. Mar del Plata.

World Commission on Environment and Development. 1989. Sustainable development and water. Statement on the WCED Report “Our Common Future”. Water International, 14（3）: 151-152.